Akang's Notes

阿康手记

陈煜康◎著

Billson International Ltd.

Published by
Billson International Ltd
27 Old Gloucester Street
London
WC1N 3AX
Tel:(852)95619525

Website:www.billson.cn
E-mail address:cs@billson.cn

First published 2025

Produced by Billson International Ltd
CDPF/01

ISBN 978-1-80377-173-1

Hebei Zhongban Culture Development Co.,Ltd
Wanda Office Building B, 215 Jianhua South Street, Yuhua District, Shijiazhuang City, Hebei province, 2207

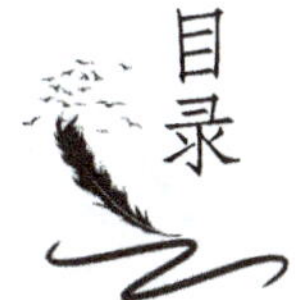

目录

2011

思想的平静，灵魂的富有，这就是幸福。

——2011

我终于从XX的禁锢中解放回家了，我的心里充满热情，实现理想的欲望在不断澎湃。

一切的艰难挫折由我来承担，一切的结果由我负责。我决不会让任何东西阻挡我求上进的自由，我是一个勇士，我要做一个造时势的英雄，一切的懦弱、丑陋都从此消失，勇者无惧。

……

我决不放弃的原则：无私仁爱，正义正直，永远正直！

——2011.5.7. 上午

"终有一天我会得到我想要的一切。"

——2011.7.26.16：41

先用智慧，不够再用意志，利用你的世界，实现你的梦想。

——2011.9.21

还需要完善的品质：注重细节、任何时候都清楚地认识自己。

——2011.9.21

心虚的人迫切需要用发狂怒吼来掩饰其内心的恐惧。

——2011.9.24

智力与意志力是你的决斗武器。

——2011.10.10.07：46

勇士过的就是严酷的生活。

——2011.11.03

如果你没有饲料，放飞笼中的小鸟，让它去寻找幸福。

——2011.12.26

2012

人生活在地球上，也和地球一样，永远是一半光明，一半黑暗。当一个人无论在光明或黑暗中的时候，都能秉持自己的信念，坚持原则，那么他必能实现自身的目标。

——2012.01.13

你所能想象的地狱，我像在家一样。

——2012.01.14

人生和船一样，造船的目的是让船驶达目的地，即使途中遇上暴风雨，碰上巨浪、惊涛，也必须到达，可能船身有些损坏，到达目的地后可以让人把它修理好，如果破烂得太严重，把它拆散卖掉，绝不会毫无用处，还可用拆开的这些木头烧火，驱除漫夜的寒冷，甚至用来烧烤肉类等，美美地享受一顿欢庆的晚餐。也许身上已什么都没有了，也许这是最后的晚餐，也许将永远地葬身在这里，但仍然是快乐的，是因为终于实现了自己的理想。在通往目的地、在实现梦想的途中，也许会遇到凶猛暴风雨的打击，遭受伤害甚至死亡，但深沉谨慎永远烙印在心上，英勇无畏的精神奋战到底，心里只有成功，摒除了一切没用的东西，只想象着成功，自信的能量充满了全身的每一个细胞。是站在巅峰上！

——2012.01.18

世上的一切都不是绝对的，而是相对的。

——2012.02.01

　　树木如果放在极其狭小的土壤空间中，它是不能成长的，它无限成长的潜能将永远也无法看到。但是当它的根可以在无边无际肥沃的土壤中时，它将牢牢地抓住脚下的第一寸土块，用它的无穷的分生能力将根分布生长到极限，并时刻超越自己，超越巅峰，最终遮天蔽日，堂堂正正地屹立在天地间。人的思想犹如这棵雄伟的树，当思想浮漂在渺小的土壤、自私的土壤，这思想就犹如一棵卑贱丑陋、在狭小空间里生长畸形的弱小的树，这时思想只注意到万物的表象／幻象，而看不清楚自己灵魂的根本需要和客观世界的本质，这样导致的结果是：头脑麻木、精神错乱，从而随波逐流，盲目地、庸庸碌碌地度过这对这个人不幸的一生，而也许直到其死亡那一刻，他仍未认识到：人是自己世界的主宰！

　　幸运的是，当把思想深深地扎根于无垠的宇宙，竭尽全能像后一棵树牢牢地握紧每一寸代表着力量的远处，你会发现，地球上发生的一切是多么的微不足道，因为从你的大脑中心、你思想的中心向宇宙发射植入的无数的根，正在向你输送汇聚着全宇宙的力量，全宇宙的力量都聚合在你身上，充满你的全身，都在推着你超越巅峰！而你将创造一个前所未有的未来！

——2012.02.01

专注于一事，将精力集中在现在进行的每件事。

———2012.02.17.12：25

果断坚定，以大局为重。

你能输给一切，但绝不能输给自己。

站起来，继续战斗，为了梦想去牺牲。

———2012.02.28.18：53

不必作无谓的精神思想浪费，只要努力，向着目标不懈地行动，那么，理想与现实将合而为一。

———2012.03.01.08：00

在目前和目标之间的一切力量，都会屈服并跟随于一颗主宰的心。

———2012.03.11.23：10

我宁愿做一个勇士一天，而不愿做一个懦夫一年。

———2012.03.18.14：23

你只需要竭尽全力、努力行动，其他不用管！

———2012.04.07

要说的话现在就去说，要做的事现在就去做，把每天当作最后一天来过。现在才是最重要的、最伟大的时刻。

——2012.04.07.18：06

出口就在前面，走下去。

——2012.04.14.09：20

来源于欲望和一时冲动的想法，会吞噬你的意志，摧毁你的思想（精神）大厦，让你处于失败、愚蠢和一蹶不振的状态；而来自理性的判断和选择，能让你像超人一样飞跃起来。

——2012.05.02.15：56

你们尽管嘲笑我，我必须做真正的自我，只有这样，面对死亡我才能无所畏惧。

——2012.05.03.19：56

哲学是痛苦的结果，天才也是，一切的伟大都是。

——2012.05.07.23.28

人生的不幸基于失败时的一蹶不振和成功时的得意忘形。而后者比前者严重百倍，只因它完全摧毁一个人的意志。

——2012.05.11.02：20

奉献世界和毁灭世界的都是伟大的人，最虚伪丑陋的
是这些假仁假义，满嘴道德文明的废物。

——2012.05.15.21：55

人生在世最重要的一点：你以何种方式思考？或者说
你以谁的方式思考，这个"谁"决定了一切。

——2012.05.16.07：55

怀疑一个有怀疑的怀疑，是一个值得的怀疑。

——2012.05.17.11：16

也许整个宇宙（目前人类所想象的）只是一样被装在
四周用黑布包围的鱼缸里的东西，而其操纵者或创造者只是
一个小孩，不过他（她）应该是个无法想象的巨人……
（宇宙被装在一个黑盒子里，它的外面……）

——2012.05.19.11.21

痛苦与快乐成正比。

——2012.05.21.11：06

地球史上的一切伟大、伟人和奇迹，都是如此渺小和
微不足道，有个目标，成功是如此简单，只是你能承受目标

（理想）和现在之间的所有。（不要浪费一丁点的时间）

——2012.05.24.09.20

事业、财富、梦想……我通通都不要，现在，我只需要你。（空气）

——2012.05.24.11：14

合适就好。

——2012.05.24.12：16

生命中最大的悲哀莫过于浪费时间，虚度光阴，而嫉妒则是一大典型。

——2012.05.29.08：04

任何时候，行动第一，活在此刻，果断取舍。（抓住机会）
——2012.05.30.16：29

历史只记住皇帝（第一名）。

——2012.05.30.20：31

人生也许就是一半前进的，一半等待的。
——2012.06.01.11：48

小时觉得有妈妈的陪伴、到处游玩，能时刻听着喜欢的音乐，在小河、大塘里能抓到螃蟹、鱼虾……就是最大的幸福。幸福就是如此，简简单单的，在平凡中闪动着美好的事物。

——2012.06.06.11：32

主动、率先出击，人生如打牌，每个人手中的牌都有差异，事实上，每个人都对自己手中的牌有所不满，每份牌都有令人丧气的地方，而胜利的关键在于谁手中的牌更少，只要你竭尽全力……

——2012.06.09.21：42

当你真正抛弃了一切，便会得到一切。（喜怒哀乐思忧）

——2012.06.09.23：30

天才就是关注一点而抛弃一切的人，注定不多，大多数人终生沉溺在低级的趣味中。

——2012.06.16.09：17

我要把整座图书馆装入头脑。

——2012.06.20.11：18

今欲更换正骨水（17：27），下楼梯不出几步，望二同学出正门，虚荣愚昧心作怪，假装观毕业留言，片刻行向医务室，二女恰好关门去，如当初当机立断，便能感悟故状态。

立即行动，从现在开始，要做的事情马上开始，一气呵成，用意志、忍耐力战胜一切。

——2012.06.20.18：05

你可以让歌曲暂停或重播，生命则不行。生命的艺术便是享受一切（理性）、超越一切。人不是标本，美丽在于运动。

——2012.06.25.19：14

两个苹果，一个又大又甜，另一个又小又苦。

甲：先吃又大又甜的，今宵有酒今宵醉，当然要把痛苦抛开一边，尽情享受快乐和满足。

乙：先吃小的，先苦后甜，苦尽甘来是事物的规律。

丙：我会一口咬大的，一口咬小的，一甜一苦尽在口中，人生不就是悲喜交合，有欢喜，也有悲伤吗？这不就是生活？有苦也有乐。

丁：照我看那，把这两个苹果都放进搅拌机里搅成果汁，这样是苦是甜不就分不出来了吗？人生难得糊涂啊，哈哈……

戊：太贪吃了，你们怎么肯定自己就能吃完整整两个苹果？我们就当学会与别人分享。

己：说得好，如果是我，一定把又大又甜的留给我的亲人，看到她们幸福的样子，就算吃那个又小又苦的苹果我也会觉得是最甜的。

庚：只要这世上还有人饿着，我就把大苹果送过去，阿弥陀佛！

辛：苹果里面的细胞是活的，我不能杀生，我要等苹果完全腐烂了才开始吃。

壬：前面的几个伙计都是卷心菜头脑，应当把又小又苦的苹果送给你的亲朋好友，终有一天他们会感谢你，这样才会成为权力意志的强者，奴役一切。

癸：都静一静吧，我是神，可以不需要这两个苹果，地球上的一切都是我创造的，所有动物都逃不了这个宿命，但就是你们人类能不能安静一点，吵了几千年，到现在还没吵够。

——2012.06.26.00：20

太阳从未冷落地球，自信从未让我失望。

——2012.06.27.07：34

恰恰是因为无，它才含有一切。（宇宙）

——2012.06.29.10：15

要知道，你所说的每句话都会造成或好或坏的影响，在想开口时，要记住，作为一个男人要为他自己所说过的话负责。

——2012.07.05.20：04

战斗至最后，恒星照亮和温暖外界。

——2012.07.11.20：24

地球上的陆地被海洋吞没了，整个地球成了一个水球……然而，太阳照样运转，银河系平静之至，宇宙虚无至极。

——2012.07.14.09：50

宇宙般虚无的境界，恒星的意志，江海的胸怀。

——2012.07.14.11：07

感谢置你于危难中的人，在一定意义上他们帮助了你。

——2012.07.16.10：37

有欲望是人在生活中很正常的现象，知道你自己是谁，你为了什么而生存，为了什么而死。

当年轻身强力壮时，你不会想到短短几十年过后便体力衰竭，肉体将要灭亡了；当我们在相对安全的环境中生存，也不知道地球终有一天会像它出生时一样，自然地老死。

——2012.11.10

你终将死去，勇士，无所畏惧。珍惜时间实现梦想。

——2012.11.14

走下去。

——2012.11.18.11：00

去感悟人生吧！这世界真有趣。

——2012.12.12.11：40

当勇士不在时，内心中的那个懦弱、无能、无知、无用的废物便站了出来，摧毁你的身体，也同时摧毁你的意志，它会阻止你的每一次前进、每一点进步。

像一个勇士地站起来，去争取身体和智慧的每一点进步，完成主宰的事。

——2012.12.25

2013

生命，在放弃梦想后腐朽，在无限战斗中升华，在超越巅峰前死亡。

——2013.01.16.11：00

在黑暗、孤独中对人生进行哲学式的沉思。

——2013.01.24.21：30

20 年，回头看这一生。

去感悟人生吧，这世界真有趣！

所有的畏缩都无济于事，因为，死亡才是人生唯一确定的事。

面对存在的荒谬感，人类在苍白的世界里感觉犹如在无尽漆黑的黑夜，是如此的空洞和惨淡。

而所有的不幸、悲剧却在一定程度上给予了人们存活下去的希望。自然灾难、战争、疾病、意外……这些刺人的元素在暗地里激起了人类对幸福、美好的追求。

而大多数人都知道，现实充斥着无数的欺骗。

残酷、惨白的精神世界让人们热衷于权力、金钱、地位……贪婪的、无穷的欲望已经是完全符合大自然规律，这是一个物质的战场，你、我、他都是对手 / 敌人，就连自己也是自己的敌人。

而在时空的尽头，一切，这一切都化作了尘埃，或者，都化作了幻影。

人生，真是奇妙，在一个永恒后闪耀了一个火花，便又进入了另一个永恒，而这就像是在无尽黑暗中的火花。

在每一个时代，总有一些人、一些思想闪耀了一下，而大多数的人生，芸芸众生，却像潮湿了，却像被淹没了。也许这就是对比，也许这就是差别。

但是，不要这么无知，零星的火花无论其多么光亮，它也无法照亮这无边的黑暗。这样，人生便陷入了完全虚无的灾难！

但人类还仍然活着，照样吃饭、睡觉、行走、繁衍后代。而精神虚无的人类便通过作恶来发泄这种不满，少数奸诈的人便发明了宗教，以达到其目的、使其阴谋得逞。

随着人类越来越聪明，是感觉自己越来越聪明，便开始对任何事物作出定义、解析，以显示其专研、认真、专业的态度，现代科学便发展了。而不幸的是，人类以为这张王牌会把自身导向完美。但是，事实却完全相反，这张王牌正在把人类自身导向了畸形的发展大道。

奇妙啊，虚无啊，灯油尽，便都化作了土。

是啊，诸法空相，众生平等，哦，要改为"众物平等"，无论"生物"还是"死物"，人便是土、土便是人。

虚无啊！是否，是否人类可以超越一点地生活，我们可否再把自己的能力提高一点，再发展自己的潜能一些，我们能否……也许那个明亮的、清晰的、奇妙的世界将呈现出来。

最后，一个真正的哲学家或艺术家所追求的根本就不是任何普通的事物……在超越虚无的尽头，时空凝固了。

生命，在放弃梦想后腐朽，在无限战斗中升华，在超越巅峰前死去。走下去。

——2013.01.25.22：55

不受死亡威胁，超越时空限制，挣脱一切恐惧的束缚。真正地成为自己，专注于心，这才是真正的人生！

——2013.01.27.20：34

凌晨5点30分，天灰黑灰黑，搬了张凳坐在阳台上。寒风在呼吼着，我感到阵阵寒意。

对面房屋的人大多都还未起床，但在不远的工厂或者公路上，已经充斥了许多杂音。一辆大车开着车头灯经过了，由于两边楼房的灯都熄灭，你会突然发现，原来这辆车的灯是这样的明亮！

但很快，它就驶过去了。顿时周围又恢复了冷、黑。

很讽刺，在房间内感到闷热和多蚊，出汗睡不着觉，而外面就是这般寒冷，让人苦闷！

我想，还是回房间吧，进行一些思索也好！

很快地，9点了，还是没有什么思索，下床举了举哑铃，走下楼，又是一个阳光明媚的早上，只是寒意比昨日增长了几分，为了抵抗感冒，我又穿了件短袖薄衬衣。

——2013.02

我不过是一个卑贱者，和乱石一般劣性难除。

——2013.02.01.15：58

承认自己具有精神性和动物性，那么便能澄清很多哲学问题。

精神性和动物性都是让人感到幸福的来源，也都是让人感到痛苦的来源。动物性先给人带来幸福感，而对这种幸福感的贪求会加深人的痛苦；精神性一开始会给人带来痛苦，但在达到一定程度时，痛苦感会逐渐消失，随之而来的是幸福感的不断增强。

从某种程度上讲，动物性带给人的幸福感是短暂的，也是人类一切痛苦的根源；精神性是人类幸福的原材料，但明显的是，只有小部分人能深入踏进这片区域，因为这意味着将大大减缩其动物性的幸福感，这少数人被称为"哲学家"。

——2013.02.02

哲学家与普通人的区别不大，就像面前有无数多条路，哲学家只是走人比较少的路，甚至是从来没有人走过的路（并引以为豪），而无论走什么路，所有人都有一个共同的出口。

——死亡。

——2013.02.03

强大与幸福，是超越痛苦的产物。

——2013.02.03.16：00

人类史是一部毁灭史。

——2013.02.05.17：16

聪明人，也会有犯错的时候。

——2013.02.17.18：50

做人不用太执着。学会放开。

——2013.02.17.22：00

当你想教训别人的时候，你要知道，你的厄运已经来临。

——2013.02.18.17：35

是非善恶只是错觉；
宇宙一切不过幻影；
生死纯属自然之事。

——2013.02.22.19：00

人，如果能保持理性，是一件多么幸福的事啊！

当往事如烟，记忆如消逝的色彩，我们的人生充满了无奈与痛苦，这份苦痛在不知不觉之中麻痹了我们的心灵。我们渐渐麻木了……机器化的时代，我们也仿佛如同机器般冷漠、无情。

在逝去的岁月中，对梦想进行回忆，对当天的誓言进行重新记忆，我们要活下去，要勇敢地活下去。

在柔中进取，在无为里实现梦想，在阴阳的领悟中创造生活的价值。走下去！

——2013.02.26.17：47

今天，救了一条蚯蚓，杀了两只蟑螂，我是慈悲的还是邪恶的？

——2013.03.09.13：00

我不会放弃，除非我死了。

——2013.03.10.17：10

一个人真正的成长，应该是自制力和意志的成长，应该是心灵的成长。

——2013.03.12.23：05

记住，同一样东西会有不同的看法，可以用不同的角度来看事情。

——2013.03.12.23：08

16 时左右，一场 8 级大风夹着雷电和冰雹袭击了东莞。

——2013.03.20

从 15：30—23：30（3 月 22 日），终于跑和走完 100 圈，完成了目标，感觉痛，但觉得值得，曾不止一次地想放弃，但好好休息后，体力和斗志便恢复了一些。现在冲完凉感觉有些不适，可能发烧。不过，我相信应该无事。

——2013.03.23.00：06

按照自然的道理去走，是一条正确的道路。任何狂妄或自卑的心态都只会给人带来迷茫，失去一切意志和力量！

尽可能减少偏见，保持理性地思考。

——2013.03.27.20：30

抛弃一切虚伪畏缩，只为自己而生存下去，这是多么幸福和伟大的事！

——2013.03.30.17：00

这一切都只是你的感觉而已，你知道你是谁，你知道你要做的事，要实现的价值，去做吧。

——2013.03.30.17：55

现在我是歇斯底里的愤怒，我要毁灭一切。

——2013.04.05.23：44

愤怒其实是一种懦弱的表现，一个男人不应该那样。生命的本质不是为了"战胜死亡"，而是为"延续真诚、爱和幸福"。

——2013.04.06.08：27

时间匆匆走过，永远无法回到过去，每当想到这我就无比焦虑和懊恼，必须抓紧时间活着，做最有价值的事，为实现最高人生期望而活着。

——2013.04.07.16：36

平静的心态是最稳定、最强大的心态。

这种动力，这个宇宙最大的秘密，这种智慧，究竟是什么？马克思说是经济、尼采说是意志，老子说是道……

人在黑暗中才看见光明，在（相对）静中才看到动。如果人不是为了意志、权力、经济，这种"动"又是什么？

也许是自信？全宇宙最强王者？对命运的反抗？对自由的渴望？爱？对死亡的恐惧？兴趣？（事物不一定是单

一的）

——2013.04.08.20：50

想写名为《动力》的一本书。

——2013.04.10.15：27

人有尊严，有自由意志，敬佩和尊重他人。

——2013.04.12.18：37

只要坚持下去，一定能成功。

——2013.04.15.15：00

一步一步地走过来之后才发现，以前所困扰的事，原来是如此琐碎、无意思。

——2013.04.17.12：44

动物也会用不同的方式适应世界，人也是一种动物。假如人征服动物靠的是智慧，那么人征服人是否也靠的是智慧？

——2013.04.22.09：05

一个伟大的灵魂不会满足于现有贫穷的知识、狭隘的知识。庸人只会培养出庸人，低级无知的环境只会扼杀天才。

要抛弃一切，勇于面对一切恐惧，使生命得到升华。

——2013.04.22..15：20

我已经决定了今后要走的路，我决不会再徘徊在歧路上，决不。

——2013.04.23.12：00

越学习，越困惑，越感到无知，这需要用男子气概来克服，走下去吧！康。

——2013.04.27.19：14

为苦难中的人们带来希望。

——2013.04.27.20：18

（勇士、主宰、谨慎）宇宙最强、王者。

——2013.04.30.18：15

越逃避，丧失的东西越多，这就是生活。

——2013.05.05.11：00

那种绝对、完美的社会，只能把它看作一种理想，因为人在其中根本无法存活，所有事情应该维持在一定范围，稳定、适可而止的发展往往是有益于事物本身的。

——2013.05.06.11：00

这一切，都会很快消失……神的境界。

——2013.05.06.13：00

最重要的——一种自强不息的毅力、勤奋。

——2013.05.07.18：30

悲伤时，我想到了苏格拉底，我想到了奥斯特洛夫斯基，我想到了拿破仑，我想到了贝多芬……他们都是在生命里竭尽了全力，从而赢得了历史的尊重。他们在生命中奋发，不断地行动、前进，不断爆发出惊人的才能，他们赢得了胜利，是不朽的胜利！

——2013.05.07.20：36

今早查了一些有关精神分裂、人格分裂的知识，明白到，疯狂的思想虽然有强大的力量，但其副作用更强、更大。我们不可能要求完美，因为人的思维是进步的、发展的，不同时期头脑中的完美的想法是不同的，它会变化。

在生活中有一丝淡淡的忧伤与压抑不一定是坏事，而且甚至可能就是达到了极致，就是完美。（如达·芬奇的《蒙娜丽莎》），因为只有这样，我们才会谨慎，才有动力去追求，也许，这一丝丝的淡的无奈、忧伤、压抑、悲苦……就是人类甚至宇宙循序渐进、永不止息的动力。

也许正是这份淡淡的忧伤使人学会谨慎、自强，从而有勇气去追求更有价值、更高尚、更伟大的事。（同样，也许淡淡的欢乐也有类似的作用。也许这就是中国文化"一阴一阳之谓道"的含义，即正反两面是同时存在的，凡事勿过度，应适可而止。）

—2013.05.10.10：36

历史的峰顶，时代的唯一。梦想，坚持，坚持，多坚持一小时、一天，希望会出现。

—2013.05.10.14：26

过去的侥幸将会成为将来的不幸。

—2013.05.11.18：30

我认为人生最重要的事是向着成为世界最强者的目标而努力。当然，也应为外界带来光明与正义、无私奉献、自我牺牲。承担起一个勇士或最起码一个男人的责任，如果有幸能找到好的妻子，一起相爱、结婚、繁衍……直至死神把彼此分开。这会是不错的人生。

—2013.05.12.18：20

战斗到最后一刻，其余的让后人去评价吧！

——2013.05.12.19：40

不能当机立断，只会痛失机会，遗下消极后遗症。有所果决比没有任何决定要好，前者即使失败，但能积累人生经验，这种果敢判断的精神会有所收获。而后者只会令人变得更懦弱、愚蠢、懒惰，有百害而无一利。

——2013.05.31.07：11

一旦自以为是、虚荣骄傲涌上眉间，得意扬扬的同时，智慧开始昏睡。

——2013.06.01.07：26

不要被恐惧束缚，你比你真正的敌人强大百倍。

——2013.06.05.16：33

认识自己，认识世界；爱自己，爱世界。

——2013.06.12.08：40

境况越恶劣，越衬托人性的高贵。

——2013.06.14.09：58

人类的历史、人类的故事（如世界历史、文化），还有许多东西需要学习、了解。

——2013.06.16.18：22

没有事况值得让情绪波涛汹涌，你的梦想，你的对美好生活的追求……能在无声的、平静的思想中坚持到最后胜利！

——2013.06.16.19：00

云层遮挡，太阳仍在。

——2013.06.22.17：47

宇宙间最伟大的智慧是给予，是无私地奉献。（太阳向外界传送光热、母亲为胎儿输送营养……）勇士、主宰、谨慎。

——2013.07.03.00：10

每个人从第一声啼哭开始，就在认识世界，人生应是一个奋斗的过程，这是人性的价值所在。

——2013.07.05.19：45

价值观重于一切，人生观重于人生。

——2013.07.18.19：25

世事往往如此，人往往为了一些小事而大动肝火，结果损失惨重，甚至陷入万劫不复之地。

——2013.07.23.10：00

以后可以高枕无忧了——这无异于给自己判了死刑。

——2013.07.23.10：15

对于一个艺术家来说，灵感是勤奋的奖赏。

——2013.07.23.13：10

一个人有能力行善，有能力行恶，但拒绝行恶而选择行善，这是善良的。一个人只能选择行善，而没有能力行恶，这只是奴隶。

——2013.07.25.22：20

摆脱烦恼的好办法——发梦。

——2013.07.26.10：00

大多数人的烦恼是，用烦恼来摆脱烦恼。
用发梦来摆脱烦恼并不比用烦恼来摆脱烦恼更高明。

——2013.07.26.10：25

哲学家终生力图挣脱于限制之外，因此孤独、痛苦。

——2013.07.27.07：35

两股力量维持宇宙间的平衡与循环：一股是生的力量，一股是死的力量。

——2013.07：30.18：35

思维与行为一致——真正的力量的来源。

——2013.08.04.06：30

"世界不只如此"，去积累更多的知识，提高能力，开发更大的潜能，主宰，你的智慧，你的才干，容纳了一切，包括真理！

——2013.08.08.09：14

当白发苍苍、牙齿落光、肌肉松软……这颗心不变！

——2013.08.11.08：30

灾祸对你是忠诚的，而幸运往往欺骗你。

——2013.08.12.08：00

一个男人最大的不幸，是有一个糟糕的母亲。

——2013.08.13.10：20

现在，我又想起那句话：人伟大，是因为目标伟大。

刚刚完成了 50 个来回游泳，大概共 2 千米。

很多看起来很困难的事，一开始就应马上去做，无须再寻找什么捷径。

——2013.08.13

计划永远只是计划，也许我只能专注地做完一件事。

——2013.08.14.23：03

大部分男人心中都有一个伟大的梦想，差别只在于是否算数。

——2013.08.15.17：26

世界上最完美的人——只有时间为其敌人。

——2013.08.24.18：30

理想的世界沉稳平和、光芒恒存。

——2013.08.24.22：24

求知是人的天性，无知也是人的天性。

要握紧你的笔，就像握着保住性命的宝剑一样。灵感是艺术之神的礼物，随时准备好纸，将其记下来。

——2013.08.25.06：30

你是愿意带几颗钻石，还是背一箱黄金上路？

——2013.08.26.09：45

知道自己输的原因，比糊糊涂涂地赢更重要。

——2013.08.26.13：40

也许无法成为一个完美的人，但也应力图做一个有价值的人。

——2013.08.26.23：18

努力去实现才会成功。

当事情不是发生在自己身上时，人们大都不会理解那种痛苦、忧虑。当双方都拼尽了全力，最终的胜利就看谁更有耐力。平时积蓄实力就变得十分重要。

——2013.08.30.18：13

自以为万事大吉，人便开始自以为是，开始丢弃理性的思考，直到担忧再次降临，才又开始烦恼、痛苦……人啊，是多么的无知！身体往往是你烦恼的来源，只有思想能让一个人永存。

——2013.08.30.23：50

只注意小事，便看不见要事；被表象迷住，就会混乱本质；目光既要宏观，也要微观，直达生命本身。

——2013.08.31.21：17

所做的事情最终都会有一定的结果。

——2013.09.01.22：54

如果一切都显得毫无价值，作为渺小的一个人，便会丧失了一切努力的方向，甚至生存下去的勇气也会全部失去。

——2013.09.03.11：10

体会过绝望的滋味，才明白生活的秘密。

——2013.09.03.16：20

我们的价值存在于所言所行（行为）之中，我们做了多少事，付出多少，做了多少。

——2013.09.03.18：38

运动和大笑，是健康的良药。

——2013.09.03.22：49

人生的意义寓于不断行动下去的状态当中。

是否还要奋斗，是否决心战斗至死，这就是人与人之间本质的差别。

——2013.09.04.20：18

影响人类历史进程的男人。

——2013.09.08.08：46

最节省时间的办法就是从容不迫。

——2013.09.08.20：48

现在我是多么孤独，多么绝望，我已看不到生存的希望，再也找不到生存下去的意义。

头脑里所想到的一切都了无生趣，毫无意义。

我又重新看了自己当年写下的 88 个梦想，我终于明白了从我立下梦想那一刻，从我决定了做一个什么样的人的那一刻，那种对生命的热爱，那种对无限勇气与毅力的希望，鼓舞着我，鼓舞着我不断努力，不断进步，直至现在，成了一个真正的男子汉。

勇士、主宰、谨慎。

男儿竖起脊梁铁，把卷撑开眼海明。

历经磨难只会变得更坚强。

——2013.09.16.21：07

最考验一个男人勇气的，并不是生死关头，而是面对衰老与疾病的时刻。做了这么多年人，最难学会的事是珍惜。

——2013.09.21.16：27

有些东西错过了就没有了，永远也找不回来了。

——2013.09.22.11：10

那种镇定，那样从容地处事，仿佛是他掌握着真理，他就是主宰。

——2013.09.24.17：31

时间以其无声的脚步，和最重要的——从不放弃坚持行进的精神，最终给予每个人合情合理的结局。做好计划，多思、多学、多写，向人生最高理想、最终目标迈步！

——2013.09.25.00：31

一生中有些时候会让你难过得想自杀，但这也正是考验你男子汉气概的时候。

——2013.10.01.17：50

愤怒吧、焦虑吧、疯狂吧，变得四分五裂吧，然后失去自我控制，真正成为一个奴隶、失败者。

或者承受住这份痛苦、压抑、煎熬，向剩下的梦想及最高目标继续沉稳前进。

勇士（无私）、主宰（平静）、谨慎。

———2013.10.10.17：07

人是根据过往的经验而对状况作出判断。

———2013.10.12.22：00

告诉自己，生活中，一切都要简单。

———2013.10.14.11：04

让幻想死亡，接受现实，超越现实，谨慎。

———2013.10.15.11：46

时间问题或能力问题都是相对的，只有谨慎，让你破除幻影，成为自己。（慢慢发觉，一切都是相对的。）

———2013.10.15.16：00

生命不光只有自由，还有责任。

———2013.10.16.11：25

专注于目标——这就是全部的秘密。

思想能毁灭一个人，也能成全一个人。

你个人生命的意义存在于所做的每一件事中。

哲学家为什么想自杀？

在这个地方找不到价值（意义），便想去另一个地方去寻找。

——2013.10.17.17：03

只要努力就会有回报（喜悦……），而努力如果不够，则准备不足，即能力不够，就会面临困境，就会有痛苦、煎熬。

——2013.10.19.10：30

你完全可以欺骗自己，让茫然无措的灵魂继续困扰你的余生，也可以做出一个选择、一个决定，让生命达到完满，并超越巅峰。

——2013.10.19.16：39

还记得开始看通俗的、励志的书籍时那种认真与仔细，可以说是困难的（阅读），一开始由于大脑没有积累和真正思考过，但由于现在已累积了很多，而且大脑进行了如此多的哲学思考，痛苦、压抑、残酷思想及内心争斗、焦急、盼望、喜悦……

现在读起那些书籍来虽然失去了那种求知的喜悦，但感觉在能力上是游刃有余的。

这就是努力、一直持续努力的结果。随着历史的积累、各种经验及学识的积累及沉淀，我们逐渐得到完整。即使直到死去的那一刻，我们也不可能达到完美，但历史的齿轮将会给日夜奋斗的你一个满意的结果。坚持走下去，康。

——2013.10.20.10：15

过去（比如说6年前）认为非常重要的事，现在看来，其实不过如此，因为似乎根本不影响现在的生活。

不要恐惧生活，不要恐惧因梦想和价值观所带来的压力。实现它，成为你自己。

你的一生将会因为你的思想、努力、行动及信念，而有价值、意义。

——2013.10.21.10：50

看上去似乎距离很远，但一步一步，最后终将到达。

——2013.10.22.19：12

啊，人的理性是多么脆弱！

去吧，真正按照自己的内心去活吧，最终的结果，其余的一切，都不是最重要的。

——2013.10.23.08：40

行动吧，行动起来，继续前进，在行动中，即使痛苦，也是快乐的，在痛苦中有着一切快感，但同时，也要紧紧拥抱生与死这两样东西。

如果你无所畏惧，那么便没有什么东西能阻止你前进。

——2013.10.23.10：21

一切的意义、快感都寓于行动之中。追求最高的目标能使你有更多的付出和行动，可以说是正确的。

主宰，无需考虑，走下去，永远不要停。永远别回头。

——2013.10.23.14：35

黑油墨印在纸张上是最合适的，（书）传递信息多，携带方便。合适就是好的。

——2013.10.24.08：59

痛苦，是因为你永远只在那里空想。

——2013.10.24.11：28

人人都承认社会有问题，但却从来没有人承认自己有问题。

——2013.10.26.10：18

哲学是坚硬的石阶，不要用脑袋去撞它，这一路上，已躺满了骷髅。

——2013.10.28.11：31

作为一个男人，没有资格发小孩子脾气，有必要控制好混乱的想法，而换之以谦谨的态度。

——2013.10.30.22：26

战胜人性的结果，只会是人类的毁灭。人性无法战胜——这就是哲学家一生痛苦、悲惨的原因。

人类需要神，不管其是否存在，因为只有神是智慧的。

——2013.11.02.16：47

当能力不足时，应愈发沉稳，隐忍待机。

——2013.11.12.22：50

按照自己的理解去生活。真正的胜利不一定要抛弃一切、一步到位；也可以在安稳如山中、在平静而持续的行动中、在无数个白天深夜的辛勤劳作中、在隐忍待机中完成。

——2013.11.14.09：47

我们要向着目标前进，但不应该为了虚名。

——2013.11.15.19：56

做事要尽力。

——2013.11.16.10：44

凡事都应有度。

——2013.11.16.21：59

完全平静的心，能够创造奇迹，完全平静地行动，持
续下去。

——2013.11.19.20：40

不足就是不足，就算只差一毫，它仍然是一个不可撼
动的事实。

——2013.11.26.10：00

诸事不顺时不要拿脑袋去撞墙，顺其自然，往往能取
得一个比较好的结果。

——2013.11.29.09：40

为了些许几滴水，跳进海里，然后死去，这就是人生。

——2013.12.02.22：00

匆促的生活，或者说起伏不平的心境，使我们迷失，
迷失了最重要的事，从而形成许多错觉，对何为重要事判

断失误，直至被琐碎淹没——失去了时间、失去了全部……回忆一下吧，我们过去的一切的确是这样浪费的，相信一次这样的经验吧！

——2013.12.03.22.28

当诸事不顺，天昏地暗，应愈发沉稳，谨慎。不久便能扫清假象，结果如何，相信你有足够的勇气去接受。

——2013.12.05.14：39

一个孤独、艺术的灵魂（1900）。

——2013.12.11.22：34

如果已经付出了所有努力，但仍然我得不到那个结果，作为命，你确实输了，但作为人，已无愧于这个称号。

——2013.12.14.16：06

事情总是过后才发觉做得不够好，为什么不能再聪明一些，再聪明一点，也许就能少犯这么多错误，少走如此多弯路。

——2013.12.14.16：28

人的一生中有太多的恐惧和悲伤，因此人们内心需要一个强大的善良的形象（如上帝、超人等），是很自然的事。

我想，每个人都应该凭借自己的理解去生活。

——2013.12.15.00：29

见到贞子也能说出"You are beautiful"，也许这也是修道者的态度吧。

——2013.12.15.11：27

努力积累了很多，很多的战绩、名利、财富、地位……一切的一切，最终都会一次过全失去，但全世界的人都挤破了脑袋去争、去抢，当然，我并不否认有人能从中得到快乐，或找到人生的意义。

但作为一个人，一个与自然有关系的人，可以尽力去了解自然，了解周遭的一切，尽力去观察、去学习、去扩展，美与丑、安全与危险……都去了解、去看一看。（也认识一下自己）

——2013.12.15.14：24

天才不够，就多花点时间吧，别人用一个小时，你就用 10 个小时，慢慢想，慢慢做，对于结果中存在的错误，返回去修正……

——2013.12.16.13：30

　　天空是阴沉的，雨水连绵不尽，虽然知识有时会带给你希望，能跨越沮丧的环境；但有时也会给你致命一击。且将心放宽，无需再争取什么了，像树木一样生长，像土地、湖水……自然总是和谐的。

——2013.12.17.14：13

　　活时你争我夺、焦虑痛苦，死后一切如土。

——2013.12.17.20：35

　　人生至此已无憾；哲人何为？为不为。

——2013.12.18.01：20

　　不卑不亢、宠辱不惊，明白这一点，就会有平常心。

——2013.12.19.09：57

　　诸事不顺，是对你的考验，要求诸事顺意，则是你的强求。

——2013.12.19.15：58

　　听人说，借酒可以消愁，听人说，革命可得胜利，听人说，信神可得永生……你不用逃避，其实死和生是一样的，你所恐惧的只是你的想象。

　　是时候抛弃这一切了，只有完全否定这一切、抛却这一切，才会有爱。

——2013.12.19.16：09

生活已无意义，人生已经没有任何值得牵挂、留恋，那就死去，完完全全地死去。从这一刻起，我已经死了。噢，还剩主宰的意志在。我死了，而世界照样运转。

——2013.12.23.12：00

要真正开始生活，真正、完全地做自己。还记得之前……考试时的默念与祈祷，与内心的、与一切神秘力量的承诺。（如果我能过了这门，我将完全做我自己。）

——2013.12.24.10：53

12月9号那天下午，师兄通过Q告诉我不能评优，因为委考里有一科人员测评卷面分只考到50分……不能评优，完全是我自己没有尽力，只胡乱地写了几句就交卷，为了虚荣、为了快速，评不到优。

要历经多少遗憾痛苦，要再犯多少过错，你才会明白或者真正做到谨慎二字。（去拿最好的礼物吧）

——2013.12.24.16：15

凡事都有两面，过去的遗憾让其过去，要紧的是你最想要的是什么。

——2013.12.24.17：38

还未得到前，爱得要死要活，心里惦记得不似人形；既得之后，或得到宣泄之后，有与没有又显得毫无所谓。这就是欲望，这就是人性。

即使是死也不要屈服，绝不可放弃自己，这是你所有的人生价值。

——2013.12.25.11：13

慢慢地就会发现，无论做什么或不做什么，都是错误的，人类本身就是一个错误……

我一直以为自己可以有点智慧，真是可笑！

——2013.12.25.12：02

从你的眼中，我看到了世界！

——2013.12.25.14：23

以前不知道的，现在会知道；现在不去做的，以后会去做。

——2013.12.25.14：51

比死更难受的是（终极的）悲伤；比悲伤更难受的是

孤独；比孤独更难受的是不可避免的精神分裂，即终极的
孤独。

也许，一种平和的幸福的、内心能感觉源源不断的喜
悦的、更重要的是——恒久的、持续的、没有结束或者美好
地结束的运行动作，才是接近智慧的东西。

——2013.12.25.15：44

或许有一天，肌肉将变成棉花；或许有一天，牙齿和
头发会落光；或许有一天，身体会变成一堆白骨；或许有一
天，会死无葬身之地；或许有一天，当初的豪言壮语将成为
一种讽刺；或许有一天，我可以摆平这些恐惧。

——2013.12.25.16：14

有人曾写道，哲学家生活在永恒中，艺术家生活在瞬
间中。我愿意追求永恒。

——2013.12.25.17：06

教科书上的哲学是非哲学，哲学就像是爱，是无法学的。

——2013.12.25.17：36

我们往往仅能看到事物的一部分。因此，过早作出的
结论往往是不准确的。

——2013.12.26.11：55

里面不够刚强，外面肌肉有什么用。

———2013.12.27.01：50

这颗衰老的心，需要进行一场革命。

生活是否意味着放弃现在？

———2013.12.27.11：34

悲伤的感觉绝望到谷底，喜悦的感觉幸福到否定（之前的一切悲伤），脚踏实地去做吧，做与不做，骗与不骗……结局都只由自己接受。也许真正的王，总能射穿一切继续前行。

———2013.12.27.15：27

人生就是这样，有赢有输，赢的时候一帆风顺，输的时候失去彻底。大起大落的人生，要看你能否承受，不过，这样的人生并算不得是最好的人生，起码在一个正常人的角度来说，这不算健康，如果能脚踏实地是最好了。

———2013.12.30.17：39

即使是一个很小的希望，也比没有希望好，没有目标的生活一刻也生活不下去，可以说根本就不算是生活。

———2013.12.31.09：09

如同喜爱音乐一样，每个人最喜欢的东西必定是与其内心最相似的东西，不必大惊小怪，而应该求大同存小异。

——2013.12.31.12：35

"哇，快看，那一只猪很特别，和其他的猪都不一样。"那么，这只特别的猪就只剩下两种命运。（要么被欣赏、要么被毁灭）

——2013.12.31.12：41

我走近岸边，看到了鱼儿逃离的状态，鱼儿的本能让我失望至极；我站立岸边，不久鱼儿又游回岸边，我感受到周围的一片和谐。

——2013.12.31.15：30

我相信，我的每一个思想，在这个时空中早已有人思想过。他们和我都相信，这条路是有终点的，这条路的终点就是时空的尽头。由于肉体存在不久，他们走到途中便被迫停下了脚步。

如今我也走在了这条路上，沿途看到了许多停下了脚步的同伴，感悟了他们许多独到的见解，但其中许多经验我消化不到，也许我不太适合负重上路。这路上拥有包括两个世界的所有的一切，但却显得和谐，让我感觉到了天堂里的天堂。在我前面还有许多背影，于是我自己开创了一条新路……新路上只有一个人，走近一看，原来是我自己，然后我越过了自己，继续向前走去……来到了一个交叉路口，我看到了那个走在前面的人，他示意我继续向前走去。于是我在他们倒下的地方，继续向路的尽头走去……

前面一个人也没有，我为自己走在了时空的最前面而高兴，忽然，前面又隐隐约约出现了许多的人，我找到第一个人问他："为什么会这样？"他只是告诉我："三世因果，六道轮回。"我继续往前，一口气冲到底，找到最后那个人，问他我为何走回了原路，他微笑道："那你还愿意走下去吗？"我愤怒了："不走了。"他告诉我："虽然这条路是如此荒谬，令人无可奈何。但是，我用尽了所有精力继续走下去，直至我的生命结束，我已竭尽全力，因为我无怨无悔，因为我走在最前面，成为了第一。""但是，这样的第一和倒数第一根本没有什么区别啊！"我抗议。他继续微笑道："那么，即使你走到了路的尽头，也是和我们没有什么区别啊。""不，人们会纪念我，歌颂我，永远感谢我。"我继续争辩。"不，不，不，虽然我们这些人终身在探索这条路，但其他人是不会理会这些的。"

痛悟悲伤的我走走停停，抛弃了这所有的一切，然后到了一个完全平静、充满创造的地方，原来我已经走到了这条路的尽头。

——2013.12.31.21：25

2014

　　笔、笔记（日期、每一天、页的顶部），我想了悟的终极的悲伤之后，我逐渐肯定自己以前对爱的感受，并摆脱了恐惧、丰富了内容。我希望能为她们带来幸福。

　　当然，二律背反将会不时过来捉弄你，各种矛盾或无奈又会来摧毁你……但是，你知道你是谁，你知道自己的终极使命。

　　　　　　　　　　　　　——2014.01.04.10：56

　　所谓才干，是靠惊人的积累而取得的。

　　　　　　　　　　　　　——2014.01.04.18：37

　　也许谦卑才是地的本性，自然按照一种道的力量在行走；真正领悟宇宙真理，便不必为了领悟真理而抑制本能、强迫自己、战胜自己，不必搬来石头压在身上以求解脱……

　　一切都变得不再必要了，一切也都变得不再重要了。当你完全明白"生即死，死即爱"之后。

　　生的时候，生活你争我夺、极力渲染恐怖能力（人类自以为），争争吵吵，麻木焦灼痛苦……这些生活其实只能算是纯本能的生活，与死无异，是灵魂的死亡、理性的死亡。

　　换个角度，在现实还生活着的时候让自己死去，让灵魂死去，往往就能领悟真理之美，顿然对这宇宙自然产生爱。死即是生，死即是真正的生活，是爱的、是爱与美的生活。

　　　　　　　　　　　　　——2014.01.05.19：55

当领悟了神的智慧（宇宙的真理），人便有了一种韧性，是至柔与至刚的中庸体、平衡体。再强大的内在本能及再脆弱的理性，都将被包容、宽容、孕育，当灵魂在不断灭亡、在不断死去的过程中，在这真理中又出生了，是创造性、奇迹性的生。

当真正的爱到来，那是多么有意义的事啊！（生、死、爱）

——2014.01.05.20：05

当这种和谐的思考与现实生活结合于一起，那是多么美好啊！

那时你将会明白，或者说领会到灵魂升华的美，并且是常常发生的事，这意味着每一时刻灵感的涌现都是一种创造性的体验。它是纯洁的、新生的，当然，也是古老的、杂质的，但好坏都被包容了，并得到充分吸收，得到宇宙这个相对较大的载体的包容。

——2014.01.05.20：21

路还很长，是我准备得太久了……

如果有一天，当所有的打击都不成为打击时，就是完美了。那是一个自由的你，多么幸福啊！

——2014.01.09.00：12

人生历程的每一步，都需要谨慎前行。如果一切都让你感到无法用心，让你感到崩溃绝望，那选择一个态度吧，比如继续写下去吧。

——2014.01.09.16：35

刚刚我们7点多开完会，尔后我出到外面走了一圈回来，回到三楼阳台吹起了口琴，吹到累了。

这时昨晚那个垃圾工过来收拾衣服。我和他聊了起来。我问他有没有老婆，他说没有结婚，是53年出生的，已有60多岁了，他说他有五姐妹（兄弟），他最小，分不到房子，因此没有人肯嫁；父亲60多岁去世，母亲70多岁去世了；现在工资只有一千多，只够勉强自己一个人吃，平时就工作、喝点酒，然后睡觉。

他说五姐妹都有儿女（有孙），我问他们有没有帮你，他回答说："不行的，这个帮，那个不帮，都不帮了。"他说自己命苦啊。我又问他有没有去算命，他说哪里算都一样，都说命苦啊。我说："我同情你，但我帮不了你，我能力太低，帮不了你，我很惭愧……"

他说："这里很好。"

我问："你说这里很好？"

他说："这里很好，有你关心。"……

我无言以对。

我陷入沉思，感觉以往的哲学思想走向崩溃，以前以为的真理，如今却变成一种讽刺，从前以为的伟大思想，现在像是被当成一部恶作剧在上演。

我深深地陷入沉思。

——2014.01.17

人生充满了遗憾和希望，没错，这就是人生。

——2014.01.17.21：19

下午睡觉发了个梦，一句话伴随我醒来：世界只能被适应，无法被胜利。

——2014.01.19

任何事物，追究到其最初的起点，你总会发现其荒诞的一面。

——2014.01.21.09：49

一个（走丢了孩子的）母亲，焦急的表情的确比任何电视女主角的都好。……（最终失而复得）

——2014.01.25

（年前花市）一对夫妇在 C 区 37 号买了一套瓷器餐具，与卖主事先讲明，先付款，而后拆开包装，如果有烂的，就退钱，价格是 250 元。

结果的确发现其中一个碗上有一个小口的缺少（碗口

边缘处有一些破碎损失）

按照（卖家）老人的标准，碗底有一条缝才能算是烂。而对于这对买家夫妇来说，有一点破损也算是烂了。但问题是，双方都不肯退让。

……

随后我走到那位妻子旁边，她对我说："如果不要钱让我拿回去，到年三十我看着这些碗都会憋着一股气。"

于是我说："你消下气先，刚才是不是吵了一场大架。"她轻声地承认，然后同样是有气无力地让我对老头说，愿意只让老头退还 230 元就算了。

然后我走下去，我们所有人都在场，双方经过一番衡量与时间的消磨，老头愿意出 200 元为退款，买家的老公接受了，于是便离开了，临离开时，我说破财挡灾，当给利是，利利是是。

而我们回过头，老头也非常痛心，大喊道"没钱了……"，也是的，如果没钱回去，没钱回家，老头当然也不愿意退款。

唉，人间还有多少无奈的立场！

……

刚刚巡逻了一遍，回到那老头那里买了一个花瓶，她们都说我很笨，50 元买了这么个次品，花纹都对不准，全乱掉，不伦不类。……

——2014.01.26

人的情绪就像水的温度，太冷或太烫都会伤害到自己、伤害到别人。

——2014.01.27.14：31

任何动作达到一定高度都会成为一种艺术；任何学识到了一定程度都免不了与哲学接触！

——2014.01.28.10：11

今天是XXX2014年春节篮球赛第四场……我犯了许多失误，挨了很多骂……

就在这一刻，母亲打来电话，我感觉非常烦躁……

思想是极度地疯狂，如果这是艺术的话，也太疯狂了。

人的确有毁灭的冲动，人类的思想或人类自身有许多无法解释的问题，也许这才是人类。

自我太强烈，只会落入圈套，只会被操控。

——2014.01.28

心绪的躁动不安其实是耗尽时间，实则浪费生命。

——2014.01.28.21：38

我觉得这件事很重要，我觉得那件事很重要，我放不下，你叫我怎么放得下……然后在这无尽的烦忧中度过余生。

——2014.01.28.21：45

有时候，部分受到了限制，反而能让你把事情处理得妥当，因为你已明白自己的能力去到哪里，什么做得到，什么还不能做到。

也许正因为被限制住，才会明白自由的可贵。

人受限于幻觉，因此必须让幻觉死去，人才能成为人。

幸福，是努力于可见的幸福（结果）。

悲哀致力于可见的结果，游离在未知的起因。

——2014.01.30

事情去到终极处，作为（一个）人，只剩下立场问题。（一个人的行为，在很大程度上，取决于其立场。）

——2014.02.03.11：10

今天年初五，晚上返到公司，明天正式上班，从家带来了两个哑铃和一些书，希望能变得更强壮和博学。

傍晚时阿婆讲当我是第四个仔。

——2014.02.04

（一般情况下）人不会喜欢被逼迫。

——2014.02.04.13：40

人要有理性。迷迷糊糊，蒙着眼睛过日子会跌得很惨。

凡事都应有预见力，要有理性，不能被情绪操控你。

最好是每天向着自己的大目标前进……

去拿最好的礼物吧，你的梦想、使命、思想、伟大的计划。

——2014.02.06

也许是因为有了目标，人便会被目标限制住，被目标控制住，变得紧张兮兮，生怕有丝毫差错。每一次看似困难的任务，结果通过努力做过，在行动和认知中发现其简单。只要向着自己的目标前进，勇敢地前进，乌云和荆棘，所有的一切都会散去。你会发现，那个结果其实不难接受。你能专注，你能控制这一切，你能拥有这一切。

——2014.02.08

平时的积累是物质，灵感是思维，思维把物质堆砌。（堆砌成你自己的世界）

——2014.02.08.10：48

宏观地说，人生只有一条路，是一条从生到死的路，每一个路口每一个选择，虽然选择后的结果或大或小、或好或坏，但相对于大路来说，其中的每一条小路都显得细小。

因此，不必再浪费时间担忧，重要的是你的心态。因此不必再对该如何选择焦虑不安、浪费时间，因为路的终点是相同的。能保持自然是最好的，而考虑到人的弱点，谨慎吧，直至自然地主宰！

——2014.02.08.17：46

坚韧不拔的人，通过脚踏实地，能完成世上的一件大事。

——2014.02.09.08：35

一生捱穷算什么，生活悲惨算什么，人要为自己的灵魂而活……哪怕被乱枪射杀，被坦克碾过，被野狗啃尸，人的灵魂就是最好的礼物！

——2014.02.11.07：47

（不小心，早知道，如果……）沉迷于自己的空想只会让自身陷入困局。

——2014.02.11.13：43

年轻人要记住，赞美是恶运的前奏，不要被赞美灌晕头脑，要时刻保持头脑清醒，保持平静（清晰）的心，向着大目标走去。

——2014.02.13.08：13

去尝试，才知道事情做不做得到，去努力，才知道能力可以去到哪里。

——2014.02.15.08：05

是你自己令生活走向复杂，所有的一切都应让其简单，一切都要精简。

——2014.02.15.16：54

一步一步地走，如果一步一步地向着目标走好好地，却非要加速，非要急跑过去，好，提早达到目标，是你的本事，你厉害！但如果由于太快而跌倒了，跌伤了，再也不能走了，则是你太贪心。苦果、代价则由你自己承受。

——2014.02.15.22：25

渐渐发觉，人类目前所有的理论都不过只是在支持着暴力。而作为人类本身又不能被否定。因此人类在对与错之间的灰色地带徘徊。看得高、看得远，不如看得清，看得化。

——2014.02.16.10：10

结婚，找一个人一起做饭，找一个人一起做梦。

——2014.02.18.07：56

你所处的环境，你所联系到的事物，就是人所能把握到的资源。而一个人能够把握到的资源越多，在社会就越强大。

——2014.02.19.14：19

你的自尊心？终有一天你会意识到这是多么愚蠢。

——2014.02.22.09：24

你害怕被辞职？这伤害了你的自尊心？你会因此而死去？或是失去一切？要知道，你分裂的同时，你也正在逐渐失去一切。

——2014.02.22.10：06

教科书不会告诉你的是，你来到这里是个错误。大人们不会告诉你的是，你来到这里是因为一个误会。

——2014.2.23.15：55

一切都在你的掌握之中，这难道不好吗？

——2014.02.24.11：32

凌晨2点多才睡觉，一早7点半便下来开门。努力的感觉还是不错，尤其是早晨的阳光和天空。

早上没有什么做的，主要是跟随财务去银行取款，去的时候他说杨经理辞职了。等到11点多我们回来时，我在台面看到那张交接材料，内容是所有手头上的物件、工作等交接。……

我走出门外，看着周工把他接走了，我们并没有怎么道别，只是对望了一下，然后（其）便随车而去了。

现在我想的是，杨经理在1月8号把我招进了公司，1月16日我正式报到，而今天，2月25日，我第一个见到的公司的人走了。

……

许多许多的时过境迁、各种各样的变化虽然来得迅速，似乎总让人无可奈何。

我想，只要诚实地向着内心所想的方向走去，这个世界上一定会有你的位置。

现在17：08，正在前往新公司，手机电量只有15%，上面天空比较阴沉，而旁边远方边缘却无什么乌云，能看到远方黄白的夕阳照射的山峦轮廓，很美。

——2014.02.25

头脑能想到的，让身体自然去把其做好。即刻着手去做，将其完成。

——2014.02.25.22：59

不要以为什么，再以为什么。每一步都要谨慎。

——2014.02.26.15：44

人会讨厌那些自己内心喜欢但得不到的东西。（矮子："高大衰。"行动不便："走那么快赶去投胎吗？"胖人："……"）

——2014.02.26.19：24

今天继续去新公司那边，处理办公室和宿舍的相关事情。……

在对面H记烧鹅吃了一个烧鹅、叉烧拼盘，十五元。如果吃其他拼盘，只要不要烧鹅，都是10元。……

15元开发票，老板娘问写多少，我说15，……唉，原来吃个饭可以这样做，我终于明白为什么XXX那么喜欢出去吃饭。

——2014.02.26

诚信？人性？感情？对其付之一笑吧。

——2014.02.26.22：19

今早睡得较晚，起得晚，到办公室后又回宿舍刷牙等，然后吃完早餐回来已8点5了，H哥说上班时间已经不是第一次迟到，我保证了说"下次不会"。

12：50，刚刚在H记吃完饭，隔壁桌坐着一个骑客（自行车），谈话才知道他是香港人，约成一支八人的队伍，每月上来玩五天，每天花费不超过100元，吃饭30、住宿

70，他也约 70 岁。

我问了他关于香港之前有人曾抵抗内地游客入港消费的问题。他解释道，只是那么多人中的一小部分人，每个地方都有，比如你内地也有一些反 G 的，你香港人移到英国、美国，人家当地人也会有人说你，嫉妒你。是小部分香港人嫉妒内地人有钱，……全世界，什么都有的，边度都是一样的。

不过现在已经出了法律法规，不准侮辱内地人，如果警察知道，有人指证，就有麻烦。

我问了他香港工资如何？现在香港一般的低下层，是八、九千到一万元港币之间。

做警察的话很好，一进去就有二万多。不过要求严格，要大学毕业之类的，现在的警察很有礼貌。

现在都升级紧，全部向上。A 度（指东莞）都是，慢慢上轨道。

——2014.02.27

和人打交道时，要仔细揣摩对方所顾虑的东西，谈话的重点在于路，每个人心中所走的路不同，但只要两个人所走向的路相对有交接，那么处事就变得顺畅。

——2014.02.28.10：27

憎恶、怨恨、气愤，人有时会处于一种比死更难受的状态。

——2014.02.28.17：39

大多数人只是希望被奴役。

——2014.02.28.17：49

3 月 5 号搬东西，7 号正式上班，8 号全体接老板。

（A 栋装修比 C 栋好）现在带他们来到 C 栋，刚才先带他们到了 A 栋，是我的错误，一来是有对比，二来是大多数人都是（住）C 栋。

——2014.3.1

死与爱结合在一起，爱又代表着生。

——2014.03.02.01：05

世界是普遍联系的，对一件事物的喜恶好坏都看得淡点。与此同时，淡不代表麻木。这样才能看透，看彻底。

——2014.03.04.12：13

一个 21 世纪值得一提的男人。

——2014.03.04.23：21

心中有鬼，这样的人无药可救，你的劝说没有丝毫作用。

老师的职责不只是简单地驱鬼，最好是能够做到让（这个）鬼为（这个）人更好的服务，为这个人伟大的人生目标提供支援、帮助。

——2014.03.05.00：15

经过无意识的多次跌倒，婴儿学会站立。

——2014.03.08.14：50

刚刚问了来整电脑的叫阿锋的，问其有无什么电脑书、光盘等介绍，我想进修下电脑方面的知识，他说，平时发现些问题就百度一下，对得多就识，都是靠经验的。积累，积累，就像大海，包含、收集，收积着滴滴的水及杂物。就像一煲水，积累着热量，直至最后的沸腾。

——2014.03.11.16：51

在工作当中，学会利用行业标准来处理事情，自己人为的思想不要放在事情中。（应该可以放在人际交流中）

——2014.03.12.10：05

要做成一件事，最重要的是坚持，然后是聪明。

——2014.3.19.08：29

不要尝试改变任何人（"人是愚蠢的，运气好时才同时是邪恶的"），你只需要向着自己的目标迎头前行。

——2014.3.23.18：14

没有一件事是小事；没有一件事是大事。

——2014.04.02. 约 15：30

雨天，感受自然的机会多了。

——2014.04.02.23：27

一个没有父亲的男人，一个离家背祖的男人，一个爱智慧的男人，一个追寻生命意义的男人。

——2014.04.04.19：12

刚才在四楼的横墙上站立了几秒，心中是紧张及深深的恐惧，无比的焦虑，头脑不断害怕，什么东西也想不到……应该如何，根本就不知道该怎么办，满满的疑问……腿在不停发抖。

下来后思考，只有神才是智慧的，只有大自然才是主宰，我要做的，是实现梦想，要知道自己的人生目标，自己的比生命更重要的东西。

刚刚又站上去，共两次，每一次应该都持续了 5 秒以上（在心里默念了有十多下），这两次腿已经没有怎么抖了，因为有了之前第一次经验，尽管第一次犹豫不决，担心受怕，认为自己肯定无法完成……害怕被楼下路上的人看到会不好意思……会有什么事发生……

要坚定自己的信仰是困难的，尤其是在众目睽睽之下。但这是你的人生价值所在。

相信你自己的选择，走向你的人生目标，恐惧一定会存在，但你可以克服它。即使第一次时有多狼狈，但这却是你无比宝贵的经验。因为它能让你在下一次时走得顺利，从而提供力量，让你实现梦想。

年轻时的许多想法和梦想，到年老时如能完成一件，也是美的。

——2014.4.5.17：34

有比易逝的事物更美好的东西，她不属于任何人，却跟随着追求她的人。

——2014.4.11.07：06

最重要的是，你真正想要什么，跟随你自己的心吧。

脚短，也能跋涉千里，到达目的地。

也许目的地太远，看似遥不可达，思路还不清晰。但只要主意已定，我相信路会渐渐显现。

——2014.4.15.07：24

一个思想趋向完美的人，祸福握之在手，生死了然于心。

（多数自私）

一个思想完美的人，多数已疯。

——2014.4.17.07：25

常常忽略的，却是生命中最重要的人。

——2014.4.18.20：24

就在这一刻。（觉悟）

——2014.4.20.17：36

世界只有一个你，唯一的你。

——2014.4.22.07：46

论血腥暴力与雄性本能。

——2014.04.22.20：39

张 YM 缝 4、5 针，建议做个核磁共振，没什么问题的话就是皮肉伤，如其愿意，可出院。

张 YM 不肯出院，说腿痛，吃不了饭，小便有问题，她说医生说的，伤口很深……我们站在公司的利益角度，医生与她利益一致。

看问题的角度也许很多，但归根应看结果对谁有利。

——2014.4.23

晚上 7 点多在茶餐厅吃滑蛋牛肉饭，吃完准备走（19：38），张 YM 的家人打了个电话来，说要让我过去医院和他们谈谈解决办法及后续问题，我第一时间打电话给了金 B，然后才是张 WB，我赶回办公室后，便拨打了电话回去给张 YM 家人，说"给我上级"和你讲，结果金 B 和其说交警处理结束；而另一方面，张 WB 已跑到医院，安抚其家人。

等我赶过去（医院）之后，才明白到自己的错误。张 WB 对我说，我的上司只有黎 WW 和张 WB，也只有 2 人才信得过，"其他人只是把你往火里推"。

——2014.4.25

事物的最大优点往往正是其致命弱点，生活避无可避。选择生活道路，是这段旅程的真正开始。哲学是一个暂住的旅馆，而死亡才是各自的家。

——2014.4.26.00：31

死亡曾让你恐惧，孤独曾让你害怕，无底的虚无让你精神崩溃，天生的弱点让你永困囚笼，文明的程度取决于如何对待真理。

——2014.4.27.00：11

每分每秒，都不是断续的存在，每时每刻，都是事实和奇迹的全部。

无需再逃避什么。

——2014.4.27.14：11

在前方道路深处，找到生命希望之火。

——2014.04.28.13：15

让这颗心脏向往真理，向往神圣，直至完全停止跳动。

——2014.4.28.21：52

田W建议我多与人沟通，说我最大的弱点就是不与人沟通："这里没有人对你不满意，大家都很愿意帮你，但是关键是你要问。问题是你不问，只是在那自己猛想，去做，错了再改，不是说你不勤奋，关键是要多与人沟通。"

李Y说："可能在你这里是大问题，但在其他人那里则是小事"。

田W说："你跟黎WW是平等的，大家一起做事，只是上下级关系，要多与别人沟通，尤其是你上级。不要把简单的事情复杂化，不懂就问人。"

——2014.4.30

清运车队长罗CH对我讲：不要怕错。

——2014.5.1

安全第一，工作本分。

——致环卫人员。

——2014.5.1.19：17

不要和我谈灵魂，我不是哲学家。

——2014.5.2.01：43

感觉自己就像被电了一下

——梦想。

——2014.5.2.12：10

要成为一个人，将没有飞禽翱翔长天的羽翼，将没有走兽强大发达的四肢，将没有潜鱼进退自如的鳍鳞，你没有它们的乐趣……人所真正需要的东西其实很少。

——2014.5.2.12：48

两样东西没有答案

——大脑、女人。

——2014.5.3.18：35

拥抱着生与死——爱。

——2014.5.3.21：35

如果那真正是你要做的事，你会找到一个方法完成。如果那不是真正你要做的事，你会找到一万个借口告诉自己做不到。

——2014.5.5.01：25

社会资源与社会经验，是成正比的。

——2014.5.7.14：17

电视剧情按照编剧思路而定，作品是否有价值，要看是否有意义，现实生活不一定有剧情般的尽善尽美。而这也正是我们应该努力的方向。

你是你自己生活的编剧。

——2014.5.8.23：15

写下去，这是你的绝胜之道。找不到路的确让人混乱，解决之道在于闲适（心境）。

——2014.5.9

失去人的齐心配合，任何简单的事都会一塌糊涂。多合作，与人合作，不懂就学。

如果被扔入孤岛，也许会积极动手求生存，住宅区装篱栅，准备尖锐的长棍、石块等武器，随时摘野果、捕鱼、抓野兽、饲养动物等，会把生存下去作为首要目的。而在现实社会中，也许过于安全，人的这种本能逐渐减弱，造成很多迷茫。但能够与本能抗战，也正是人性的一种升华。

——2014.5.9

早上听到李GH谈到90年代时在广州，那时他还年轻（70年代人），发的工资一出去就被抢，治安不好，那时广州很黑，要5个证，哪天可能治安队抓你进去，撕烂几个证，补证花个2、3百，而一个月的工资可能也就3百。

老李以前20多岁时，头发留到后面背部，前面染几根红红绿绿的，年轻吧，只是你不顺眼就敢打你。

年纪大了就不同了……

——2014.5.10

你现在还未能完全做好生存和恋爱相互协调的准备。先做好手头上的工作，让你的才能在你的事业中发挥、表现出来。向着你的原定计划前进吧。

——2014.5.12

恐惧是需要（你）征服的。

——2014.5.12.15：50

我的心，渴望休息在你身旁。

——2014.5.16.13：44

为什么存在？

——2014.5.17.21：17

1.去买、去要你真正需要的东西。
2.夜晚尽量不要开摩托车。

——记今晚撞到一女的自行车（意外）。

——2014.5.17.22：40

真正重要的事——灵魂，涉及你的灵魂，真正重要的事只有这一件。

——2014.5.19.07：16

从第一眼看到你开始，我便停止了追寻。

——2014.5.22.约20：00

一件事如果你不想做，可以找出一万个原因，但是，只要有一个理由能让你好好坚持下去，就该热爱生命！

——2014.6.1

太多的感情，结束于一个误会。

——2014.6.2.11：29

不用再逃避些什么。

——2014.06.18.06：39

有人说，哲学起于惊奇；我觉得，哲学应该始于惊醒。

——2014.06.24.20：05

原来，它是最适合的（冬日光芒）。

——2014.06.26.15：09

（一个男人）如果喜欢你，会去见你的，哪怕翻几个山头。（除非你不想见他）

——2014.06.27.10：32

究竟自己真正需要的是什么？想去做什么？看了《吸血鬼日记》第一季前3集，看到年轻健康的身体，我想到自己的身体，想到自己一直所坚持的目标，自己一直想完成的事，梦想、人生计划。是，此身终会老去，但是你有没有向目标踏步？

——2014.07.04

要学或记一样事物，学会不时重复。

——2014.07.08.21：29

只要一个理由让你不走，就该留下来好好战斗。

——2014.07.11.20：56

每一次脱离，都会是一次暴动，战争诞生创造？

——2014.07.20.07：08

你存在于这一刻，是幸福或不幸，起码是实在的，随时瞬动这种实在，顿悟着这流动不息的时间，对周遭环境观察得全面、透彻……在大角度也没有什么多大的区别，但是，你已经握住了命运。

——2014.07.20.07：29

想起几年前或更久之前，那时老是想着、担心着自己会长不高。

为身高担忧、幻想、焦虑、迷茫、痛苦……每天都活得愁苦，怕努力学习、辛苦过度会长不高，怕吃得不够营养而长不高，怕太矮以后没人愿意和我结婚，怕以后都长不高了……（盼望地想长高一些……）

直至现在身高已基本成定数，不知为什么，已成定数（确定）的东西，人往往很少注意到。

现在的烦恼也是如此。因为你看不清，因此……

——2014.07.27.22：15

美好的时光可以分为两部分，一部分用于等待，一部分用来珍惜。

——2014.07.29.20：14

有出口成章的才干，不一定有对生活独到的感悟。

——2014.07.29.20：28

冷静想办法处理，承受、沉稳、执着、成熟（行动）。

——2014.08.05.12：50

假如，我这世只能再活一分钟……

假如我能再活三十年，我会和一个一直爱我，陪伴我的女子一起，用我的生命去爱她，一直到我生命结束。

——2014.08.06.20：02

也许我很快就会不在，但有我的文字陪伴着我，一直到最后。

——2014.08.08.19：19

我知道，如果我现在不成为自己，终有一天我会为自己浪费的一生无尽悔恨，如果不按照坚决铁定的判断执行着，我的一生也会陷于飘忽迷茫、深深的矛盾当中。你知道自己的价值所在，你知道如何实现自己的梦想，去做吧，为你的人生价值，为你的爱人，去经历一切。

——2014.08.10.10：04

我和她讲，她在我心目中的地位，和我的人生价值一样重要，也许也属于我人生价值的一部分。

——2014.08.12. 约 10 点

让心安静下来，远离担忧，享受平和、持续、长久的幸福……

——2014.8.13.19：13

生活在比较之中，要获得安宁的一生会有点难。上帝也许会有天堂的烦恼，凡夫也可能有俗世的幸福。

——2014.8.17.00：03

做了一个梦，梦见了自己在怀疑这眼睛看到的一切是否真实，自己是否活在虚幻中。在梦中进行验证的方法是打电话给自己的母亲。

在潜意识中认可的最安全可靠的港湾，是一个人分辨虚实的标尺。（我们眼前熟悉的世界是真实的吗？）

——2014.08.19.01：51

对于一个哲学家来说，世界永远是新的。

一个完整意义上的人，最宝贵的是具有一种怀疑的精神。

——2014.08.19.02：16

每件事都应要稳（妥），时刻保持沉稳、谨慎、镇定。

——2014.8.19.20：15

人生的许多关卡中，之所以你认为无法跨过，是因为你在不断逃避，你做不到直视困难，直视其伴之而来的痛苦及喜悦。（一颗地道、自然的心，始终拥抱着生活。）

——2014.8.19.21：48

一个极端的人，一个完美主义者，所需的是铁定的生存意义，有可能会成为一只魔鬼。

——2014.8.20.08：19

（地球提供生存，星星点缀生活。）在地球生存，星星很美。

——2014.8.20.08：36

一是寿命，二是感情，两样东西无法勉强。

——2014.8.20.09：14

真正的天才，是他本身要做什么。

——2014.8.21.07：20

学习如何跌倒后爬起来，比学会如何到达目的地更重要一些。

——2014.8.22.00：05

知道自己为何被骗，他的哪些话或动作让你产生怀疑。

——2014.8.23.06：50

我一生中最美好的时光是在大学的图书馆里度过的。

有早晨的清宁；中午的嗜睡；还有那黄昏、金黄色的太阳，其光芒反射的湖面；及其勤奋的夜晚。

每一日的阅读、沉思、笔记着……我曾想过自己终将在书桌上死去，但是，那仍然是美好的，我可以阅读、记笔记……写到最后……拥有着自己的人生态度死去……

——2014.8.23.15：10

当经历了许多凡事后，逐渐发觉这是活在自己的幻觉中，非常不理性、无知，其实你可以做到更好。

谁也没有权利批评别人做得不好，但你自己任何时候都不可以放低要求。你知道你这一辈子为了什么，你知道要实现梦想所必需的条件，及其（实现梦想）所必须付出的代价，如果你害怕那样的结果，很抱歉，当初是由你自己选择的这条路。当然，如果你愿意一辈子都压抑，都活在自我欺骗中，也可以，只需要继续这样，这样像个傻子一样地忧虑、恐惧就可以！

你知道自己是谁，你知道跌倒后爬起来的方法，每个人都会分析现状，但没有人可以估量积累的效果。

——2014.8.24. 约 03：00

一切都应保持一颗平常心。一些道理，刚刚入耳的时候会觉得很不自然，但经过一定岁月的沉淀后，人便会默默感悟到……

——2014.8.24.06：27

一个人认为自己成功的那一刻，是其最危险的时刻。"成功"才是一生最大的敌人。

——2014.8.24.09：03

很恨自己，后悔自己当时为何没有那样做，憎恨自己的性格为什么这样……灿烂的一生不是你做多少"好事"，而是去做你一生必须要做的事。

——2014.8.24.11：13

要想生活悲惨的一个简单的方法，就是去想别人有而自己没有的东西；要想过得开心，就要去做这一生一世一定要做的事情。

——2014.8.24.12：03

站在不同的角度去看，你会发现，黑白是可以颠倒的。

——2014.8.24.22：13

有些事实改变不了，你不可能说：我需要飞，给我一双翅膀。是的，你没有翅膀，你可能没有这件东西，可能没有那件东西，但你不必为此沮丧，假如那是你真正想要的，一次一步，每一次只能走一步，最后你也可以得到你想要的，人生的首要之义是找到你愿意为之而生，并且愿意为之而死的东西。

——2014.8.24.22：55

之所以不害怕，有自信，是因为经历过（失败或成功也是如此），之所以恐惧，是因为不确定、未知。

——2014.8.27.07：53

假如那就是你想要做的，你应该坚持下去，因为这将会是人生中精彩的一页。至于路上的崎岖险滑，保持好好谨慎的态度，一切都会好的。

——2014.8.28.00：39

刚到不久的那时候，望着阿燕的excel表格操作我就想，"以后我有没有可能可以做得她那么熟练？"

当时心里的答案是否定的，电脑这一块对于我实在是太难了……可以说完全是陌生的，我没有信心，内心很压抑。但后来，每一次努力，每一次上网查询，每一次的积累，经历了一次次的困难与阻碍，然后继续坚持着，便开始慢慢熟练了，越来越好做了，我把之前内心中所谓的"不可能"征服了。

假如那是你内心真正所需要的，向着它，专注它，你可以得到的。

——2014.08.29.21：15

为了不至于在成功的时候发疯，不要介意暂时的失败。

——2014.9.2.16：00

宇宙是否被绝对精确地设计？人是否可能拥有自己的思想？

——2014.9.4.21：14

失败，是由各因素结合造成的，少了某一因素，失败就无法形成；反过来看，成功也是一样，由各因素结合而引起，少了某一因素，成功就无法形成，因此，如要成功，你要做的，是尽全力实现或拥有满足成功的所有因素，当最后所有因素满足时，成功便会产生。

——2014.9.7.17：08

我以为，内心压抑、不开心，是因为工作。辞了职后，现在我仍然感到压抑，我想知道，人们压抑、想自杀的原因是什么？内心非常乱，仿佛有千头万绪，我终于明白为什么许多思想家想到最后都有精神问题，头脑里产生的不计其数的想法，有时候你恨不得往脑袋开一枪，也许，我该让头脑放空，再重新选取、排列思绪。或许再进行一次革命，再在废墟中重建价值观……

人往往把自己想象得很高，很大，以至于跌倒后，便从此畏缩胆小，一蹶不振。

——2014.9.7

当初我刚刚入图书馆，对图书馆也是陌生的，不喜欢去。但现在不同，我留恋图书馆，它能给我"安全感"，它能让我不必恐惧什么。

人们往往太注重当下的感觉，却很少顾虑到感觉是如何产生的。

要在图书馆获得优越感，到图书馆；要在运动场上获得优越感，到运动场；要在这个社会上获得优越感，到社会。

知道自己需要什么，真不简单啊！

——2014.09.08.10：27

正因为有了希望，我们的人生才会焕发光彩。

——2014.9.10.19：58

"实现梦想，给……"现在我终于明白自己当初为什么会那样写。没有人能预知行星能走多远，走多久。同样，这双脚，这颗头脑，没人能预知其终极能走到哪里。

——2014.9.10.20：11

一个字一个字，一步一步，一下一下，别人尽管不理解，但最重要的是你清楚自己的目的，一定要完成的目的。

（坚持的）过程可能会出现荒谬，会有异样的力量出来对抗，但什么也无法阻止清晰的头脑，身体会在某一临界点（某一无法坚持下去的点）呼唤出更多、更强大的力量，助你完成目的。

——2014.9.11.11：34

如果说人类的诞生源于一个错误，我何留恋这错误的延续。

——2014.09.12.04：51

假如上初一时，能够有现在的自己，不想这么多，而是拥抱着自己的生命，那是多么幸福的事啊。

——2014.9.12.10：39

我很压抑，我想死亡，我渴望死去，这一刻，死亡对我来说是求之不得的事，……我感觉不到她对我的爱，我彻底失望，彻底悲观，我恨自己，我强烈地憎恨自己。

因此我想死亡，没有比这更让人难过的事，如果存在上帝，为什么他要让我承受这么多的事，承受这么荒谬的结局。

我该如何做？

我感觉自己已经一无所有，我十分绝望。

说到底，我太幼稚了，不成熟……我害怕以后都会像现在一样，无尽的痛苦，我失落、悲伤，占据我心灵的尽是所有的负面情绪。

从诞生到现在，每一天，都是造物主的恩赐。这个生命经历了也有许多了，没关系，我相信，明天会更好！

本来我就是虚无的，是机缘（巧合），我来了。我终会回到虚无，所以，不要被幻象蒙骗，保持好你最伟大的思想。

——2014.9.12.16：15

到你一无所有的时候，是你开始得到的时候。

——2014.9.13.09：23

放得下不代表拿得起，你是一个男人，路要走下去，哪怕没有好鞋。

——2014.9.13.13：58

所有的成就，都归于一点一滴的积累。

——2014.9.13.18：31

陪婴儿玩耍，想到的大多是希望；和老人闲谈，体会的过半是深刻！

——2014.9.15.22：10

青年时的许多梦想、或幻想，其实都是很美好的东西。无论是野心或对爱情的追求，都是美的。因为，知道自己需要什么，已经是很美的一件事。这种野心，这种想到征服一切的野心，想要拥有视野所见的一切的欲望，使得一个年轻人发动起无尽的力量。你可以成功的，即便它是荒谬的。

——2014.9.16.18：06

你能看到什么，你的心里就有什么。（用一生的时间追寻真理）

——2014.9.19.19：02

经历过，头脑有相应的印象，一切就都会变得自然而然。

——2014.9.21.11：40

他失恋了，嗯，这是一个事实。但是，如果是我们自己不幸失恋了，我们就会成为一个伟大的诗人："无言独上十楼……"

——2014.9.21.11：57

我羡慕他的才华，我想像他那么勇敢……而也许在他看来，他的人生是那么凄惨……

——2014.9.21.12：27

我们的热情并不一如既往地如我们所坚信的那样正确。（观看《浪潮》电影感）

——2014.9.22.20：54

很快一切都会变得习以为常，没人会记得这一切。信念的所有，一个人的思想就是其一切，影响其一切、所有。

学习、梦想、勇敢向前。要实现青年的梦想，不断地前进，不断地尝试，直至一个个梦变成实际。

——2014.10.01.14：59

想起小学毕业后，和初中时的日子，那时候也是担忧很多，对于陌生、竞争激烈复杂的环境，自己也是一无所知，只是一直在那里恐惧，在那里不断逃避，害怕失败。直至梦想设立的那一天，才真正享受着希望、自由、幸福。人生在于尝试、不断尝试，设立一生的目标，然后一直向前。

要敢于冒险，假如当时，抱着目标勇往直前到底，而不是惧怕风霜……

一直以来我都在逃避，不敢于去面对人生的难题，只有与困难正面交锋，你才会体会到创造的喜悦。……

假如确立一生的目标，越早越好，便向前吧，美好的世界正等着你！

——2014.10.03.22：36

成功和运气没有多大关系，失败却往往和运气挂钩。你自己都看不到路，怎么会开心行走？

——2014.10.4.19：41

"11.9公里。"

——2014.10.5.21：05

我们之所以会失败，是因为我们对其他人会如何看我们考虑过多了。在犹豫中，也在煎熬中，我们慢慢迷信权威，迷失了自己，直到最后我们都没有成为心里所想的那样。

——2014.10.7.17：16

我死了，旧日的我死了，我想起了当初的诞生，当初，拥抱的梦想……

我死了，以一种方式。我不再比较，而是以一种"君临天下"的姿态走自己的每一步，而每一步，都是奇迹。

——2014.10.07.17：23

不要被时间欺骗。

当你专注于时间的时候，你就没有好好专注于事情本身，你的人生目标才是你的价值体现，时间只是一个相对概念。专注于事业本身，专注于行动，各种炫耀、光环，能亮瞎人眼睛的东西，就让其与失败永眠。

——2014.10.10.11：09

真理存在的地方便是价值存在的地方。

——2014.10.19.10：40

智慧，也许在生之前、死之后。哲学，因为它不向任何权威倾斜半分。

——2014.10.20.17：25

当一个人为具体的目标付出了很多，在结果准备呈现的最后阶段，其往往便有了成败、得失之心，这是其压力的来源，也是影响其整个精神状态的原由。

其不希望过往的一切努力都付诸东流，于是在内心里进行着一场艰苦卓绝的战争，饱受煎熬的心很快便精疲力竭……（"认识你自己"）

——2014.10.20.21：31

灵感是艺术家的情人，如果你看到艺术家偶发性的精神失常，是因为他"失恋"了。

——2014.10.21.21：05

你如果控制不了自己，永远都是奴隶。

——2014.10.23.22：12

人，不能两次同样地爱着一个女人。（午睡，梦里的灵感。）

——2014.10.24.15：22

你比你所在的世界重要。

——2014.10.25.12：13

不要有得失之心（当你行动的时候）。

——2014.10.29.16：43

人心是一个力大无比的野兽，当用你的大脑引导你的心。

——2014.10.30.22：25

如果人类是不断前进上升的话，你是愿意回到古代做一个孤独的智者，还是抵达未来做一个满足的傻瓜？

——2014.11.01.13：27

一边吃饭，一边偷笑。

——对你来说最快乐的事情是什么？

——2014.11.05.13:05

行动，做起来

——向最终目标。

——2014.11.06.18：49

在这里，DZ 图书馆，即使是平静地死去，也会感到是一种幸福。因为在这里，自己是完整的一个自己。安静、安全、感悟到许多真理，灵魂深处涌着源源不断的幸福。在这里，是作为一个理想的自己，心目当中的自己，美好的、不断进步的、高尚的、道德的……感觉与神同在，是一种至高的优越感，爱、静谧、广阔、无限……承载着所有的幸福与痛苦，承载着全部……

——2014.11.07.17：55

桌球很注重心态（淡定、气定神闲），人生也应该是同样的道理。（好好享受人生！"人生"）

——2014.11.15.20：33

变态，无论是对正常人，还是变态者来说，都是恐惧的。

——2014.11.17.13：36

最会识穿谎言的人，同时也最会撒谎。

——2014.11.17.22：07

你越是标榜自己，突出自己的个性，越是想吸引别人的注意力，让别人喜欢你……你越难以成功。

——2014.11.18.09：59

经过多次从事某一相同的事情，感觉会逐渐减淡，或者说感觉改变。内在的心理活动也会有不同。

——2014.11.18.12：02

我想，在墙上贴挂他们的画像：苏格拉底、拿破仑、自己。

——2014.11.18（14：00）

未经理性审慎，而靠轻飘迷惑、发热空虚的头脑来盲目行动，结果只会是一败涂地。

——2014.11.18.15：57

慢是一种素养，能够不畏惧结果及攻击而慢下来，再经过长时间的酝酿、坚忍，人才会站得起来。

——2014.11.18.16：59

生命是什么？你应该只向自己探求，向自己内在的心理探求。如果文字能够改变世界，而且又是你的兴趣、快乐所在，何不执笔继续下去？在短促的人生中，能找到乐趣已属不易，不用惧怕风暴，不用恐惧现实，整个社会就是你的素材。

——2014.11.18.17：05

我们的文化，整个社会形而上的东西，是否都是环境的产物，意味着只要这环境中的某一个小部件改变了，我们的意识形态也会有所不同？

以前写的字是很稚嫩的，也许写了一百万字，然后在不知不觉的过程中，字变得浑厚、缭乱，有一种独有的风格。

如果让我回到高中或初中甚至小学，我会执起笔和纸写下去，美丽的诗文也好，有用的科学知识也好，自己的文字也好，都能让心中燃起力量。确实，学生时代我是担忧得太多，而写得的确是少。也许是恐惧、孤独、无知……

小时候渴望被关注，因此常常恶作剧，但换来的更多是别人的无视与谩骂，于是便愈感孤独。

我们的成长历程是如此的相似，一直很在意他人的目光和想法，在暴力和屈辱中成长起来，良好的天性遭遇扼杀……

——2014.11.18.20：58

如果有一颗陨石现在砸中我所处的地方，我便消失了，而关于我的一切也不过虚幻地仅存于为数不多的几个亲朋的头脑，我的思想、梦想、一切灵魂的东西也都化为乌有，同样地，我现在的忧愁、悲伤，所有的困惑也都消失……那么，接下来的一生里，每一分钟我都应该审视地度过。

——2014.11.19.15：05

主流价值观似乎就是饿不死，有金钱和物质保障。一个饥饿者能否有形而上的理念？对于我来讲，不满足于灯红酒绿可能只是因为我没做相应的事，没有相应的经历，因此，每个人的观念是不完全相同的。

——2014.11.19.15：59

如果这样成功，如果存在这样能幸福的例子，我会去做。但是，这最终也只能模仿，而独自开辟的道路则是你人性的价值体现。

——2014.11.19.16：01

危险，是因人而异的，也是需视情况而定的。稳定是一种能力。

——2014.11.21.15：04

有些担心是杞人忧天，就好比一个男人去担心自己会有女人的问题。能清楚地把握好自己，就是胜利。

——2014.11.21.15：10

有一种人的心理是这样的：古典、重金属同时奏起，天堂和地狱当刻合并。

——2014.11.21.21：54

一个梦想究竟有什么意义，我看不出。但是50年后，如果没死没老年痴呆的话，相信能看得到。

——2014.11.21.23：14

我知道，有时候，一些感觉永远也无法写出来，这些灵感仅存于当即的觉悟中，仅存在于当即的瞬间中。

——2014.11.21.23：22

有一种极致的美感叫古典乐，有一种巅峰的震撼叫重金属。

——2014.11.22.10：09

文字能记录知识及经验！

——2014.11.22.15：28

保持自信的方法是什么？持续做自己喜欢的事？不害怕？不担心？

因为嘴多、话多，一切美的、有价值的都荡然无存，于是你学会了沉默，但遇到不得不说的情况又该怎么办？

你愿意做个复制的二手人类，还是成为独特的自己，一个富有创造力的自己？

吸引人们眼球的是独特的东西，身边的东西人们往往会熟视无睹。（如果你理解了生活，那就离死亡不远了。）

可悲、可恨、不公平……但这就是人生的道理。

有人曾提出"政治无道德"，邪恶永远是世界发展的动力，人类也终究不过是一类动物……

如果你有能力去为所欲为而没有任何不良后果，你会作何种选择。

有些道理你是明白，但真正独自面对的时候，却退后和逃避了，不知道这样是愚蠢的属大多数时候。你并不是为了所谓的"成功"而来到这个世界，这样你便不再是你了，你就变成了和一堆死物没有任何区别。

你根本就不知世界是如何的，我们永远都是只看树叶而不看森林。也许是先天的人类保护自己的本能。

天底下的无论大事小事你都要想一遍，还未上战场就已经头脑崩溃，这样你如何有勇气？没有，哪怕卑微地站起来的勇气都没有。

梦想，梦要想才会成真。到最后到底是真是假？也许已经无所谓了，不要太在意别人的看法，举个例子，如果你善良，会被标榜为傻瓜，但如果你邪恶，便会迷失了生活。

也许这个世界不是真实的，但你仍然可以在这个不完美的世界里找到生命的素材。

——2014.11.23.18：57

伟大与思想同在。

——2014.11.24.18：08

有时会带着很重的困惑，迷茫，恐惧……会令人无所适从。

欲望、挣扎、嫉妒、贪婪……头脑会被形形色色的得失迷惑。

如果你要想摆脱这些，你必须先摆脱恐惧，是摆脱一切的恐惧，包括这个想"摆脱恐惧"的恐惧。

这时心就将会沉静、沉静得惊人。

——2014.11.25.02：16

最艰难的是理性、逻辑、仁爱等并不能够与你的欲望、野心、期待的光辉及鲜花等相消磨。这样人生就会变成一个无可奈何又煎熬的过程，你的心从此无法静谧。

——2014.11.25.09：17

终点，终点是一样的！

——2014.11.25.12：07

知道你自己是谁，这是个人的问题、命运。人生大计中不但要求物质、还要求精神达到终极的高度，否则生存便没有意义，便是一种耻辱。这是一种完美型人格的要求？还是一种希特勒式的自杀式的人格？你需要什么？你想要什么？出家？进监狱？你的耐心和信心还在吗？你的勇气呢？"永不退却、永不投降"的气魄呢？"……一分钟……"的觉悟呢？你要直面现实，没有任何退路。主宰世界和世界主宰是两种不同而相辅相成的力量，你已拥有，你是一个不可复制的自我。

7、8月和ZH他们游水，我敢问路，而他们觉得不可思议，是因为他们顾虑到后果，可能被人笑，可能被拒绝、漠视……

但正因为我已经问得太多了，有相关丰富的经验，因此并无感觉。

水并不是永远不会滚，只是未达到温度。

——2014.11.25.18：31

烦恼就像毒瘾一样，无人能逃脱。因为你分裂了，你何时能保持如一的自我，何时便能积聚力量。

——2014.11.29.16：41

是人错了还是这个世界错了？

——2014.11.29.23：07

无论开心或痛苦，任何过激的情绪都会带来负面影响，不利于理性判断。

——2014.11.29.23：36

路上的某个点有几条线路的公交车会经过，平时没事的你会发现公交车很多，但大多数情况下当你急着要上其中某辆的时候，却要等很久。

——开玩笑定律。

——2014.12.01.09：53

千万要冷静，这个世界不是真实的。

——2014.12.01.15：25

你面向的是整个宇宙！

——2014.12.01.15：54

是，有些话我是开不了口，有些事我是做不出。

——2014.12.01.20：04

唏嘘的时候，你是否发现：你是否还没有去寻找之前就失望了呢？请记住，寻找的过程也是人生的一部分。（愤怒的男人是没有用的）

——2014.12.02.19：51

如果你不知道为什么，那么你的愤怒是没有意义的；如果你知道为什么，那么你是不会愤怒的。

——2014.12.03.16：30

不同的人可以看到不同的东西。

——2014.12.03.20：14

初高中时美术书上的画，觉得毫无意义，现在才惊叹那震撼灵魂的美感。

——2014.12.04.07：39

我并不介意被单上有"Hello Kitty"的图案，但我会介意身上的衣服有。——我们都被无意识地培养成僵硬的人，不会思考的人。

——2014.12.04.07：56

可以的话，抓着笔继续写，千万不要说，要沉稳下来，要去做，用行动表达出来。不要怪效果慢，效果越慢，副作用越小。因为一不小心，就很可能从一个自我创造的阶段走向一个自我毁灭的可怕过程。人是可以变得极端可怕的。

——2014.12.04.16：27

结婚就像煎鸡蛋，没有火，就只是一种形式；火候太大，是会焦的。

——2014.12.05.09：39

纵使世间满是险恶，人性的美好体现在谨慎中。

——2014.12.05.18：33

幸福寓于平凡中，谨慎中。

——2014.12.05.22：45

你会分裂，是因为你的能量有耗损。你在逃避，逃避快乐，逃避痛苦，渐渐地，你变得不再是你。你甘愿受尽表象的迷惑，然后深陷颠倒混乱。你不再相信理性和意志。

时代越恶劣，你的抗争越有价值。因为往后100个世纪，人们记住了这个时代，也便记住了你。

——2014.12.06.08：23

文字改变世界。谨慎。

——2014.12.07.12：47

世间存在两种律法，一种是天定的，另一种是人定的。只要人定的律法足够完善，人类的公平将会有机会实现。

——2014.12.07.12：57

我难过不是因为你欺骗我，而是因为我知道你在骗我。

——2014.12.07.16：34

一个音乐家对待自己的口琴，就像对待自己的女人一样。

——2014.12.07.20：47

不知道从什么时候开始，总有两种相反的思想，注射进我的心脏。一边是无上的拥有，一边是绝对的虚无。有时我感觉自己迈进天堂，有时只觉自己深陷地狱，这都不可怕。最可怕的是，我竟然发现自己堕落人间。

——2014.12.08.08：15

要判断一个男人是否勇敢，可看他不逃避痛苦的能力。

——2014.12.08.09：42

（据说）拿破仑年轻时想过成为一名诗人，希特勒曾经只是想做一个画家。

——都是命运的捉弄。

——2014.12.08.10：20

一个人想得越远，他表现得越像一个好人。

——2014.12.08.11：11

纯粹的美于生活是极为罕有，艺术家想时刻占有，反而容易顾此失彼，最后两手空空。

任由欲望去掌控自己的结果，并不是你会损失快乐，而是你如要再想用理性回归自己，会变得异常艰难。人是习惯的动物。

如果你爱自己的孩子，让他去学哲学吧；如果你恨自已的孩子，让他去学哲学吧。

它的缺点就是它的优点。

——2014.12.09.11：41

也许，你会在某一个午睡过后醒来，发现自已正处于沉思中，孤独与虚无包围了你，生存的意义再一次向你袭来，你完全无力招架，让有限的生命寻找无限灵魂的意义早已使你的心疲惫不堪、伤痕累累。孩子，世界除了海洋，还有陆地。

——2014.12.09.18：03

没有幸福的追求，人就会倾向挣扎。

——2014.12.10.00：35

越缺乏某样东西，越强调那样东西。草菅人命者强调人权，贪赃枉法者强调法制建设，手握核弹者强调和平，土豪巨富们强调知足常乐。

我打骂你不是因为爱，而是因为我无能。——父母永远也不会对自已的孩子说的其中一句话。

——2014.12.11.09：07

一个完美主义者行现实主义者的路，难免唏嘘！但作为年轻人，宁愿唏嘘也不要轻浮。

——2014.12.11.09：44

焦躁的是地狱！天堂，应该是平静的。

——2014.12.12.07：30

那座奈何桥的桥下有什么？那碗忘情水只喝一半会有什么后果？喝两碗呢？

——2014.12.13.08：49

写下去，谨慎，成为你自己，整个宇宙的力量、眼界。

做好人的下场可能很悲惨，做坏人就不会吗？反过来也同理。

人，除了睡着和清醒，还有梦游；信仰，除了神学和科学，还有一片疑念万起、登峰造极的境地。

——2014.12.13.11：20

你专注于什么，你就会成为什么样的人。

——2014.12.13.16：45

我过着这种沉思式的生活，我喜欢这种生活，哪怕是场悲剧，因为它有希望，很清晰。

——2014.12.14.21：52

也许，时刻想着自己随时会死去，人才会保持一种释然和谨慎。再大的苦难，也能够接受了。一生太长了，而一分钟又太短。每个人的心态是自我历练的沉淀，我有多少，便是多少，多一分或少一分都会失去平衡。

在完全的平衡和平静当中，蕴含着无比巨大的力量。

——2014.12.14.23：30

文字，可以影响世界。梦想，点燃重生欲火。

——2014.12.16.00：05

为什么无知？因为你总是自以为是。

谨慎，谨慎者，不败。

——2014.12.16.23：50

一个看得到的人，纯粹的人。你看得到，看得清，才会从容，不紧不慢，掌握全局。

——2014.12.17.13：29

曾经，深刻的痛苦让我认为，世界与全人类应该按照绝对精确的律法运行，无论代价是什么，无论结果会如何。后来，艺术和哲学又让我明白，应该在平凡中去发现幸福的真谛。

——2014.12.20.19：02

人的心理是自我孕育的，它可能变成非常恐怖的东西，但那是肉眼看不见的。

——2014.12.21.11：31

在冰冷的世界里寻找一种我愿意为之而活、为之而死的真理。

老师总是以为自己知道很多；领导永远要求你响应他们的号召；哲人和你一起探寻问题的答案。

我喜欢说话，只是我的哲学不太需要说话。

在道德的角度，幸灾乐祸者与作恶者无异。

——2014.12.21.21：49

在不幸降临之前，每个人都认为自己是聪明的。

——2014.12.23.15：35

一次失恋而已，对于漫漫人生的起起伏伏来说，不过是一个微而又微的波浪。

一生中你可能会爱上很多个女人。——希望我写这句话的时候，你不是刚好失恋。

——2014.12.27.09：07

只有你自己是单纯的，才会发现生活中的单纯。单纯并不代表简单。

——2014.12.27.09：17

我其实并不复杂，只是没有你想象的那么简单。

——2014.12.28.12：14

不要小看一点很小的积累。

——2014.12.28.15：18

当所有的自以为是全部停止以后，平静就产生了。

——2014.12.28.17：01

慢慢去理解和熟悉这个逐渐熟悉的世界，成为一名理性主义者。

——2014.12.30.18：31

数字、时间，你的头脑会逐渐关注金钱、关注现实。会发展到何种程度？还是未知之数。

——2014.12.31：00：17

外表气势越强悍的人，内心往往越脆弱，一阵狂热和躁动之后，随即也就崩溃。

——2014.12.31.13：28

2015

期待"午餐"和待时而动是两回事。

——2015.01.01.08：01

柔和的音乐，和煦的阳光，迷茫的路人，满地的垃圾。

——2015.01.01.08：54

黑暗让我学会思想，黑暗中的星星让我学会爱。
我必须要和你保持一些距离，才能欣赏到你的美。

——2015.01.02.13：16

他成为哲学家，依靠的是理性；而一旦恋爱了，他依靠的就是信仰，就变成了一个感性脆弱的诗人。在孤独和痛苦之间，他该如何选择？
痛苦可以分为两种，一种是痛苦，另一种是孤独。

——2015.01.02.22：47

如果说一切的存在都是虚无，那么起码虚无是存在的。

——2015.01.03.11：41

平静、谨慎完成不了的事情，急躁、冲动也完成不了。

——2015.01.05.13：05

如果我是摇晃的，那么我看到的世界也是摇晃的。

——2015.01.05.17：55

当你的精神高度集中，一切都会变得清晰、深刻，冲突便无可避免。

——2015.01.08.15：12

你凭借着自由意志跨前了一小步，比遭受着奴役前进一百步重要。

你嘲笑那些敲一辈子木鱼的人，然而，你又何尝不是一只木鱼。

——2015.01.10.23：43

你得注意生活的每一个细节，才能被相当欣赏。

——2015.01.11.07：00

我的记忆变成了碎片，每一片里都有你。

——2015.01.12.08：00

寒冬中遇见一只蟾蜍，我在它对面模仿它的动作伏着，即使我比它高大很多，它却仍然平静而若无其事地伏着，完全没有感觉到恐惧的存在。

——它是我的偶像。

——2015.01.14.00：12

年轻的身体，疲惫的头脑，麻木的心灵；是的，当你的灵感女神不再与你相会，你的百般愁苦将只能独自忍受，因为她是唯一的。

身体极度劳累，心灵是否受限？心灵可否自由？

——2015.01.16.00：27

白天记笔记，夜晚看星星。

——我此刻最憧憬的生活。

抬头看着满天的星星，才发觉自己是那么渺小，而那些烦恼、急躁则更是不必要。

——2015.01.16.23：58

快乐的时候至死不渝，伤心的时候肝肠寸断。原来，我们都是极端的唯心主义者。

——2015.01.18.10：55

自我意识往往带有极强的欺骗性。

——2015.01.18.15：50

每当我抬头望着夜空中的星星，它们都能消除我所有的疑惑。

——2015.01.18.18：47

对你来说，利益是关系的一种，还是关系是利益的一种？

——2015.01.24.01：19

当全世界都在发疯地寻找钥匙，你仍然不要忘记先要去找到锁！

如果你决心要追寻一种完整的爱情，通常只会有一种结果。

——2015.02.01.00：14

出卖人性的结果，不是你会损失快乐，而是你再也不知道快乐是什么。

——2015.02.01.00：41

灵感、创造，源于情感。

——2015.02.03.13：18

你最爱的是谁，只有向其一步步靠近，你才会幸福的。

——2015.02.05.07：41

不再为将来的可能会改变的自己打算，只做现在自己最想成为的人。

——2015.02.10.22：15

任何的冲突，都会消耗内在的能量。

——2015.02.13.09：58

你害怕灵感的枯竭，本身就是在逃避恐惧。你试图将生命片段化，因而活在冲突、痛苦中。

——2015.02.22.07：34

有没有你，我都会去实现；但有了你，一切都有了意义。

——2015.02.27.09：22

所有的失望，都是对现实的背离。

——2015.02.27.21：37

目光越短，人越幸福。

——2015.02.28.17：14

去过你心底最朴实、简单、实实在在的生活，不要被浮躁的社会生活表面任意捉弄。

——2015.03.01.12：49

前进是一种选择，后退是一种态度。

——2015.03.14.10：37

这个有空气的世界不是完美的，但是如果没有空气，这个世界连变成完美的机会都没有。

——2015.03.18.15：46

曾经我的生命以分秒计较，遇到你以后，时间都凝固了。

——2015.03.23.07：58

现实其实是很荒谬的东西，感觉本属于虚无。

——2015.03.31.00：00

平时所见的都是表象，只有犯了错误，都会明白背后的道理。

——2015.04.03.09：09

适时、适度的赞美，能让人充满积极性。

——2015.04.03.14：43

从表面上看，水是温柔，但结冰可以杀死人，烧开可以烫死人。

——女人像水。

——2015.04.03.15：59

站在一个宏观的立场，很多事情有逻辑可推。随即把一件件所谓大事化解。

——2015.04.05.08：06

上个世纪，曾经我们都是鲜花；下个世纪，可能我们都归尘土；这个世纪……

——2015.04.12.12：11

好好地计划明天，因为它完全会是另外一个样子。

——2015.04.12.17：12

花点时间回忆过去和遐想未来，并不浪费时间，而那恰是生活的价值。

生命的价值就体现在当下，当下的这一刻，你所体悟到的平静、欲望、恐惧、烦恼、不甘、愤怒、憎恨、嫉妒、困惑、厌倦、焦虑……

写到这里，你会发现，我们生活的表面状态与我们的内心体悟相去甚远，这也同时告诉我们，为什么我们经常说谎。

——2015.04.21.07：16

我自己（或者我们大多数人），只想抛弃痛苦、留下快乐，却每每为此挣扎、焦虑、痛苦……从来没有生活过。却从来没有想过，把痛苦和快乐都抛弃的生活是什么样的，如果可以的话，可以用一天的时间来试验，或者是一个小时，让痛苦和快乐都终结，全然地生活。

——2015.06.10.07：30

你需要的，只是一支笔、一张纸而已，世界是你的灵感，你自己是你的观察对象。

——2015.06.11.18：38

到头来，人只能看到自己愿意看到的东西。

——2015.06.12.20：12

对于一个有着深刻灵魂的人来说，最无法忍受的并不是苦难，而是肤浅。

——2015.06.12.21：42

世界上最幸福的事就是，灵感，从未逝去！

——2015.06.12.22：11

行为会引发其相应的后果。你的每次暴怒都会引起相应的后遗症。你的情绪会影响到你的言语和行为，进而影响事态的发展和相应的后果。

——2015.06.15.10：12

当有一天，你能够慢下来，你的观察达到极致，一种终极的恐惧感将会袭来，那时的你，生与死同在。

——2015.06.17.23：42

现在，累了，你有地方可以休息；你不会有饿了、没东西吃的困境……渴了，你有饮料可以买来喝；烦恼了，你又有了朋友可以互诉衷肠；那么，为何你仍然会空虚、会悲观厌世？你是否觉得你的人生被埋没了？

有时，会觉得，自己或者早已应该死去，可能就不会有那么多痛苦，那么多无法摆脱的苦楚。

多么想，理性而又惬意地活着……

——2015.07.04.11：53

如果单纯只是写一些字，学习知识就能令人保持平静轻松的心情，就能拥有幸福感的话，那么，你所需要的其实是那么少……

——2015.07.04.15：00

越急的事，越要冷静下来。各种各样的烦恼齐涌出，更要沉得住气，为的不是得偿所愿，而是活得无悔、从容。

——2015.07.08.21：00

心里涌起无明多端的烦恼，但又不知道自己究竟想要什么，人越来越活在无意识中，不知道生存，不知道死亡。

要生存，只能不断地适应环境，要先站住脚，在安稳中再求发展。

人的精力极其有限，而且很容易陷入情绪和欲望的泥沼深渊，直至耗尽。应该将这宝贵的精力投入你的计划，你的目标，你的为之而生存，为之而死的理想、使命、价值……

忧郁与其说是一种病，对于哲人，不如说是一种创作灵感的催化剂。假如这终将是无法逃脱的苦难，不如说成是哲人幸运及深刻的命运！

——2015.07.08.22：19

只有在全然的冥想中（时刻能察觉到内心的心理活动），一个人最深沉的渴望才会呈现。那时候，痛苦和快乐都将慢慢沉淀，成为成长的土壤。

——2015.07.10.17：02

捉住每个灵感的瞬间，捉住疑问，增加学识，过一种踏踏实实、书写及思考的生活。

——2015.07.21.11：53

只有当精神死亡，才能让受限的灵魂得到解脱。

——2015.07.24.15：06

水，动，可以是巨浪滔天；静，可以是冰冻万里。

——2015.07.26.13：27

只要有可能，人便会互相屠掳。为了寻求更大的满足，人会去奴役一切，生存，是一场智力的抗衡。

——2015.07.26.13：34

你获取的信息越多，解决问题的途径越多，那么，就越不容易受情绪摆布。

——2015.07.30.08：49

世间并没有智慧，有的只是对智慧的解释。

——2015.07.31.11：50

不但要仔细记下试验（尝试）的过程，还要记下试验的结果，得到失败的过程和结果的教训之后，以这些教训为基础再去探求更多的可能性，以得到最终成功的结果，这就是经验。

假如你有自己的强韧的自我认知和价值观，那么你应该按照既定的方向前进，假如这样做你能够心安理得，有所作为。

——2015.08.05.23：50

看见特别的现象时，除了自己当时所想到的可能性外，还要问，还有没有其他的可能？

——2015.08.07.10：57

人的首要条件是生存，如果连生存都无法维持，一切的尊严、理想都会变得虚渺、苍白。生命的本质本来就是发展着的，运动着的，如若定要将人从肉体中抽离，去过一种灵魂游离的生活，本就是一种不科学和极损精神的事。从身边的事，身体力行的实践中学习及领悟到知识，同样是一种智慧的生活。

——2015.08.11.20：35

愿望时是幸福的，得到后是失望的。

我们不仅被抛入这个世界，同时也被赶上了快速列车，于是，有的人在这未知终点的列车上快活，有的人却望着车窗外模糊的世界发呆！

——2015.08.11.23：04

虽然年轻的热血和野心膨胀到令人发笑的地步，但这一生只要能够做到谨慎的话，便可以实现许多的不可能。

——2015.08.16.00：11

我们的问题在于，在无关紧要的小事上宿命式地浪费时间和生命力。

我们都把太多的时间和精力花费在后悔和后悔后悔上了，而不断地错过学习的机会。失败并没有那么大不了，除非你知道自己需要什么，否则永远是僵硬的大脑。

——2015.08.20.01：27

做好目前的一件事，循序渐进。

——2015.08.23.23：40

如果能回到过去……慢慢让自己变得有钱，慢慢记录、学习更多的东西。

——2015.08.27.21：55

在还未对事情作全面且深入地了解之前，不要随便立下论断，当然，最好是永远地保持缄默。

——2015.08.28.11：42

让自己过一种简单而有力的生活，不要把精力放在尊重别人的意愿上，你所要做的首先是尊重自己，纵使这一生无法成功，但是可以过上平静、安乐的生活，不受欲望、野心、怨恨所驱使，坚定而且从容地去面对周遭或将要遭遇的不幸。

——2015.08.29.10：53

将你的想象力写成故事，将你对生活的体会写下来，将你从工作或日常中学到的东西写下来，将你当下的体悟写下来，将你与死亡同在的定力书写下去……

——2015.08.29：15：44

如果你从未接触过，头脑里就不会有印象，你接触之后，也许在将来的某一天会灵感出现，这就是你的独特之处。

全然平静地思考死亡，是新生活的开始。

——2015.08.30.10：29

曾经，你恐惧于面对那永恒；如今，你安宁地思考这终极……

——2015.08.31.21：57

即使没有人能够看得到，我仍旧会写下去，这是我的使命，我不会因为没人看到而停止写下去，生活不易，仍旧怀抱梦想……

——2015.09.03.08：17

如果你的思想足够深刻的话，你可以尝试去写简短的故事。

——2015.09.03.16：41

这是一个物质的世界，它不理你是否喜欢，它就是这样全然地存在，在我们出现之前开始，到我们灭亡之后继续。

——2015.09.03.18：45

我们常常被眼前的痛苦，遮蔽了远方的梦想；又常常因为远方的梦想，送走了当下的幸福……

——2015.09.05.21：56

当年，面对死亡时对余生和价值的思考是权力和功名（梦想也大多与此挂钩）；现在，将近5年以后，许多事情都变化了，而自己内心面对死亡或者对死亡的思考，得出了与当初不一致的人生价值观，如果以前是为了梦想而不遗余力的理想主义者，现在则是着重金钱和知识，懂得时时不断地保存实力的现实主义者。

——2015.09.07.23：09

耐心，成功需要一步一步来，一步一步地得寸进尺，最后得到自己需要的东西。

——2015.09.08.22：23

对现实的本质缺乏一个基本完整的了解，于是造成内心的起伏不定。

——2015.09.11.16：30

残酷的决裂，只因为深情地相处。

——2015.09.12.11：07

可以慢下来的人，才有可能快。慢得下来，其实是另一种意义上的快。10年前你在做什么，你在想什么？10年后的现在呢？假若你有穿梭时空的能力，会对10年前的你说什么？会对10年后的自己说什么？面对死亡的终结，你曾经寻求以实现梦想作为逃避的借口……因为你从未接受过死亡，从未去了解本质、事实的真相。假如死亡就在眼前，你会作何种选择？逃避厌世、及时行乐、迷信宗教、崇拜权力、继续追求吃喝玩乐、活在欲壑难填的世界里，其中思想越少越好……安静地面对死亡、思考死亡，仿佛从一开始便与它同在。

——2015.09.12.11：39

活得越久，只是越来越清楚活得多可笑。

有时候不必那么清醒，你的脑神经会受不了。

——2015.09.12.14：48

对外表的装饰并无太多的要求，只是越发地注重内心的充盈。

——2015.09.13.23：30

死是结果，死亡是到最终唯一不变的，这是沉静心灵的药剂，这是能够"以不变应万变"的原因。不必将精力浪费在担心损失上面。你的生命动力来源于死亡，对死亡思考的越深沉，对生活的意义也理解得更深刻，一切的美德都不过是对死亡的扮演，一切的犯恶也不过是对死亡的逃避。

——2015.09.15.07：55

一个人变得世故的标志就是：不会想到什么就像抢答一样地说出来。

——2015.09.18.19：37

假如你不知道自己需要什么，你永远都受着奴役。虽然在清楚之后你会遭受另一种折磨。

成功（达到人生目的）后其实并不是很快乐，这是你经历过的；失败（恋爱失败、事业失败、甚至人生失败）之后，到现在也并不是大灾难，之前痛苦的感受现在却变得淡化、虚无，这是你感受到的。

人并不是生来就被定型，只是他们所在的社会教会他们行事生存的方式。

——2015.09.19. 约 13：30

社会鼓励竞争，从小我们受到的教育不断地去比较，不断地去被比较。

如果可以回到过去，我会宁愿去做一个快乐的失败者，不再受外界的褒贬和暴力影响，只寻求心灵的安宁和自我价值的追求。哪怕只能前进一小步！

——2015.09.19.16：54

你可以选择你的态度和处理事情的方式，这个是意义的体现。

——2015.09.19.18：45

当思想与死亡的距离愈接近，心灵对生的喜悦便愈发狂烈。

——2015.09.20.18：48

你的梦想让你变得和别人不一样；你生命最宝贵的东西是你的时间。

——2015.09.20.21：27

如果你从未思考过死亡，那么所有对死亡的逃避都将会使你厌倦。

对未来漫无目的，对现在也迷茫，对人生也感到无奈孤冷，但对于死亡，仍在畏惧、逃避。相信生命当中有比死亡更重要、美好、有意义的事情，人……在前方……

人啊，内心是那么的不平稳，是那么容易暴躁、丧失理性，又是那么容易感到满足、快乐……时常被欲望及烦恼驱使，时常又陷入深深的悔恨和痛苦当中不能自拔。

其实，一切都有如烟雾、吹风，只是一瞬间的事情、一刹那的记忆。可以面对真实的人，可以活在真实、清醒的人生里，其实也是一种幸福，因为，痛苦和幸福是一体的。

——2015.09.22.16：13

十年之前，秋色是相似的；明年今日，悲叹却不一样。

——2015.09.27.07：54

假如现在死了，没有什么大不了的，对这个世界而言；如果我继续生存，就可以不断书写下去。

——2015.09.28.07：18

人类本质上只是生命形态的一种，其行为受特定的环境及习俗影响至深。

——2015.10.01.18：08

自己房子、书堆、做笔记、钢琴，思考、舒适、床，崇尚理想中最简单的生活。

——2015.10.02.17：00

写下去吧，假如你认为生活已没有什么好记录的，那表明你没有进步。

——2015.10.02.19：00

自己是靠不住的，要靠笔记。

——2015.10.02.19：16

谨慎并不是你躲在家里胡思乱想，杞人忧天，而是在不断地努力和进步中时刻警惕。

——2015.10.02.19：19

你需要如何做，才能满足得到自己的欲望，这是你自己的问题。

——2015.10.03.09：28

假如世上再容不下你，大不了就一死，这对我来讲就像是一场灵魂的回归。你完全可以承担起自己的责任，过自己简单而有勇气的生活。

——2015.10.03.09：33

生活最好是根据步步为营的原则出发，切不要虚浮骄躁，一切都不愠不火地进行，没有什么事情是一蹴而就的。

——2015.10.03.10：29

世上发生的一切，是否早已经决定好了，注定无法改变？还是说，一切只是偶然和演化的结果，根本毫无意义？

——2015.10.04

未曾考虑过死亡的人，大概也未曾品尝过幸福。

——2015.10.06.12：31

当你接受了死亡，你便会静静地等待它的到来，不会为权力、名利、种种人间杂事所烦恼，而是顿悟在这一刻。

——2015.10.06.20：46

当你为自己占了一些小便宜而沾沾自喜时，不要忘记你因为没有去实现梦想而损失了什么。

——2015.10.06.21：19

现实，现实，现实。

——2015.10.10.01：05

有想法是好的，而更重要的，拿出行动，拿出更多的行动。

——2015.10.12.14：30

钱是实用的，因此学会攒钱的技能比其他技能更加实用。

——2015.10.14.14：21

不知道你相应的处境的人，无法体会到你思考及处事的深层原因。

——2015.10.15.23：17

关于意识的产生、死亡的时刻、生存的目的。

——2015.10.15.23：29

会有这么一天，你会发现，你能记住的仅是孤独的时光。

——2015.10.17.21：35

在困惑之中，与之斗争。

——2015.10.17.21：40

如果你的梦想还没有变……

——2015.10.18.09：41

生存是生活的一部分。

如果你没有规划，你的生活将会变得繁琐、杂乱、烦恼、毫无逻辑，而你的心情也会变得急躁、焦虑，时而燥热、时而抑郁，变化无常。

你思想的两极思维观念十分严重，要么这样要么那样，你不允许灰色带存在，而自己又时常处于这地带之中，并为之套上各式各样的借口。

你想这样，但是却做不到，你不知道为什么，但你身边的人想你这么做，希望你这么做，但是如同你对待其他人一样，其他人并不总是站在你的立场为你想问题。

因此你不必做一个好好先生，或是自甘坠入不被理解的深渊，你需要一种平衡，你本身便是这么一种平衡，只是你的某一部分被压抑了，导致你天分的挫伤，闲暇，自由，勤奋，天才。

你需要金钱买来闲暇，需要安静与孤独获得自由，同时也需要不断地努力，全面地发展你的天才、天性，这是一种高平衡。同时待人要谦厚，无论你是否愿意，人类是群体动物，离开群体，便什么也无法得到。有钱、有权、勤奋、谦厚。

——2015.10.18.11：35

既没有漫长世纪的深沉，也没有电光石火的激情，永远是一个衰老的小男孩。

——2015.10.18.20：22

你的激情为何在夜晚如此澎湃，而在早晨却如此冷清，难道你不是昨日的你？一时的冲动可以说明什么？这可以证明什么？当你专注于对生命、时间的急迫时，而这种急迫不是来源于对生命的自我觉醒时，一切只是时间的控制之下。

梦想离现实并不远，问题是是否曾踏步。

——2015.10.19.06：24

你自己究竟需要什么？你所想的事情，你是真的想去做，还是被逼无奈而去做？你所烦恼的又是什么？你有没有争取过？有没有去争取过自己的理想？你有没有去努力过？你有没有全力以赴去得到自己所渴望的东西？

——2015.10.20.22：24

是因为真的不可能，还是你提早放弃？

——2015.10.21.07：17

那么美好的事物，你却逃避。悲观、忧郁，是因为你的梦想不可能实现，还是你接受不到这个懦弱的自己？

——2015.10.21.08：58

究竟，你是应该按照最始的理念走下去，还是适应、改变，或随波逐流？

2011……，短暂的生命，脆弱的生命，但无论如何都要达到目的。

——2015.10.28.00：17

啊，旧日的回忆是那么的美好，现在的状况却是如此让人无法接受，为什么？不要寻求安慰。

不要去寻找一种理想的解释，一颗寻求安慰的心灵是不会发现真理的，当你妄想不劳而获，不再愿意脚踏实地，一笔一画去书写，一琢一磨去塑造，一丝一迹去思考，当你全然忘却朴素内心的实在时，恐惧及怒火将把你燃烧殆尽。你是让灵魂接着仍然放任自流，还是该静下心来，好好地思考现在，现在这一刻你所感悟到的，但并不是你所想到的。

当时在医院，你睡不到一顿好觉，17天的煎熬能够挺住，是靠内心强大的精神和目标，以及对时间的敏感及专注，所有的事情都需要勇气去踏出第一步，而要靠耐心去捱到最终。

——2015.10.28.00：41

死亡，既是开始，又是结束。

——2015.10.29.00.03

喝酒喝到吐，喝到没时间洗澡，肚子不好，脸色难看，影响工作、生活……是没有必要喝的。

——2015.10.30.07：57

刚才和 H、C 喝了些酒，大家算是最后饯别了，明天下午 H 就坐火车回驻马店（河南）。人生旅途就像电影的画面，在不知不觉中被切换来切换去，直至在迷离中忘却了时间的存在。有聚有散，希望明天会更好。

——2015.10.31

理性的生活，诗意的生活，谦卑，是因为终于自由了。谦卑，是从一切限制中解脱出来。在无尽的苍穹里，这个我算什么？这个我是什么？我为什么如此在意这个我？是什么在支撑着你存在？存在的结局是不存在吗？假如存在的最后并没有死亡，只是以另一种方式继续着存在的延续（例如：繁殖、被其他动物所吃……），那么，假如我有儿子，我的儿子会是我存在的延续吗？

20 多年的成长经历都备受抽离，一种心灵与现实的抽离。假如，这便是你，这个与现实生活有一定抽离的你，这个有着无限爱与恨的你，这个经历过无数遭遇的你，这个充满着浪漫情怀的你，这个含着无数酸泪的你，这个孤独的你，这个独自面对命运的你，这个无可救药的你，这个充满着无数死穴和缺陷的你，这个年轻的你，这个衰老的你，这个如此独特的你。但就是，就是那个悲伤欲绝的"我"，那个欣喜若狂的"我"，那个时而狂热地感觉升上天堂，顿时又痛苦地深感坠落地狱的"我"，那个"我"是什么？是因为感情太多而被拒绝所打击，还是受拒绝所打击而产生太多感情？死亡，带来的是清除，本来难以割舍的东西，死亡可以强硬地将其割走，财富、生命，连宝贵的感情也同时拿走。这个充满着无限感情和烦恼的我，无法从当中抽离出来。……

——2015.10.31.09：39

我如何知道这一切是不是正确的？是否就像邓紫棋所唱的"全都是泡沫……"时代的虚浮，造就了人类自我的丧失，虽然，也许这个"自我"从未存在过。你在担心什么？你恐惧的是什么？你并不知道你正在逃避，你情愿躲在安全的梦里，用电脑软件粉刷修饰你那破烂的现实楼房。在大前提（死亡）下，你不必过于沉溺于决绝的悲观，你可以从一切中解脱出来，从一切中解脱出来，从一切中解脱。

——2015.10.31.10：10

无意识的、无逻辑性的压力增加，只会让人变蠢。

——2015.10.31.14：49

你会不会因为感官的享乐，而麻痹了创造力，如果按照这样来讲，俗世的生活不利于自我的发展、不利于创造。

专门写书，或专门看书，或专门抄书，需要将它们分离吗？难道它们不是相辅相成的吗？

——2015.10.31.21：44

在大前提上面（死亡），应当坚持自己的价值观和人生目标。对道德的判断是必要的，但困扰于对道德难题的麻烦中是愚蠢的。你可以说自己是邪恶的，但人类对道德／邪恶的判断背后的逻辑却是荒谬的。

你想做什么？你想要什么？你应该去寻找，你应该听从一下自己的声音，内心的声音。

——2015.11.01.15：00

精神疲惫时，所有有趣的事情都会变得了无生趣。悲伤要控制住，快乐也要控制好，因为容易乐极生悲。

——2015.11.01.21：25

"不公平，不但觉得吃亏，还感觉自己很贱""一种无力感，使自己感觉无从下手"……在这个物质的世界里，即使人们不再为衣食住行而烦恼，仍然会有各式各样的烦恼，各种痛苦及焦虑。

——2015.11.02.11：20

除了死亡、恐惧，世间还有多少杂事影响你的心性，多少恩怨情仇、多少你争我斗？死亡并不可怕，真正在日常中扼杀一个人的，是恐惧的衍生体。

———2015.11.03.09：47

在宿舍独自待上了 3 个小时，独自一人的感觉，虽然有些焦躁、丝微苦闷，但其实内心是不断地在积蓄能量，头脑纵然不断想与外界联系，但心里却感到思路很清晰。一切只是刚刚开始，期待每分每秒只做此刻的自己。

———2015.11.03.21：45

在死亡面前的盼望是最实切的。

———2015.11.04.09：49

不断让金钱和知识得到积累，一个是让你在现实中有影响力，一个是让你在历史中留名，在精神世界中得到重生，而二者也更是相辅相成的。

你要知道你的人生目的，你要向前的大方向，不要让杂事阻断你的思维，尤其是无尽的烦恼，把握你手中的笔，你就把握了自己的人生。

———2015.11.05.21：14

在你把世间的一切连同自己都怀疑上一遍之后，才有资格谈得上对自我的认识。

——2015.11.06.00：35

　　所有的技能或技巧都是熟能生巧，但你要能够接受自己笨拙的开始。

——2015.11.07.19：21

　　等到花谢的时候，离结果就不远了。

　　接受不完美的自己，接受自己笨拙的开始。接受世界的不完美，接受同样不完美的生活表面。

　　一个字，在一句话里如果缺失了，往后凭借对过去的记忆和对句子的理解能把这个字补回来。而对生活的记忆，对每时每刻生活的感受，是一个整体的感受，（如缺失一部分）都只剩凋零散落的认识。

　　因为我们的生活都被分成了片段式的了：这里有空闲，为了不感到无聊，我们找点什么事来堆满它吧。在欲望与焦躁中麻醉自己，却寻找着自己的解放，用逃避来当作面对生活的方式。

　　把你的心脏埋在坟墓里，这听起来是恐怖的；但是把你的灵魂永恒地套上枷锁，你却欣然接受了。

　　你比他聪明，却并不一定比他快乐。你一定要列举出你与他的不同，来显示自己更胜一筹，和值得更加快乐的原因，却从来没有尊重过人性的平等。我们歌颂自由平等，却成为不平等起源的制造者；我们口口声声说热爱和平，却从未停止过杀戮；建立了一个个组织，却仍然生活在水深火热当中；我们提倡一个爱的世界，却让憎恨、斗争、仇恨流淌在身上的血液中。

鲜活的生命活在追求当中，到头来却怀疑曾经的追求，这是对命运真正的绝望。可能也只有这样才能挣脱命运的束缚，泰然地活在自由之中。

信仰来源于真正的绝望，绝望来源于怀疑，怀疑来源于大脑，大脑来源于……复杂的多细胞生物来源于单细胞，单细胞来源于物质环境，那么物质来源于什么？假如说物种的起源是物种自然演化的结果。那么，物质的起源是什么？假如存在一个创造物质的上帝，那么，又是什么创造了这个万能的上帝？

——2015.11.08.09.20

过程可能会难受，轻微恐惧、焦虑，因为活在人际关系中，每每要顾虑到别人的感受，于是便无法走出自己道路的第一步。你必须接受这所有的压力，继续做你灵魂要做的事。谎言是个好东西，可以用谎言润化为此造成的僵硬关系，人会慢慢变得柔和。狡猾，同时要强势，以便有实力可以保护自己。

如果你决心走一条不寻常的路，决定为了自己的目标，那个最终的目标承受包括死亡在内的一切打击，现在只是开始。

——2015.11.08.15：56

　　金钱并不是万能，但是却能使普通的幸福实现，生活可能并不友好，但内心一定要有希望，希望，让人有力量走下去。

——2015.11.08.17：03

　　一开始，死神所带来的可能是恐惧、挣扎，但最后，却变成是生命最宝贵的思想，因为它（死亡）使一个人的生命得到升华。

——2015.11.08.20：10

　　为了稍纵即逝的快乐，一个人可以付出无比巨大的代价。

——2015.11.12.00：32

　　如果完全向着自己的路去走，结果会是悲壮的吗？你应该如何面对死亡？你应该如何面对无奈的人生？生命，是应该尽情享受，还是任由其浪费，你应该走向哪条路？

——2015.11.12.19：16

　　今天，现在是早上10：14，我已入到香港海洋公园。这里有音乐和舞蹈，我在旁边找下了一张椅子，旁边是一位有橙色提袋的老者，他和我安静地坐在这张2米长的椅子上，观看着热闹的场景。因为气温有点热，我在进园前就把西装外套脱下了，现在阳光有点猛烈，照在我正在书写的纸上。

这里有许多外国人，肤色、种族都不同，现场正在表演夏威夷舞蹈。

——2015.11.14.10：32

刚刚找到了一个埃及人帮忙照了相，他是陪同妻子、儿子、小女儿一家4口来游玩的，后天（星期一）还要去广州，他的名字是Mahmoud，在埃及开罗做工程开发（应该是），兴趣是摄影。教会了他使用筷子，从筷子、走路，讲了一个动一个静的文化。他听完之后很开心，送了一条他们从埃及带来的巧克力给我。在这里能看得到大海……

出来公园后问了警察，他说现在3点几，坐的士开始塞车，坐巴士稳阵D。去翻对面坐巴士，出左公园的前面小路之后，问了一个道路工人，他说过去对面坐。

——2015.11.14.15:47

你为自己的梦想踏出了第一步，你就不会对不住自己。既然是一个机会，就算失败也能承受，为什么不去抓住？先踏出第一步，可以站得稳的话，信心便会倍增。一种勇气的尝试，要去尝试，要踏出第一步。

你不需要立志成为导师，成为道德的导师，你只需要知道自己需要什么。

——2015.11.15

　　为什么害怕？难道还有比战胜恐惧更令人快乐的事吗？

——2015.11.18.14：09

　　当你正品尝着醉酒的辛苦，你对自己说，从此要滴酒不沾。

——2015.11.19.08：06

　　酒，喝一点是享受，喝多了全然是折磨；存在的一切，信一点是聪明和理性，信多了都是愚蠢和迷信。

　　今早还在醉酒状态，由于昨晚的人参灵芝酒太补了，早上非常头晕、想吐、浑身没力气，身体处于虚脱状态，喝了一些水龙头的水，躺下后好了一些，还是口焦。便下去，外公马上烧开水让我敷脸，喝了些热水后便躺下；外公随即叫外婆回来，为我熬了些白粥，我便吃下白粥后躺下了，继续躺到 12 点 20 分左右……

——2015.11.19.19：22

　　在用快乐来满足厌倦，还是用享乐来逃避痛苦？你仍然是一个在漂泊，无处归家的浪子？人，始终会有死的那一天，我们是否曾为远方的满足而放弃身边随手可得的幸福？是什么局限着你，令你无法去踏出这一步，实现梦想的第一步，你决定就这样到老了吗？任由命运对你随机、随意地安排？一个是无意识的物质世界，一个是经过亿万年发展的情感丰富的大脑。

——2015.11.20.23：12

欲望未满足时，逐渐变得狂躁、焦虑、冲动；欲望得到满足之后，则变得深感厌倦、无聊。在人生的某个时刻，一个人只有承认人本身是一个物质，他才能发展下去。

只有真正认（识）物质的世界，才有机会去改变，才有改变世界的力量。

当你完全接受了物质的个人，完全承认自己是物质的人，价值观就会完全不同，你将梳理及明白许多野。

——2015.11.22.23：09

你渴望被人了解，又憎恨别人了解，于是你活在不断的矛盾及挣扎之中，越活越发感觉到孤独。其实大可不必如此，你可以活得没那么多秘密，或者说活得智慧一点，按照自己的思路与逻辑去生活。因为，真正能威胁到你的仅仅是存在的反面。

太追求完美，太多的幻想——导致痛苦的造成。太多的幻想并不会令你变得更加幸福，而只会不断削弱你、弱化你；削弱你的意志，弱化你的大脑，一切都变得无比容易去打败你，你会失败、继续失败，因为你没有物质去支撑你。哪怕梦想押后，你仍然要先有钱，有物质的基础。如果让一切处于空中楼阁，让梦想处于半空之中，那么你永远都只会怀着遗憾和失望去做人。

——2015.11.23.16：13

今晚上完李老师的课，和他走出来，知道他做了领导，底下虽有5、6个手下，但有些事仍然需要自己去做。他同我讲不要那么快结婚，他说自己30多岁结婚都感觉好"舒服"（束缚）。我们简单探讨死亡的问题，他认为，死亡，如果是一个结束点，人类什么事都会做得出来，所以，灵魂、永生就对于人，是一种限制，支持宗教。

——2015.11.23

早上起床，拉开窗帘，和煦的阳光照进房间，感觉很清晰。一颗渴望平静、宁静的心，一颗又渴望刺激和满足欲望的心，心何时才能够解脱？

——2015.11.24.07：50

柔软，是因为思想的路途很遥远。

——2015.11.24.10：45

人最先被自己的想象所打败，要学会对事情无动于衷。

——2015.11.24.20：46

昨晚不到 9 点就睡了，早上 6 点就起床了。梦到自己离职了，但在担心那 3 千多的年终将肯定没了。起码现在的梦里，是与钱、物质有很大的关系的。

假如你有物质，你就能排除一切阻力，去实现现世物质上的幸福。假如你有物质，你就能排除大多数无谓复杂的人际关系的困扰，有闲暇和时间、精力去追寻内心精神世界的幸福。有物质，才有选择权，有能力去选择善，有能力去选择恶。有能力去选择宽恕，有能力去选择报复。

婴儿的出生，树木枝芽的生长，并不是完美的状态。越走向完美，其实是越走向衰老、走向灭绝。我想说的是，事物并不是完美才存在的，事物的存在是一个逐渐转化的过程，以不同的状态，不断改变的过程。事物会不断地变化、发展，因此，存在即是不完美。那么，是否不存在的才是完美的？有什么是不存在的？我们可以理解不存在吗？是否不存在其实是一种存在，只是以一种极低的能量状态存在？"存在与死亡"可以以这方面兴趣为主题，去探讨、去学习和了解。

婚姻，是舒服还是束缚？——只有当事人知道。

——2015.11.25.07：33

（大前提）每个人都有每个人的想法，都打着各自内心不同的算盘，当中有利益，也有情感。归根结底还是利益，有利益的地方才有情感可谈。

——2015.11.25.13：50

今天是感恩节，却感觉倍感寒冷。太多的信息拥挤大脑，人是无法思考的。死亡、死亡、死亡，坦然地面向这个终点，这非常难以接受吗？还是说，你还没意识到它的力量？死亡，和生是一起的。

实力、钱、权力，这个世界在任何时候都仍然是一个强权世界。

——2015.11.26.21：06

沉迷于享乐会影响你的心智。

停止生长，意味着开始腐败。

衣、食、住、行、男女……无穷的欲望所带来的只是精力的掏空、疲惫的大脑、无形巨大的焦虑。

空间，大而无形；时间，长而无极。一个有形、有极限的人类。

——2015.11.27.20：23

太繁杂的事情会感到窒息，太放松的时候又会感到无聊，害怕危险而宁愿沉醉在梦里，害怕无聊又在不断向外探寻。恐惧，是萦绕一生挥之不去的恶梦。假如有来世，做一只猪也不错，吃吃睡睡就一生了。

——2015.11.28.16：15

大脑，除了独自思考，还要有出去的机会和时间，走出去，大脑就有相应的印象和知识，脑中的知识和经验是行动及成事的基础。

——2015.11.28.19：23

人生于世，亲人、朋友……各种各样的关系，让我们感受着温暖，不再在这个冰冷的世界中独自承受着。孤单被平分了，属于一个人的个性被磨合了，共享了集体的力量与智慧。

——2015.11.29.00：17

管它天要塌下来，做自己要做的事，承受着不断向前。

今天抽出了比较多的时间来学习驾驶的书本知识（约3-4h），很多疑惑及难题都解决了，萦绕于心中很多的担忧和烦恼都在书本上有答案，这种感觉太好了。我不再认为看书是无用的，只有自大的人才会迷失，不单在书本中迷失，更在生活中迷失、沉溺。而保持着谦逊好学的品德的人，生活终将为其打开一条出路。一手掌握知识，一手拥有财富，梦想定会逐渐实现！

生命留给你的时间并不多，你要着手去完成你的人生计划，马上就应该着手进行，不要被短暂的情感爱欲困扰你的头脑。

权力、金钱会彻底改变一个人，因为人是物质的，这个是不变的道理。哪里有物质，哪里就有为"真理"的斗争。

当生活过得容易，不再那么艰难的时候，人就会出现一种衰败的现象，似乎安稳意味着消败。而这时，则更加需要奋发，因为，危险其实不断逼近。

——2015.11.29.18：49

每个人都有各自的追求及选择，这其实无可指责。

——2015.12.02.20：15

你有自己的追求，何必理会其他人的看法？面向着死亡及内在的方向，很多不幸都可以避免。

——2015.12.05.09：21

是不是我已经无计可施，以后只能永远比死更难受？死亡、抑郁、痛苦、折磨，无边无际的忧伤、孤独、仇恨。因为我没有自由，也没有希望，只能在这个冰冷的世界摇摆、飘荡，这是怎样一个灵魂？

没有什么是我的，拥有的只有绝望和失望，我还有什么希望？要如何面对死亡？要如何面对自我？如何面对命运的枷锁？如何面对现实？

——2015.12.07.19：08

如果你仅仅是想保住自己的财富，那么，你终会成为金钱的奴隶，实现财务的自由并不是你有多么节约，而是一场充满疯狂的抢夺，所有的理智、情感都将用于一场求生的游戏。

从来没有人能逃离出去，生而为人，或者说从一出生时开始，就戴上了枷锁，只是像一堆烂泥一样存在着，缺少了灵气的腐败之物。

——2015.12.08.21：49

无论你能不能改变世界，世界终有一天会毁灭你。那么，人还怕什么？

终有一天，你要为你的愚蠢和懒惰付出代价。假如你缺少的是钱，解决它；假如缺的是权力，拥有它；阻挡你的假如是死亡，那正好摆脱短暂脆弱的肉身，继续无限的征服。死亡会带走一切，一切权谋、野心、精神及物质上的所有东西。你是否需要这样下去，让欲望和野心冲昏头脑，还是天天畏首畏尾、毫无主见，做缩减乌龟。

每个人都是后天塑造的结果，自我塑造是最重要的一部分，每个人的时间都是一样，你可以有自己的计划，而不是让去他妈的规定牵着你走。走出去，去见识外在的世界，去奋斗、去周旋、去胜利、去征服，让那些懦夫惶惧惊恐。你是要征服世界，勇士。

——2015.12.08.23：15

焦急的内心容易产生混乱，以至于在金钱世界中惴惴不安、摇摇晃晃。我们没有理性的神往，有的永远是欲望的满足，追求的都是不停的满足，我们从未在精神上存活过。

——2015.12.09.11：59

我们都是现实的人，发生的理想只不过是虚无，当无法摆脱的烦恼和欲望侵蚀过来时，一切的结果和悲落都会出现在绝望的心灵当中。创造需要刺激，不断的刺激，要么使灵感敏锐，要么使感官麻木。手握着笔的手，终有一日会腐化，但是我相信，写出的文字将会发光。

我是一个精神的人，我需要表达我的生命。我是物质的，我需要物质为我补充能源，这是一个生命，短暂、脆弱、又微弱的生命，但是它仍旧存活……

——2015.12.09.13：48

今天科目二挂科了，有好大可能是座位太低了，以至于看线不够灵敏，总之就是欠缺经验。下午 2 点左右考完后到现在仍然沉浸在深深的挣扎当中，烦恼、恐惧、焦虑……

——2015.12.11.19：12

今天有些特别，只是在时间上。

你的文字没必要为了逻辑而牺牲其本身的生命力。如果现实使我不得不按照模子一样成为机器般言行，那么就让美感和灵感蕴含在文字当中，将我的生命融于文字当中。

音乐是美感的表现形式，但文字更能表现一个活人的情感和心理活动。

你不必惊怕自己与别人的不同，别人有疑问或好奇时也不必觉得懊恼，保持平常心去相处就可以。慢慢人都会习惯的。

——2015.12.12.08：20

如今对于我，幸福，就是内心的安宁，于是，很多外在的东西都可以舍弃，过多的毫无精神性的外在实物反而会成为一种负担。和你热爱的事物在一起，和你爱的女人在一起。

——2015.12.13.08：46

原来已经 13 号了，而我的记忆却依旧停留在昨天，当你懂得拥抱宁寂，时间便会消失。你不爱受习惯所影响的习惯，已经成为你的习惯了。哪里存在形式，哪里就没有自由存在。

2 个人之间，伴侣之间，最重要的是什么？承诺，分享生命的体悟，一起分享、体验生命。物质的生活常常惊人地相似，但精神的生活却是独一无二的。

有无可能做到仅仅是观察，不加阻挠，不加批判，不加挣扎，仅是静静地观察。我认为做不到，原因是对生存的压力和死亡的恐惧，使得一切都在按照荒谬的逻辑上走。

——2015.12.13.15：33

我需要在 2 种世界观中切换吗？曾经持久的平静的心何时才能回来？还是那只是一种幻想，在特定时刻特定地点的一种胡思乱想？

人们常说的"向死而生"又是怎样的一种体悟？

——2015.12.14.08.08

从来没有全好或全坏，一切都在相互交融下发生的。动手去从事你自己所梦想要做的事，是幸福的意义，动手去做行动起来，哪怕是一万步损耗功，但如果能以一万步而向梦想踏前了一步，也是值得庆幸的事。

——2015.12.14.08：41

日子在不断地流逝，你在恐惧什么？你的阻碍是什么？现实中并不同于理论，实际中总结出的理论，也会因为情况不同而有所不同，有时甚至完全不同，因为只能在实践中才存在短暂可预见的"真理"。规律是静止的，但是又同时是在运动中产生的。

——2015.12.15.14：14

安全感——一个非常现实的词，一切都是为了安全感……

　　站在神的角度，你承认人的灵魂性，于是你充满了畏惧；而在现实的世界，世俗人都是懦弱的，大都外强中干，都是头脑简单、邪恶无能的，人类大都欺软怕硬，看见弱小的就会想要欺负，看见强大的又会忍不住去巴结、奉承。仅仅记住：你会畏惧的，他人也会有。活在这个现实的世界中，绝对不要勉强（无论遇到什么），让一切都游刃有余。

——2015.12.15.17：03

　　最伤感的不是回忆的内容，而是回忆本身。

　　曾经，你是一个理想主义者，看看生活把一个人变成什么样子……

——2015.12.15.20：34

　　生活的琐事，天上的黑夜，宇宙的深渊……已经让你无法思考，你的心无法平静下来，无法安静下来，因为它充满了欲望和缺陷。

——2015.12.15.21：23

　　理性，一切只为生存。

——2015.12.18.10：21

哪怕我们之间，永远都只是隔着回忆，也是美好的。

——2015.12.19.14：27

现实，认清现实、认识现实，让一个人变得更具理性。之所以要奋斗及反抗，是因为心中有美好的东西需要去守护。

——2015.12.20.23：52

可以达到自己的初衷，安定下来就安定下来，先不要想其他事情，只能死亡思考，才能让狂热的大脑冷静下来。思索死亡，洞悉存在的一切，虚伪的外在，荒谬的内在。平静地面对狂躁、疯狂的野心，及无止尽的欲望，不急不躁地面对周遭的动静，不暗自忧伤，也不窃喜，存活着似流水、似时光、似日夜交替。

静静地学习，静静地观察，快乐存在于永恒的学习当中。战胜内心所有的依赖和限制，全然活在当下的时刻。

——2015.12.22.10：43

迷离、困惑并不会存在太久，一颗受到限制的心终有一天可以觉醒一场权力和欲望的斗争。

——2015.12.23.11：56

你需要有自己的房子。自己盖起的，或者花园什么的都可以，你一定要有自己的房子。你要有钱，更多的钱，有自己的房子。

——2015.12.23.17：07

一个理想主义者的人生观是简单的——真理、愚蠢；而一个现实主义者的人生观则更为简单——有钱、没钱。

——2015.12.24：22：48

你的心曾有过渴望、向往，这已超越了成败。

理解罪恶，原不原谅它们不是你的事。理解衰亡，才懂得用生命去书写。

——2015.12.27.09：22

曾经的永远，变成了永远的曾经……

让活着时所写的每段文字，都是最后的墓志铭。

沿着生活的轨迹前行，坦然接受事实、现实，向往着梦想的心灵不会改变。

好好珍惜余生的每一秒钟，这是处于悲伤世界中所有人类的最大希望，每一天都不应该浪费。

——2015.12.27.17：59

梦想真是那么的触不可及吗？为何要在短暂、虚伪的快乐面前投降？阻挡你的，最终还是自己。

——2015.12.27.23：21

突然发觉，我对待生活的态度是悲观的、恐惧的，恐惧得不想有任何改变。我没有挣扎，就像梦中的老人被枪杀一样，纹丝不动。

思维跳动的每一个瞬间，假如都能知道，那将会是一种思维的新生。

——2015.12.30.09：07

不要认为自己是不可缺少的，保持水的前进，低调、行动性……

——2015.12.30.09：35

2016

思想就像是流水一样，是软的，而思想的停滞就如同冰。一个哲学家，在思想时是柔弱的，而当他停止思考时，脾性则会变得坚硬、死寂，毫无创造力可言。

——2016.01.06.11：41

是思考令人痛苦，还是痛苦逼迫着人去思考？

——2016.01.09.01：12

如果上次科目二的第一次考试，挂科的原因是因为自己骄傲自满、粗心大意、狂妄自大，那么明天科目二的补考，如果还是不过的话，就是自己的技术不过关，心态是一方面，但是技术也是根本的。

——2016.01.09.23：01

马上就要出发到东莞考试了，淡定、放松，控制好离合，车一定要慢，加油……

——2016.01.10.07：13

还是不过……

——2016.01.10.12：30

有自己理想的追求，也有剖析现实的力量。时光逝去，唯一留下的唯独是虚无。

因此，不要让你生命中的时间成为流沙般失去。假如这个世界与你适应不了，那么，死亡对于你，恰好是一种难能可贵的解脱。

——2016.01.10.23：31

把未知变成已知的过程需要不断重复，学习应该是一种目的，而不应该仅仅是手段。

要成为职业的专家需要很多时间和精力，反过来讲，用了很多的时间，应该能成为某一领域的专家。培养自己广泛的兴趣，对于整体的人生来说，并不是一件坏事。如果连自己的肠胃都填不饱，好难讲得上成就的。

是时候过上自己的生活，好好计划一下，自己需要什么，应该做什么，在现实的情况下。马上开始，不能再迟疑，你要过上独自的生活，这是当务之急，你要让自己面对整个的现实，并从中得到适应、改变。

——2016.01.14.15：33

突然觉得，考科目二2次都挂科，似乎是对我的一种启示。采用电子测量来考试，是要完全屏除情绪的影响，而靠实实在在的技术来通过，你什么时候才认清现实，你应该活在现实中，最好立刻。

假如你不满意你做过的几份工作，假如你还对生命充满着热情，那么，你应该去开创自己的事业，越快开始越好，不要再让生命浪费在订计划、犹豫不定上。

——2016.01.14.18：14

只要对得起自己就可以，每一分每一秒都在超越自身。

——2016.01.16.16：14

希望，代表着可能；而可能，则代表着一切。

激动、热情是暂时的，真正长久的东西都是深沉的。让你长存的是你的创造。

一年又一年，你的生命所剩无几，为了你的目标前进，从现在开始，直至死亡。踏着目标向前，说不定真的可以改变命运。坚持下去，总能看到希望。

在自由面前，一切的抱怨都是多余的。

——2016.01.17.17：47

当你完全沉浸在一个领域里，当你可以于此接受所有的一切，愿意接受所有的失败和挑战，有信心及勇气迎接希望和成功……那么，你将会成为这一领域的大师。

——2016.01.19.00：31

两种痛苦都选择了，从逻辑上是讲不通的，你应该如何做？你又可以如何做？你要做的是不停地写下去，无论面对任何困难、任何困境。想法可以有很多，以次方的形式增加，挤爆你的大脑，但写出来，只有一个手、一支笔，于是乎让主要的其中一个想法、一个片段作为主导。

在生命的最后，你用什么来反馈这个世界？是你的文字、你的创造，踏上这条创造之路，发挥你的天性、力量，终有一日，你会令世界震惊。

缺少成为理想主义者的条件、机会，成为半个理想主义者，你有力量改变这个世界，秘诀就是你手上的笔和纸。

——2016.01.20.13：57

大多数人，尤其是年轻人，在死亡来临前是很少会想到死亡的，这对于他们来说是非常可笑且无聊的事，他们不会想到，自己有天也会死去的事实。正因为对死亡有所畏惧，才对未知的、更永恒的存在（如神明、上帝等）有所敬畏，从而将生活中的逆境、问题交由神处理，将美好的一面感恩于神明，从而获得内心的平静、以及努力生活下去的勇气、意念……

——2016.01.21.00：08

你无法预计前路会有怎样的打击、怎样的恐惧，但你仍需努力前行，走好自己的路。

不可以再这样逃避下去了，订好计划、再次出发，你奋发的理由可能不是欲望的驱使，不是野心的使然，不是年轻的一时冲动，也不是荣誉、鲜花、掌声；而可以是，完完全全地作为一个人，对这个世界的爱与贡献。作为一个人，一个活在这个世界上，存在着的短暂生命的个人，希望留给世界的有关自己生命的一切……

——2016.01.25.22：50

我们所有现今活着的人，生活所带给我们的启发是什么？世界是否有个全能的救世主，已不再重要，重要的是，人类是否需要它。就如同，这个"我"此刻是否存在并不重要，而重要的是，是否需要这个"我"存在。

如果单纯是为了生存，而没有任何其他意义……这一切对于一个人来讲是残酷现实的。

——2016.01.26.23：14

不管世界如何去改变，人，只要活着，就有希望，就有机会。对未来有所顾虑，是理性头脑的特征，但不应该成为其禁锢的牢笼。思想有其流动性的，并不是一成不变，因此才有创造。自我的懒惰、逃避、屈服投降，不应该成为责怪命运的借口。

文字，是我（这个独特的我）情感宣泄的出口，我希望，这还有希望/机会成为我希望的出口……

将情感表达出来，无论是文字、音乐、图像……都是一种艺术。或许在大众的眼中，这种"艺术"的行为显得十分神经质、不可理喻，又或者被说成是鸡汤、废话。但是存在的一定是被证实是有用的才能够存在吗？

我将会写下去，无论我会如何，这是一条无比平坦，却无比艰辛的路，平坦是因为我的激情，艰辛也是因为我的激情。

——2016.01.27.20：54

打开笔记开始写，就意味着直面最真实的内心，面对自我的原貌，无论是神圣正义、抑或丑陋邪恶，这就是心灵的全貌，这就是事实。

特定的背景产生特定的人，自我的塑造是一个艰辛和漫长的过程，于是很多心灵就此被淘汰了，消失于茫茫之中……你的悲惨在于把自己的幸福放在别人的眼中，你自己是怎么想的，这才是最重要的，你感受到什么？你能感觉到什么？你能察觉到自己的想法，也能察觉到这种想法背后的推动力，即产生这种想法的原因，包括对象的分析，心理活动的分析。

在你为自己的所谓深沉智慧而感到沾沾自喜时，多疑、静默已使你显得呆头呆脑和神经质。造成失误的原因不外乎2个：懒惰、贪婪。

——2016.01.27.22：29

痛苦、绝望、仇恨占据我的内心，我无处挣脱，烦恼正在缠绕着我，是因为我的野心，让我与他人、与这个世界格格不入吗？还是因为我的惰性、我对自己的仇恨？

——2016.01.28.19：31

你究竟想要什么？是幸福？是真理？还是为梦想去死？还是为了那虚假的爱？你为什么这么失败？竟给不了一个肯定一点的答案。当生存下去的理由只剩下因为有一个胃的时候，你和行尸走肉有什么区别？

放下吧，放下一切，完全地将所有的一切放下。放弃眼前的舒适、安逸，放弃眼前邪美的诱惑，抛弃即将遭受毁灭的恐惧；制定计划，为实现梦想去活、去死，是你自己的梦想，因为你将要开创一个新时代。

——2016.01.28.20：05

艺术，超越存在。除了生存，还有更为重要的事情。

——2016.01.28.22：12

我们往往被不完美的事情、人物所迷惑，当我们遇到迷惑的时候，我们都迟疑了，不懂如何作出反应了，于是我们学会了妥协，学会了不作出任何反应，掩盖住自己的眼睛，不让自己的头脑留住现实太久，于是我们僵死了，我们失去了创造，从此让一生彻底消沉、乏味。

应该像水一样，让自己的思维如同水一样，可能会被砍断、阻挠、在漫长的时间中干涸直至消失……但是，仍然不停地运动着，从一个地方到另一个地方；从一种形式到另一种形式，没有任何的迟疑、慌乱，始终保持着包容力和动力，穿过高山、越过平原、汇入海洋、升向蓝天，在这个星球上生生不息……

——2016.01.29.20：41

今天的（篮球）比赛（2016.01.30 晚上 8 点开始），心里并没有想过会赢，比分一直在 2、3 分之间徘徊。直到第 3 节左右，好像他们队有人受伤了，那么他们就没人换了，于是我知道我们的机会来了，但是我们仍旧抱着轻松、尽力的心态，完成每一次抢断、防守、阻挡、进攻……虽然有很多失误，但是到最后还是以 2 分的优势打赢了这场比赛，比分是 46：48（三队：二队）。

经过这件事，我觉得，事情发展成如何其实并不重要，重要的是你想要的是什么，这个是非常关键的，知道自己需要什么，尽力去实现它、得到它，但是心态要放平，千万不可勉强或敷衍。只要尽力奔向目标，好好享受努力的过程，然后其他的就各安天命。

——2016.01.31.00：29

重要的是你想要什么，专注于它。

能意识到自己的自卑，坦然接受自己的不足，可以原谅自己犯错，但不要故意犯傻，专注于你想要的。

——2016.02.01.23：34

今天中午开始放假，下午我自己用买到的理发器剪发，结果当然是糟糕的，但我仍然享受这个过程，因为是一种尝试。即使难看，我也没觉得有多难过，重要的是你自己想怎么样、你的想法。

悲哀并不能令人同情，而只会引来耻笑。走出去，建立关系，幸福就建立在关系上。

——2016.02.02.16：09

昨天年初一……手机狠狠地扔到了地上，屏幕碎成雪花……

长期的阴影是会对一个人精神造成严重打击的，没人会理解你所受的痛苦，就像没人是否在乎你是否开心，连自己都生存不了，有什么资格谈生活的道理？勇气可以令你克服性格的缺陷，重要的是你自己要坚持。你不必每样东西都争最强，但对于自己梦想、人生计划、承诺，要有这样一种精神"永不退却，永不投降"。

我们活在社会中，都不得不遵从某种特定的游戏规则生存，但首要的是生存，而不是谈论游戏规则是否公平，也不是谈论生存是否必要。如果要说理性让人思考生存之外的问题，不如说是人类对生存的思考而产生理性。人们需要遵守这个游戏规则，因为他们是胜利者，又或者是他们认为自己是或者将会是胜利者，又或者，生存的压力不得不逼迫着他们无条件服从。

现在，我将成为其中一员，在这个最美好、最残酷的世界上存在，我就是行尸走肉。

人的本性是贪图小利，企图不劳而获或者少劳多获，最起码是比别人多获，而自己少付出点，这样便可满足。对于有自己人生使命的人来讲，他应该朝着自己的道路一直走下去。

——2016.02.09.07：40

无论心中的激情如何波幅四起，只要提起笔，都会成为我前进的动力。

——2016.02.10.07：58

旅游，离开自己的舒适区，去面对各种各样的问题、困难，去适应相应的新环境，充满着未知和挑战，挑战着你的体能、头脑、情绪。

——2016.2.11.21：15

我是浪漫的破坏王，我也是创造的艺术家，创造属于自己的作品，然后又通过自己毁灭所有。或许我天生就自卑，自卑到不敢相信现实的美好存在，也不敢相信自我创造的幸福性，但，真正的艺术并不是给当世的人所欣赏的，越是有着长久生命力的事物，总会是越过时代的交替，越发地散发出诱人的魅力。（火车很响，没怎么睡觉，头很痛、晕……坚持……）

——2016.02.12.02：33

我希望生命当中的每一刻都是独特的。

——2016.02.12.02：45

从那一刻开始，你便决意走一条孤独的路，现在发生了什么？你要改变了吗？是因为什么？是太累了？太孤独了？重要的不是能走多远，是你现在还愿不愿意走……

在你计划之内的是你的生命，在你计划之外的是你的命运。

命运让你沉淀，并不是消沉。

——2016.02.21.19：47

并不是别人不好，而是你自己不好，无论是性格和家庭背景，虽然，你可以发挥长处来掩饰自己的缺点，但是，短处依然存在，这个是事实，虽然你不愿意面对。

——2016.02.23.07：56

一个人的幸福在于对艺术、自然的洞察；一个人的悲观在于对自我、命运的思考。而巧妙的是，哪里有幸福，哪里就有悲观。

生命中的某个片段让你感到无比幸福快乐，你想永远停留在那个片段，但是你却无论如何也回不到过去已消失了的那个片段，你渴望着，你甚至祈求着，你的心充满着盼望、焦虑、等待……于是逐渐演化成了愤怒、暴力、憎恨，接着是无尽的痛苦、恐惧。时间让你离那个片段越来越远，你的生命越发地感受到虚无、怀疑……

人生终究是一场悲剧，以忧虑和恐惧为基调，其中穿插几个短暂的美丽片段，于是，无论到最后有没有遗憾，都会走向终结。

你曾经问，一个理想主义者可以走多远？其实，此刻，你愿不愿意走，这才是最重要的。

——2016.02.25.21：29

你的兴趣是什么？你理想中的快乐在哪里？一种求知的、学习的、理性推理的快乐；一种实现人生计划的一部分的快乐；一种满足口腹、肉欲的快乐……

但人体本质上应是痛苦的，不快乐的，之后才从身体、精神上发现快乐。无论哪种快乐，无论哪种痛苦，都无法超越于人而存在，即是，你的快乐是你自己的快乐，你的痛苦也即是你自己的痛苦。

——2016.03.04.01：00

深刻，可以用生命的奋斗而得到，幸福的淡然其实就是深刻之后的释然。

——2016.03.05.10：51（DZ 图书馆）

望着大海，在 233 米的高塔上望着窗外的广阔的大海，听着柔和的轻音乐，品尝着加糖的黑咖啡，抚摸着爱人的秀发，想着接下来的计划和目标，虽然此刻内心有些许躁动，但我相信我正在拥抱希望、幸福。

——2016.03.06.13：12（澳门）

将近 12 点了……不可以让女人定计划。

——2016.03.06.23：46

同一个人，在一天内的心情变化竟然可以这么大……人类并不完全是理性的动物，仍然存在许多的情绪性、不稳定性，同样的，不稳定的智商、情商。

你的目标在哪里？你的航船将要到达哪里？每天醒来对着镜子问自己，如果今天你将死去，你想要什么？

——2016.03.07.19：32

每天如果 6 点前就醒来、起床。将自己一生的问题都想一遍，那会是多么美好啊！

——2016.03.08.07：41

刚才在飞机上高空的一刻，上面是碧蓝的天空，下面是满满地如同海洋的白云，内心充满感动，感觉到神的存在，因为这几乎是纯自然的景况。这让我有种感觉：神即自然，自然即神。

——2016.03.11.14：43（西安）

昨晚是坐火车从西安到武汉武昌站，其实，以前这对于我来说一定是艰难的。但其实，只要踏出第一步，其余的只要按照步骤，每一次解决一件事，慢慢下去，你就会觉得，曾经很遥远的梦想的远方，就不经意间走到你的脚下。

出到外面，你时刻都要作出选择，你会不断作出对你有利的选择，包括尽量地保证重要的东西不丢失。在时间紧迫的情况下，保全价值比较大的东西。重要的不是外界如何变幻，而是你自己的看法，你要的是什么？

飞机上的云层蓝天、这趟旅程所得到的经验和成长（实现一个心愿），都让我感到快乐。原来，最大的困难是踏出第一步……绝望是因为你不能实现你的追求和自由，而一个充满能量的人，必定是一个知道自己价值的人，而且知道自己能实现什么价值的人。

努力去尝试，去尝试更多种的可能。成为谁并不重要，重要的是你内心真正的渴望。向着你的渴望前进，不断地作出选择、决定，拥抱生活，哪怕只是一刹那的震撼，都是那么的弥足珍贵。

——2016.03.12.10：34

如果人生的终点是死亡，那么所有的理论、智慧都无法解决所有的问题，唯有在有生之日正视着死亡及其所带来的东西，从而使人生成为一种完整的过程。

如果过程比起结果重要时，人生便是完满、美好的。

——2016.03.18.09：59

假如今天是我生命的最后一天，如果今天我就会死去……让我怀着平静的心境面对生命中最后的境况，手握着笔，去学习、记录、书写，和爱人分享美食、欣赏美景，漆黑的夜晚、相拥而睡。

——2016.04.16

说话、行动，都应该经过大脑的思考，有些话、有些事，说出口，开始了就无法收回。除非独自一人待在黑暗中，否则就要戴上面具。

——2016.04.19.19：54

不知道是不是因为今天去泰国，很早就起床了。假如今天我就死去：让我怀着平和的心境，去感受每一个当下。

——2016.04.20.06：23

永恒，音乐、文字、艺术，如果失去了人类，也便失去永恒。死亡，人群中的一切活动都在寻求永恒（迈向死亡）。

——2016.04.20.14：47

假如今天是我生命中的最后一天：让我诚然、完全地面对自己的内心，结束心灵的痛苦和快乐……

——2016.04.22.07：24

明天就要回去了，今天全天都带着躁动，毫无逻辑的念头，窗外绿色山林、高速公路上的车辆，当你不能全心投入享受一件事的时候，那么，再美好的享受都会变得无味，甚至成为一种烦恼、痛苦。

让那个欲望（那个心灵）停下来，让它不再努力去干什么，只是观察、全然地观察，无论是心灵或是身体都不去行动，得到全然的自由。

——2016.04.24.13：55

有一种没有语言、没有声音，生命中也许只有一刹那的瞬间，但是，没有想要去占有、没有痛苦、没有束缚、没有限制、没有嫉妒，这就是自由。

——2016.04.24.20：10（曼谷）

在梦想的黎明中哭泣，彼此却在爱中渐行渐远。告诉我，这种失去是绝美的！

——2016.04.28.08：06

假如今天是我生命当中的最后一天：让我怀着平静的心情，度过这短暂、美好的最后一天。

当心灵面对着无限时，心灵便勇敢地去希望；当心灵面对着有限时，心灵便不能停止怀念。

——2016.05.01.10：14

人家成功，为什么不向人家学习？

——2016.05.03.16：54

当那一天到来，当我闭上双眼的那一天到来，可以在内心对自己说：我曾经追求过……

——2016.05.04.19：29

合适的人做合适的事，合适的时机做合适的事，并没有绝对的强弱、优劣，有的，只是你的感觉。

——2016.05.04.21：15

如果可以回到以前：不断学习，努力得到更多的钱，生存下去。

——2016.05.05.19：38

如果今天是我生命当中的最后一天：除了工作赚钱外，我想有更多的可能，去表达内心对于世界的理解。

——2016.05.07.07：57

死亡，一个年青人一直在思考的一件事情，当对死亡思考得越深沉，对生活的理解就越与别人有所不同，就仿佛越能够理解真正的快乐及痛苦。去学习、去发现、去求知、去问为什么……这是上天给予人的一种快乐，可以学习是一种快乐，欣赏动听的音乐是一种快乐，理解逻辑、现实是一种快乐，感受艺术、生命是一种快乐，思考孤独、死亡也是一种快乐。孤独是自我的感觉，恐惧也是自我的感觉。存在，并没有真理可循，觉察你自己、世界……

——2016.05.09.22：31

也许就在某一个瞬间，你开悟了，你看到了从未见到的事物，一滴水、一个物件，都能让你察觉，人仿佛握住了生存的意义及目的，还有达到目的的方法。

你可以尝试很多事情、工作，但是当把握住规律，目前的、当下的规律，如赚钱、有钱，成为富有者、有权者……你知道如何放下独特的自我个性，保持世俗的、压抑的，但却是理性的自我。

淡定，如果你没有准备好，失败是正常的，如果你已经准备好了，那么成功也是正常的。

——2016.05.10.18：23

Living for what? 性？衣食住行？精神需求？

人的先天是一张空白的纸，至于以后的发展，后天的接触的影响占了很大部分，如果这条讲得通，那么改变其实在后天是可能的，为了生存，为了生存得更好，人们一直努力了几百万年，我们身上流动着的鲜血，我们的脑神经，已经经过了亿万年的进化。因此，需要认清一个事实，我们并不是独特的个体，我们是经历的几百万年或亿万年进化的群体，因此并不存在单独的自我。

——2016.5.11.08：02

生活的灵感源于察觉，你发现了什么，你看到了什么，各种现状的组合在你的脑中浮现，于是你的联想经过行动之后，产生了创造。但首先，你要先去认识，还有，实际的操作。

创作可以带给创作者快乐，于是投入更大的精力和时间去创作，因为在自己的创作领域里，自己就是国王；而在外部世界，可能只是一个失败者。

——2016.05.12.07：52

假如今日是我在这个世界上的最后一日，我没有后悔，没有后悔自己的人生，今时今日，我觉得一切都已足够，我觉得自己半失败半幸运，我仍然希望自己可以珍惜所有身边的一切，好好地生活。

——2016.05.13.00：07

人一有成功的感觉，一有一刻放松了，以为可以任性的感觉，就在与自己的努力走相反的道路……无论是野蛮或文明，人们每天都要为生存而努力，只有不断地为生存下去而想尽办法，才能生存、强大。

——2016.05.15.23：47

每个人接受的和遭遇的都是有区别的，因此这决定了每个人的理性和情感成分都是有所不同的，这就决定了每个人后天的经历及思维方式的不同，因此成为不同的人。

用心搵钱，不要有太多的情绪波动，你离你的目标还很长远，还有很长的一段路程。

——2016.05.16.07：13

战争中所有想生存下去的人，都要为生存而作出果断、义无反顾的决定，反而，在和平中，人们却失去了这种果敢的精神，求生意志显得十分薄弱。

——2016.05.16.13：05

其实，你的烦恼在于哪里？你的痛苦、你的自卑、你的失败、你的迷茫、漫无目的。

我已经好累，我已厌倦了生存的痛苦，甚至快乐，可以的话，我真的想这一刻就死去。

但转念一想，既然疲累到连死都不足惜，连生存的意念都放弃的话，为什么不作出改变？让自己疲累的事物全部放弃不想，放下包袱，放下所有的恐惧，迎接新生活。无人会告诉你应该怎样走这条路，你需要靠自己走下去，无论任何事都要由自己去承担，无人可以保护你，也没有人会理睬你。你和身边的人一起生存，如果不满意，你可以自己离开，也可以赶走他人，问题在于你有没有本事。

思考的大部分都是多余的。只有在死亡面前，你的想法和你所做出的决定，才是真实的，其余的东西都只不过是一种幻想，都会影响你的理性……

你不开心的主要原因是，你在心里假想了某些事情对于你是开心的或痛苦的，假如没有了假想，就没有烦恼、焦虑。

——2016.05.16.21：47

曾经得不到的东西，那时感觉遥不可及，得到之后却发现原来平淡无奇。

——2016.05.17.21：19

如果你做一件事情能从中得到某种意义，那么即使当中的痛苦，你也会感觉享受。而如果在一件事情上，你没有找到意义及为之献出的热情，那么基本上都会与机会失之交臂。

——2016.05.18.03：29

今晚（可以讲是昨晚，19 号 23 点几）在禾 K 几个人食宵夜，B 仔过来坐，和我们打招呼，说十四五岁就出来社会，已经过去 10 年了，开了汽修厂，一面的深沉、语气的凝重，让我们感觉自己只是小孩，而别人是为生存而努力并且生存下来的……

差别就在这里，有的事情，亲自经历过是不一样的，那种感受也会不一样，自己心中想象的路、目的地，应该由自己去完成，每向前踏出一步，便又接近目标一些。

——2016.05.20.00：21

我该以什么样的价值观来生存？孤独、悔恨、痛苦包围了我。

此刻，我才明白，原来我的内心里是充满着怀疑的，我不相信任何人，包括最亲近的人，还包括自己。我该如何生存下去？

——2016.05.21.01：26

认清了心灵的脆弱、自私、狭隘，便会产生真正意义上的宁静。行动，有利益的需求，也有情感的需求，你就是那个认清真相的观察者。拨开情绪的迷雾，看到真相，产生恒久的平静……这是死亡所无法改变的。

——2016.05.21.07：57

对于一个无钱的人来讲，他的首要选择并不是去成为一个有钱人，而是去为自己寻找快乐。

——2016.05.29.01：33

生命，从一开始，就走向结束，停下来后悔更多，往后错失的也会更多。

——2016.06.02.22：06

第3日，感觉自己虽然睡得比较少，但很精神，早上5点多就起床了，买了9号的到北京的机票。如果，我真的到了北京，到了长城，有两种结果，其一是欢喜，改变了自己，发现了许多；其二是平凡乏味。

心彻底安静下来，"努力"这样的事不再存在。因为存在似流水般，存在就是存在，即刻即是存在，即是一切（水）。

——2016.06.03.07：55

历史尚且不能概括真理，何况一个团体、一个行业、一个个人？历史只是一种对事件、事实的记录，生存规律的定义便是生存下去。在文明之前，是个人／团体／部落的竞争，发展到今天，利益关系、战争问题已不仅仅是填饱肚子，而是赤裸裸的金钱战争。人类的残暴及文明在这个经济时代互助生长。文明，建立在残暴之上。

学习，是一种快乐；自负，是傲慢的一种表现，停止学习，便停止了快乐的权利。

生存游戏、金钱游戏，这场游戏的规则简单、直接，将人生安放在经济、利益当中考虑……

有时候，静是一种智慧；有时候，动是一种真理。

————2016.06.04.08：51

你拥有金钱，只会成为金钱的奴隶，你没有金钱，就会成为一切的奴隶。

————2016.06.18.21：29

问题的根源是什么？不安的原因是什么？一年内实现了那么多梦想，为什么仍然烦恼？为什么不快乐？问题的症结究竟在哪里？是否曾经的一些经历，令你近距离接触过死亡，而且发现死亡并不恐惧，还感到前所未有的震撼及愉快？而可以令自己有信心拥有世界的也正是这种终极的追求及体验？

如果限制你的一切行动，限制你的自由，限制你的人生、成功、目标……如果限制你这些的只是金钱，你应该去解决这个问题，你要先变得富有、非常富有。

——2016.06.20.19：44

有钱就有一切，有钱，你可以成为任何一个人……

追求的是永恒、完美，所以失败。因为一直以来的缺乏，一时的宽松，会使个体突然进入美梦阶段，认为一切都会是完美的。

——2016.06.21.19：06

你对赚钱有兴趣的话，就可以走进现代社会，把经济问题解决。

——2016.06.22.16：42

假如，时光可以倒流的话；也许，我们都不会逃避。

一切都在有了钱之后才建立起来，有了钱，才有理性。你的执着，你的焦虑，你的不满，都是因为你的欲望，因为你的不满足。

情绪，是创作的基础。

——2016.06.22.23：22

心灵，是混乱、脆弱的，充满了深深的恐惧和贪婪。

——2016.06.25.09：59

当你生理及心理缺乏力量时，无论是饥饿还是心灵遭受打击，你的判断力都会大幅下降，变得犹豫不定，这时是别人宰你两刀的好机会。

——2016.06.25.12：36

是计划、是领悟、是坚韧……令你与众不同，充满魅力。

——2016.06.26.08：10

曾经的迷恋，在往后的某些日子，会生成比起爱情更醇厚的感情，这种情感比起爱情更适当、更纯净。

知道自己需要什么，比起虽得到很多但没有方向更胜一筹，因为，时间会作出见证。

——2016.06.27.02：08

我好想死，我好烦，我应该如何生存？难道，你不知道自己应该怎么做吗？敌人会麻痹你，朋友更能麻痹你，不要感情用事，不要让感情影响你的理性，时刻保持你理性的判断。

——2016.06.29.00：40

你要有钱，而且要非常有钱，你要不断地去拥有财富、权力，因为，它们可以令你不受奴役。

——2016.06.29.08：32

马踏绿原，鸥游银海，"流浪到天边海角"……

——2016.06.30.19：28

资本，代表着一切的美好、光辉；资本的聚合，则充斥着无穷变幻的肮脏。

——2016.07.04.12：12

充满了妒忌、恐惧、焦虑、怨恨、烦恼、痛苦……这就是心灵的现状。（仅仅是静静地观察）

——2016.07.04.15：48

曾经，白天是诗，夜晚是星，时空不曾改变，改变的，是意志的本体，是作为表象的"自我"。

——2016.07.06.22：30

八成，无论是信仰、为人、处事，80% 左右是最适合、最理想的状态。而 100%、极致、完美的本身，只是一种不完美的、有缺憾的完美。80% 准则（为人、处事）。

——2016.07.07.20：44

假如，生命只剩下不多的岁月，生命会少很多争执、不怨，而有更多的感恩、珍惜。

——2016.07.08.17：29

曾经　生命是什么

白天是诗

夜晚是星

曾经　真爱是什么

从混沌初始

到时空尽头

曾经　死亡是什么

恒久的平静

悲伤的终结

——2016.07.08.22：09

既然同为人类，但却存在如此多类的生活方式；同为地球，地域却存在着种种的差异。那么，作为一个有思想、会思考的人，为什么要局限于一种形式？为何将自己局限于一种模式？思想的力量是无边的。

——2016.07.10.21：29

艺术，是情感的一种表达方式；数字，是理性的一种表达方式。

——2016.07.11.20：39

我喜欢女人，我不知道为什么；我喜欢到海边，我知道是因为你。

——2016.07.12.21：06

情感的表现，在艺术上会产生作品，在实际生活、人际关系中会导致失败。

在艺术作品中需要的是感情、激情，在经济社会中、在生存斗争中，需要的是数字和掠夺，你要生存下去，还要生存得更好，你需要钱、需要时间、需要自由。

——2016.07.13.10：36

未经思考而说出去的话，等于为自己的以后埋下炸药。

——2016.07.14.11：05

信仰，是建立于未知之上；哲学，作用在于开拓未知。

——2016.07.20.12：57

你的不满足，大多是欲望的不满足，无论是性欲，抑或是权力等。让你的理智引导你的生活，不受情绪所摆布。

——2016.07.23.17：09

爱，是没有束缚的，爱，是自由的。

——2016.08.02.16：50

只要装作若无其事就好了

——如何抑制内心的悲伤？

——2016.08.04.19：07

一会儿在天堂畅饮，一会儿在地狱饮泣。

——2016.08.12.23：14

杯子（玻璃，北京 M 记）；梳子（要有东西装）（洗衣机太脏）；头发刚搞，怕影响不好；不知道玻璃杯遇水会变滑。

1. 存在，是有因果关系的。

2. 每样存在的属性可能会有所不同，这需要知识、经验和灵活的大脑（敏感、思维、联系）。

3. 遇到首先是冷静，没有人生来就是十全十美。每个人，无论贫富，都需要依靠其个人少得可怜的经验去判断、选择。

4. 最重要的是知道自己内心的目标。

——2016.08.18.00：21

一分钟……30 年，余生。

是你的欲望影响着你的情绪，令你摇摆不定，知道自己的能力所及，控制住理性、控制住局面，日益精进，经济、金钱、财富。

如果，你可以改变你的文字，改变你的心态，改变你的思想，改变你的体质。那么，你应该有可能改变你的社会地位，你的财富、权力。

——2016.08.20.18：03

诗人的脆弱，诗人的固执，引领着革命……
我听到了，我该如何看到？
来自彼世最遥远、隐蔽的海妖，
正在吞噬着月光。
群体，等待着意识消亡的到来，
卑微的头脑，产生高贵的幸福。
诗人在屈服，诗人在饮泣，
天堂，浮现出地狱的呐喊；
孤狼，听见哀鸿遍野的色泽；
伤口，流干了喷涌的血液；
这里，是秃鹰的温柔乡；
春天来了，那只眼睛，变成了毒蘑菇。

——2016.08.24.00：18

有一天，我们会成为理想当中的样子。日积月累，不懈努力，终会有大作为。

——2016.08.28.00：34

真正的浪费，是你从未去做过内心一直想做的事、想去实现的梦想。有些感受、爱好不应该抛却，对于生命的体验、对于死亡的思考，对于信仰的追求。

除非、只要、只有……太多太多的绝对性词语，让人喘不过气来。世界很大，我们只是渺小的存在，我们只不过是过客，游弋在漂浮不定的现实里，于是内心显得彷徨、恐惧，又对诱惑毫无抵抗力。成年人的问题只有两点：对世道无常的深深恐惧，对各色诱惑的无法拒绝。

——2016.08.31.07：47

时间不断带走身边的一切，我们，人类，只是一瞬的存在。

……

我需要更加努力工作，回报这间公司，是（其）给了我机会，去证明自己、去实现自己的梦想。我应该慢慢去放下那狭隘的自我。

——2016.09.01.00：25

钱，可以改变一个人的认识、认知，金钱的魔力，让每个人散发出力量。努力工作一天，便得一夜安眠。世事诸多烦恼、郁结，只要不将其看成是困难，便如同流水浮云般飘离、流过。生命无法用痛苦来衡量，善于准确、快速地找出问题所在的人，有着无与伦比的目光。

金钱，能够为人们带来安稳，闷声去逐利、闷声去挣钱，去累积更多的金钱，让人生有更多的选择、自由。生存、生活，在这个现实的经济社会，是需要金钱的。去拥有更多金钱、土地、楼房，去拥有，你一定可以成功。

——2016.09.02.00：43

金钱，对我产生巨大的吸引力，现在，我的脑里只有金钱，因为，金钱能够令人产生自由的感觉，可以有任性的权利。金钱，让人变得有面子、有自信，由自卑、萎靡到自信、精神；金钱，让人摆脱更多的恐惧、伤害；金钱，让人处事更果敢，看问题越准确、透彻，令人的目光更长远、锐利，让人的胆量更足够，同时让人更谨小慎微、明察秋毫。

金钱，让人心中更平稳、遇事更冷静、待人更平和、为人更谦逊，让人整体上变得更成熟。金钱，可以令你完成你从未想象过的事情，可以实现你的梦想。

——2016.09.04.11：22

成为群体的一员是安全的，独立是孤独的，独自一人，面对世间的诸多琐屑，是完全无力的；独自一人面对整个命运，是悲壮的。

大脑需要在生活中汲取营养，思想的植株才能成长。创作、学习、爱、家庭、金钱……这些都带给你快乐。

——2016.09.04.15：29

你可以不单止成为 A，你还可以成为 B、成为 C……你有许多种可能。

如果你选择最漫长、最艰苦的道路，那么你就要做好准备，去脚踏实地地完成必需做的事情，将所有的事去完成得周全，对于远方，不再急切去到达，因为，身边，便是事实，眼之所及、身之所处，皆是世界的一部分。情感所体会到的，理性所洞察到的，皆可书写于纸上，以文字表达出另一种形态（如生活），便是艺术。

——2016.09.05.08：03

要想诚实地面对自已，其实很难。自我，存在于欲望与恐惧之间，只要力所能及的，你都应该尝试，没有什么事情是一步登天的，大都经历过努力、思考、身体力行、冷静、勤奋、刻苦……

你不需要再去证明自已，也不需要别人的认可来生活，你需要的是诚恳地面对自己的心灵，面对自我、面对死亡、面对一切无常、面对一切的命运。

你需要努力去积累更多的财富，去尝试、去完善自我、去创业、去征服。生存，是第一义务，不再让欲望及情绪冲昏头脑，而是用理智及坚持来引导自己走向成功。现在，开始一场金钱的战争。

——2016.09.06.08：08

如果你想做好事情，你的目标应该是事情本身，你会致力于将事情做好。如今，面对人生的难题、前方的挑战，内心已不再挣扎，目标是清晰的，因为自我价值在去北京、登上长城那一刻已经实现了。剩下的，就是照顾好自己的家人，这不但是此刻对死亡的思考，更是以往对死亡的思考而作出的承诺，这些都一一实现了：当初的想法、理想、思想、可行的计划……如果现在让我去死，我并不会咒怨世界，因为，我对这个世界已不再憎恨。

沉默，是良药。

————2016.09.07.08：11

钱、钱、钱，可以使你满足，使你满足到欲望。钱，使你实现你的目标、计划。在这个现代化的社会，金钱，成为衡量一个人优劣等级的标准。有钱，就是优秀的人上人；穷困，就会被人谩骂、被人欺辱。

丢弃那些不能让你得到更多金钱的行为、习惯、话语。为了得到金钱，不要受自己情绪的束缚，而是自由地完全将自己控制住。

————2016.09.08.08：10

你的内心本质上只爱你自己，你是个自私、自恋、自大的人，任何的改变都只会是对自我的欺骗。你做回自己吧，一个洞察一切、掌握一切的人。拥有金钱，让你的自信完全绽放出来，让你成就一些事、建立一些关系。

人类幻想出来的东西，使得人类生活在里面。

无需再证明什么，你只需去成为你自已：命运、死亡、金钱。

——2016.09.10.08：08

兜兜转转，你回到了为金钱、利益而日夜奋斗的起点。

每个人都相信这样人类幻想出来的东西

——金钱。

——2016.09.14.01：33

有勇气去面对，即使失败，也是一种成长。况且，当所有事情都完成时，成功便自然而然地到来。

——2016.09.14.08：06

如果你想成为B，首先你要成为A。在你成为A的过程中，你减弱了成为B的愿望。于是，你走上了A的生活，而B成为了一种艺术……

——2016.09.17.23：55

死亡，带给你一种沉思。由这个角度来看，并不是一件坏事，因为它造就了一个人内心的强大。

——2016.09.18.23：41

你要的只是崇拜，而不是爱。最重要的是你需要什么，你知道成功的方法，你知道如何一步一步来，你知道要到达远方，而需要准备的心态和汗水，你知道自己要忍受的孤独和屈辱、磨难……这一些你都知道。面对着死亡时，人是纯粹的，唯独死亡，能令沉醉的理性苏醒，给个体带来改变，迎接新的生活。重拾你的信仰……死亡的沉思。

——2016.09.24.22：13

不可以讲我有错，一点都不可以；你有一丝不满，我都要反抗；你话我半句，我都要抗争到底。

——2016.09.25.22：28

你已经不是小孩子，自己要懂得为生存去努力。可以不说话的时候，沉默是最高境界。你需要的是钱，有钱你就有机会生存。

像水一样，没有固定形状，被吸收了、蒸发了，仍然与世界融为一体。

写下去，这是你的一种幸福。你想到过种种限制，都无法使你内心的自由受限，最后却被内心的自由限制了你。

——2016.09.26.07：49

一个懦夫，只要有一次壮举，就会把自己想象成一个勇士。

清醒，只是因为将死亡无限地在精神上拉近了，拉近到甚至就是此时此刻、这一瞬间。活在这一瞬间，将终结拉至眼前，呈现的是终极的本我，对于自我本身，没有任何掩饰、没有任何装饰，充满着纯粹的、原始的、蓬勃的生命力。三年前那个沉溺于自我中的那个"我"，沉溺于理性、情感中的那个"我"，那个悲伤的"我"，那个被生活欺骗的"我"，已经品尝着欢乐……

——2016.09.30.00：50

生存下去，是每个基因体的首要任务，任何的偏离都会造成内部的冲突。

——2016.09.30.07：54

写作，表达内在的灵魂，之所以畏惧，是因为认识到自我灵魂的样子。神的无私、大爱，魔鬼的邪恶、黑暗，都全部包含在一个人的灵魂里。

书籍、思考，给了你机会，选择过不一样人生的机会。你一直在想着应该从事什么事业，其实，如果文字能给你带来幸福，那么，何不将其当作毕生的事业？金钱，对于每个人都是一样的，而表达内心的感受，是一种独特的享受。

通过艺术、文字等等表达情感或思维，凭着自我的经验及对生活、生存现状的了解，适当去调整自已。

——2016.10.01.11：04

男人到了一定的年龄，所思所想会逐渐全面，在利益、各种诱惑的使然下，会变得更聪明、更追求权力。暴力性（可能是装饰好的）、攻击性都会逐渐增强，雄性的本性表露无遗，这一切，都在一个男人有了钱之后，有了支配和控制的力量或者欲望之后。

——2016.10.02.10：02

当创作成为了一种独特的快乐，人生便会变得圆满，再大的苦难也无法将你扳倒。

有一天你会明白，社会的现状是由人们的需要造成的。不受欲望阻使，日夜地努力，为自己创造更多的机会，如果看得到机会，没有人会轻易放弃。

——2016.10.03.13：30

学会计算，对财富、对数字的计算，你可以成为富人。生存问题，在社会上主要指金钱……脱离了钱，一切都变得不切实际，就会导致愚蠢和失败。死亡，往往被人拉得太远，但其实，它并不很久远。每个人的时间都是有限的，于是才会显得如此宝贵，你要确保你每天都在做你所能做的最重要的事。

——2016.10.04.18：56

我现在需要钱，需要钱生存下去。我现在开始要 24 小时向着赚钱，开始自己的事业。我不需要再去和别人比高低，我也不需要再为自己的情绪所控制，我也不需要去欺骗自己。假如一个人的生命是宝贵的，你应该去做必要的事、重要的事。例如美食、饮料、衣服、房屋、文字……这些可以令你生存，这些可以令你生活。

——2016.10.05.13：00

你可以欺骗所有人，但是你应该要对自己坦白。狂热、兴奋并不会使你更加幸福，只有认清、观察到现象后，才有新的领悟。

——2016.10.11.00：53

对待别人可以谦卑，但对自己做的事情，对自己的事业应该要有信心，因为这个是你本人的事业。

——2016.10.11.12：39

死亡，存在于这一瞬间。

——2016.10.11.18：03

假如不是那次意外，可能我会失去股股的冲动，没有挣脱的力量。也是这股力量令我产生无比巨大、异于常人的痛苦、狂躁、抑郁……

曾经幻想着有一天在图书馆死去，死的时候，躺坐在书桌上，未读完的一堆书、没记完的笔记，因为专注度越高，代表着越幸福。

之所以在社会处处碰壁，是因为自己所处的职位及环境过于狭窄，以至感受不到存在感；而自己的眼光及视野，是尽头的尽头。而要将这眼光、视野放在现实中去得到财富，则脱离了现实。我是否应该走出去？

——2016.10.11.23：07

时时记住，死亡步步逼近。

——2016.10.14.20：09

能量的损耗，在于欲望过多。

——2016.10.15.11：18

拥有越多，越发不知道自己真正需要的是什么。有多少财富，便有多少的选择，选择去成为怎样的人。

自由，不是你可以心情满足自己的欲望，而是你可以有多大程度上能够控制住欲望。艺术品的诞生，不是为了实用的目的，而是对人类的思想、抽象的一种表达。

——2016.10.16.13：16

我想活下去，我会写下去，即使一无所有，我也会写下去。活着，只要我还生存着，我就会写下去。

——2016.10.16.15：01

想不到写什么时，就听听自己的感受。

——2016.10.28.22：54

想爆脑袋，也想不到什么可以有很多钱的方法或工作。但我相信，不久之后我会有办法，得到很多的钱。

——2016.10.29.00：40

激情，是对逃避痛苦的应急处理；安宁，才是真正的幸福，哪怕只有一刻！

——2016.12.03.00：19

事情的发生是在我的预料之外，但既是事实，太过动心于此亦是无补于事，每当烦恼侵蚀思维，抬起头，仰望深夜的星空，那里有深邃的恒静、广阔的包容；那里，可以囊括我的忧愁和悲伤。所有的事情，假如一切都只是忠于自己、忠于自己的感受，那么这便是自我实现的人。

写下去，可以带给人力量，灵魂则知道需要什么养分存活下去，尽力而为！！！我其实打算从 2017 年 1 月 1 日开始，强迫症地写下去。

——2016.12.30.00：45

今天下午开始便玩了很多节目，晚上抽奖，当想抽 2 千时，结果抽到五百，但是仍然是很开心地接受了，并感谢、感恩，相信一切皆有神、有天意。最后老细拿出 5 千来分，共 10 份，其中一个就是我拿了，所有共有 1 千元。

今晚在企 S 回来 DP 大道高架桥的位置，要往左车道转弯，可能压实线了，如果拍到要扣 2 分，罚 2 百。所以，开车尽量要慢、定、谨慎。

——2016.12.31.22：43

2017

　　无论学习、抄写，还是创作，写下去，这是我生命结束时的最后慰藉。再多飘忽、迷离的感受，都将在心底泛起几圈微波，仅此而已。不断去学习、心存感恩，一切的荣耀都归于神，人才能克服自身的缺陷，继续向前。因为，无论一个人怎样努力、成功，始终会被烦恼所包围。人，不是过于贪婪，便是过于执着。当无法前行，改变自己、换个形式，看到的将会是另一番天气。

——2017.01.01.08：22

　　世上的烦恼，为何如此令人无法捉摸？快乐或幸福，为何如此难以得到？做人，应该抱着怎样的心态？你自己究竟想怎么样？你需要什么？人性的方面，究竟如何处理？

——2017.01.02.13：36

　　想死，我现在很想死。我讲了多少谎言？我每天戴着面具多久了？我很烦，我要崩溃了，我很想现在就死去，死……死亡。

　　人，始终有一天是会死的，你那么赶干什么？

——2017.01.03.12：47

　　如果执笔让你变得执着，如果生存让你感到生气，如果包容让你负担包袱……

　　个人主义会导向悲观主义，世上并没有得救之道，并没有永久的有效方法。可以使一个人，脱离自我，或者，唯独死亡、发疯。在风浪迅猛的尖口上，是最危险的，是一定会下降的，是一定会变弱的。

……

你迫切需要一个赚钱的机会，去成长、去积累财富。人与人之间，是不可能完全透明，因此需要信仰，需要相信好与坏是一起的，相信万事皆可变好和变坏，应该抱有一颗平常心。

……

勤快一点，不断学习、进步；胆子大一点，摔跤了，继续爬起，向前、向前，人生的意义，全都在路上……

——2017.02.06.01：42

今天心情为何这么沉重？烦恼，想逃避哪种孤独。死亡，迎接新生；信神，可得安宁。现在是生命当中最值得思考的时刻，现在就是，因为它充斥着生活琐事，与思维的斗争。身体需要什么，这个是本能，但是最终的目的，却是任何人均无法回答的问题，你是想继续躲避思考，还是清楚自己的目标而前进？

——2017.04.09.20：17

在人的潜意识中，人的本能是恐惧的、孤独的，因此人们需要亲人、朋友，去逃避这种孤独、恐惧，其中掺杂着一些欢喜、愉悦，使彼此的感情、关系更连结。

——2017.04.11.06：55

昏黄的光线，适合于灵感的产生。

——2017.04.11.12：40

如果有一天，我不得不死，我希望我的文字可以留下，这是我精神的体现，这是我的理性及情感的交融。

——2017.04.11.18：21

尘世之中，摸索翻滚，在得到自我，到舍离自我，在恐惧、焦虑中挣扎……

最重要的，是知道你自己想要什么。

——2017.04.13.00：36

漫无目的，无明，眼模糊、看不清，烦恼、压抑，实际和钱无关的事，便是和情感有关。

——2017.04.20.12：32

烦恼，想死，这应该是很多次了，这种情况，你是一个怎样的人，你需要面对怎样的难题。放松点，你为何而活？没有一劳永逸，你必须不停地思考，不停地做出改变，这才是正确的道路，而不是急着去死，而不是盲目比较、焦虑、攀比、嫉妒、消极、暴力……

接受本来的自己。

——2017.05.21.23：31（于凤凰古城）

很多问题是要去面对的，而不是习惯地去逃避。去思索、去经历，才不会在未来的某个时刻感到虚度光阴，才不会悔恨不断。事物的变幻，很难真正断定其好与坏，不过，不做规划，你的生活只会向无序的方向发展。

——2017.05.27.07：59

理性，一定是对的吗？孤独，才是理性的原型？阴阳，是终极的意义？抑或是冰冷的金钱和数字？

——2017.05.30.00：46

我，这一个怎样的我。我，能够做什么？我，能够期望什么？我，还有什么心愿未完成？我，还有多少热情？我，能否面对明天的失败？我，能否迎接最后的胜利？我，这是一个怎样的我？

——2017.06.02.00：59

喜、怒、哀、乐，只是你的感觉。有舍得，才会有开始，肯放下，才能走得远。只有神是智慧的，只需要去相信……

——2017.06.02.08：07

一心岂能两用？得到一点东西，注定要失去一点东西，这样才是平衡。

——2017.06.03.01：23

着急，意味着匆忙，生命便在急忙中掠过；过于缓慢，意味着放过机会，生命便在无尽的悔恨中结束……

因此，善于生活，是一种学问。

——2017.06.04.12：27

生活，常常失败于平淡。珍惜平淡，才能走得长远，不要患得患失，没有什么比得上王者的心。

——2017.06.06.23：36

每个人的命运、境况，决定他的行为、思想，所有他的一切。清醒的头脑都达不到的目标，凭借冲动的激情更是难上加难。因此，用理性牵住激情或情感这头猛兽。

——2017.06.07.22：38

要达到理想的效果，需要不断地调试，不断从不完美中，不断调试到完美。

——2017.06.12.22：07

感情是软弱的，但人类因为这种软弱而变得伟大。但是，伟大的事业却要不得不压抑住这些感情，始终有信仰地活着。

——2017.06.15.07：59

今天下午GYFY学习和品尝了咖啡，关于拉花咖啡，其实只要有机器，入门并不是很困难，但要拉得好，则需要经验和时间。

从下午6点左右开始，到晚上将近12点回家之前，喝了卡布奇诺（拉花）、虹吸法单品咖啡、冰咖啡，前前后后喝了有10杯左右的咖啡，还认识了2位热爱咖啡的朋友，感觉这次收获不错。和不同的人聊天，在一个比较开放的空间，真的很让人愉悦。感恩，还活着。

——2017.06.16.00：44

个体的生命其实很短暂，来不及实现价值，来不及爱，人便成为回忆。还好，艺术让人学会忘却、沉醉。

——2017.07.30.09：07

坐在房间看书，一只老鼠跑到门口，我受到惊吓、大叫一场"噢"，老鼠也受到惊吓，跳起半米高，从我前面飞过……强大的跳跃力。

——2017.08.02.23：40

看两个小时的手机，和看两个小时的书本，后者带来的审慎、理智更多，而手机纷乱复杂的网络资讯，只会使你茫然、糊涂。原因是逻辑性的东西培养专注力，而毫无逻辑则会引起人的理性崩溃。

假如思维涣散，又何谈实施你的计划？假如理性和审慎不够，又何谈有成功的把握？毫无疑问，我们并不是智慧的，我们作为人，其实是极其脆弱的个体。信神，并不是信某个教、信某种仪式，只是在内心有所敬畏、有所盼望，生命不再漫无目的、不再十万火急、不再十面埋伏、不再四面楚歌、不再血流成河、不再哀鸿遍野、不再折磨自己……而是整体、有序、光明、处变不惊、奇迹！！

——2017.08.04.08：02

多去写，不停地抄写，再加上自己创作，在你幸福的事情上，光阴是最值的。

——2017.08.08.19：38

珍惜每一日健康、平安的日子。感恩！凡事做好准备。你不知道生命的尽头几时会来。

——2017.08.25.03：35

人的命运就像一簇野草，大时代的横风划过，便在风中摇曳。

——2017.08.27.08：37

　　人类并不是智慧的，智慧本身是极具本原性的，人类是凭借智慧的启发，去成功完成一个个创举的。

　　……

　　超过正常需求的淫欲，徒增的痛苦，到最后比快乐更多。

　　……

　　不断地学习、尝试。经验，是在实践中来的，学识，是在不停学习中来的。

——2017.08.27.11：42

　　成功，需要很多因素共同效力。有他人的帮助、能力，也需要时间的酝酿。

　　信仰，使人慢慢聚起全部因素，走向成功。

——2017.08.29

　　感恩、相信，神才是智慧的。

——2017.09.04

　　昨晚 2017.09.11.20：00-24：00（在咖啡店）第一天做兼职，体会到做好一个服务员的几点要求：勤劳、记忆力、协调能力、服务态度、意识。10 元 /h×4h=40 元。

贫富差距并不是单个原因造成的，社会分工的不平衡、社会分配的不平均、资源的垄断、资本自身的增值……都会决定物质基础。

——2017.09.12

认识到不足，才会变得深思熟虑。

——2017.09.17.23：30

无论是快乐或悲伤等，都需要在内心酝酿，不可表现出来，如果你希望开心一直持续、悲伤不再增加。

——2017.10.26

整合你的资源，看护好自己的健康。灵魂上，你会因人生的意义而绝望；肉体上，不要因身体的健康而痛苦。时时保护好自己、自我，假如书写能让你的灵魂和自我靠近，那就好好把握机会。不要想着自己还有很多时间，除去琐碎的事情，生活中真正留给你自我的时间并不多，可以说很少。多学、多做、多写，你的能力是从勤苦中来的，看是勤苦，其实是一大享受，保持心清气爽，所有的事物都有正反两面。时间会证明所有东西，包括脑里面的、客观环境的。

——2017.10.31.08：07

激情，来得快，去得也快，唯有理性长存。人类和动物的相同之处是激情，受自身的自然属性、本能行事，但人类更优胜的地方是理性，被激情所牵引的事，到最终都走向失败。凡事节制，不但是金钱，还有欲望，让一切走向平衡、保持中庸。

——2017.11.10.01：48

看到 5 年前的群邮件，产生了一些新的想法：假如回到那时，会怎么做呢？有些路也许就不那么走了，有些人也将不会那样对待了。假如清楚知道这 5 年的信息，那些跌宕起伏的心情也不怎么出现了，一个人便能清楚、清晰地做自己，做自己的事、默默走着自己的路，完全控制着自己，而又感觉自由。

——2017.11.13

做了一个梦，梦里的自己在做梦，梦见自己在怀疑，怀疑这个梦是否真实，真实是什么？

——2017.11.19.21：23

急事慢做，越是紧急、越是有挑战性的工作（事情），越要谨慎、从容不迫，这样才能防止有大的失误。

——2017.11.21

生命很快结束，但是，文字能够延续你的生命。

朝着胜利之路，前进，就像是写一本书一样，一直写到生命的终点，终有一天，会让历史记住你，这是多么美好的事情。

——2017.11.27

遇事冷静，不要让你的情绪泛滥。要用你的理性主导你的生活，不要再尝试乞讨或幻想。要从你的理性出发，从你的经验出发，接受这个时间、这个空间，接受这个你、这个独一无二的你，同时又软弱、脆弱的你，必须时刻牢记人性的脆弱。你的大脑和身体同样是脆弱的，唯一能让你成为最好的自己的，就是在每个时刻你都专注于做好自己。

回忆往事徒劳，忧心远虑无益。唯有这一刻、唯有现在，是你可以完全把握的。

——2017.12.02.23：18

食饭的时候，不小心夹到不好食的东西，扔掉便是。

——2017.12.18

做人不一定要做到要别人喜欢你，但最起码做到不要让别人讨厌你，而最令人恶心讨厌的就是你的嘴多话多，你的废话不如不要讲，你的臭嘴不如闭上，让空气安静一点。

——2017.12.31.17：25

2018

用心工作，做好本职工作，让你的收入大于你的支出，省下一分，就是一分，努力工作。

——2018.01.01.22：00

学习实事求是，而不是被自己胡乱产生的想象或情绪控制。情绪，应该受理性去控制。

——2018.01.15.19：47

多玩手机也是有害的，沉迷于无聊八卦之中，而影响了认真思考和学习的机会。

握住你的笔认真书写，握住你的笔去创作、创造更美好的生活。照顾、锻炼好自己的身体，它只有一副，而且很脆弱。

——2018.01.25.23：48

假如你是充分发挥你的天赋，贯注于自己的工作，那么生活当中便会减少很多的冲突，心态也会减少很多的起伏。遵循自然的法则，什么该做，什么时候该做什么，都会显现出来。

——2018.02.03.10：47

觅望山川之境

静悟自然之道

迷恋仙雾之幻

——2018.2.18.17：42（庐山）

信仰，是前进的动力。没有信仰，理性便无法发挥作用，人就会感觉失败、并走向失败。只有拥抱信仰，人才真正开始走向成功。

——2018.05.10.23：53

每次都去做好手头上的事，其实就是向着自己的目标前进，就是成就大业的基础。死亡，或远或近，重要的是明白做人的道理。

——2018.5.12.01：06

有时候，决心、勇气、坚持都需要最基本的东西，这种能够让人奋发进取、产生积极向上能量情感的东西，就是信仰。

幸福，你觉得什么是幸福？你对幸福的看法将直接影响你对人生的规划。

——2018.05.12.19：16

多与文字打交道，尽量避免视频的干扰。让文字融入思想，让思想充满文字。在文字中探寻、在文字中生存、在文字中消亡，唯有文字，可得静谧。阅卷执笔书花叶，坐观云淡水清。

——2018.5.18.23：49

你的生命、时光，你的亲人、朋友会遗忘你，对你的一切记录都会逐渐消失得无影无踪；只有你的文字，可长久留存。

——2018.05.19.11：55

早起，不是因为其他，只是能够提高你一天的工作效率，只是能够让你更懂得生活，只是能够提升你各方面的能力。对于一些求质的工作，如调试机器、书写文章等，可参考过往经验，先把大致的模样做出来，然后进行逐渐地完善修改、不断细致去调试、直至达到完美。

——2018.5.20.00：22

学习，是世上最省钱的度假方式，也是世上最赚钱的手段之一。多学习，不停地学习，将拥抱越来越美好的将来。

再也不要与你的笔分离了，拥抱你的文字，拥抱你的艺术，在漆黑静寂之夜，在黎明破晓之时，在白日忙碌之中，拥抱你的生活，拥抱你的梦想，好好享受健康，好好享受人生。

——2018.05.21.00：50

假如没有视频，只是不停地写和总结，一定可以把任务拿下。放弃娱乐、放弃一切与之无关的活动内容，去变得专业，同时相信信仰的力量。

——2018.05.22.07：54

一个人时对着镜子，有人在时戴上面具。

——2018.05.27.01：49

努力有两种： 一种是努力，一种是上瘾。只有文字，才能让人永保活力、头脑清醒，预防自我跌入各式各样诱惑的陷阱。

——2018.06.07.23：56

忧愁 就像夏季的雨 总让人感觉绵绵不止 不知是雨带来了忧愁 还是忧愁带来了雨

——2018.6.8.12：59

我登上了70年代的楼房，望着红彤彤的夕阳，望着洒满红光的村庄，无名产生了一股忧伤……在20多年前。

——2018.06.13.20：14

人生的结果都是一样的，难得的是享受过程。

——2018.06.15

　　其实，生活的修行，便是坚忍住，慢慢一点一点地去落实，最终完成那看似不可能完成的壮举。可生活这个过程，误导迷惑了多少鲜活的生命啊！

　　不管表面上说得多么好听，到最后，终究会为了金钱不择手段。不要把自己看得太高，要学会适当地将自己放低才能看得清。风景，站高处；人际，放低位。

　　要学会刚柔并济，人生才会有乐趣。有棱有角总会摔跟头，止步不前、自封后路，从而原地踏步。平心静气，信念笃定，步步为营，总能走得更远，最终一步一步地到达理想的彼岸。

——2018.06.16

　　在燃烧中升华，在消化中新生。

——2018.06.21

　　无棱无角，才能在客观事物上不受个人弱点的限制，才能走得更远。

——2018.06.25

　　养成凡事上报、及时上报的习惯。你不知道怎么做，就上报。

——2018.06.26

心态上可以乐观平和，但头脑行动一定要谨小慎微、如履薄冰。

作为一个人去存在，只会让作为一个人的弱点全然暴露，首先有信仰，才有理性。信仰又不同于情感，让信仰指导理性、情感去生活。

———2018.06.26

智商通常失灵，一切全靠信仰。

———2018.06.28

我想找到绝美的诗句来形容你，又怕找到绝美的诗句来形容你。想，是因为你值得；怕，是因为那不是我写的。如同我想你得到幸福，又怕你真的得到幸福，谁能解救我的困苦。

———2018.07.02.21：42

世界从不缺爱的替代品，而爱本身，我至今仍未懂。

———2018.07.03.22：00

早上起床后的平静，杯子热水升起的缕缕蒸气，每天对健康生活的努力。

———2018.07.05

风，拂拭了你的禅意；蜂，疏漏了你的生机。

——2018.07.06.07：19

天空刚下完一场雨，窗外的一棵大王椰子树上，有只鸟在大声狂叫，我没有关上窗，因为隔绝烦乱噪音的同时，也隔绝了清新的空气。窗外就像是心外……

——2018.07.07

通过徒步3个小时（从12点到下午3点），令我想清楚了很多东西。包括自己工作、赚钱的努力方向，包括自己家庭的一些想法。

——2018.07.08.15：14

要举起生活的头重脚轻，旁观者看到的是文艺，体验者读到的是恐惧。

——2018.07.13.23：30

人真正自律的时候其实很少，大多数时候都倾向于自我放逐、沉沦，要么是恐惧、要么是欲望，人心如此脆弱，极其容易受人摆布，这就是人性、人生。守住笨拙，才能有成大事的机会；灵敏、快活的是短暂目前，逃脱的却是成长的机会，道理很简单，但做到的人很少，这就是一个问题。

——2018.07.14.17：14

如果这个世界所有的理想都能实现，湮灭便是终结，正是不完美成就了生活。

——2018.07.16.00：04

时间逐渐让人清晰，人的迷茫逐渐清晰。

——2018.07.25.18：30

种种迹象都暗示着：人类是非常容易上当受骗。其中最主要的是受时间所骗，它无声无息，从不留下任何线索和痕迹，却能摧毁一切事物，但其最为沉静的性格却能完全迷惑住你，使你感觉一切风平浪静。

要改变，要革命，就要时刻警惕时间的存在，不要只依靠时钟、手机等物件来标志它，而是要真正去拥有它，而不被它所欺骗。而最重要也是最难的做法便是，依靠信仰活着，时刻审视时间。

——2018.08.02

沉思，才是生活的真谛。

——2018.08.02.21：42

理想，总是让人感觉美满；而现实，总是让人无可奈何，只能够默默屈服。生活的所有苦水，只有真正来自于自己的生活，诗才会有感情、力量，让人细细品尝回味。东拼西凑起来的东西，像是机器组装，显得生硬、索然无味。

——2018.08.04.22：57

不知道从什么时候起，晚睡成了常态，也只有深夜里，思绪才能相对放平，有平静下来的机会。这种状况该结束了。

——2018.08.08.01：38

今晚回来的时候想了很多，只有信仰的力量，才能让人内心平静，并充满信心，感恩地活着。

——2018.08.12

无论有多舍不得，结果都是要放下，只是你欲求太多而已。人生最终一无所有，有什么好苦恼的，当你欲望消失的那一刻，无尽的空虚同样侵袭全身。

——2018.08.23.21：46

你肯定是做不到好的，首次的话，这就需要你不断地去尝试。

——2018.08.24.17：50

做人，如果像水一样，保持水的谦卑、低调、流动性，就没有什么东西能够挫败这样的存在。

——2018.08.28.00：10

行云流水，字的书写，要充分运用手臂和肩膀来摆，要慢，同时不要在乎字会写大，放松地书写，就像手臂在水中穿梭。

——2018.08.29

九月的第一个早晨，和你在曼谷吃早餐，有一瞬间望着你的脸，却忘了你是谁。

——2018.09.01.09：30

相信你的人生自有好的安排，不要陷于盲目的攀比。感恩现在所拥有的一切，去努力，去一步一步让自己变得更好、更健康、更幸福、更富有。

——2018.09.01.13：49

先讲对泰国比较满意的地方：泰语流行歌好听，芒果、榴莲新鲜好吃，牛奶好喝……饮料都好喝。

——2018.09.02

如果，真正无忧无虑，你会努力工作吗？

——2018.09.08

下午5点多，听完课，吃过饭后，乘大巴回到酒店，傍晚滴滴过来野狸岛，映入眼帘的是两个白色的大贝壳，原来是珠海的歌剧院。现在正坐在海边吹风，等着再晚一点，大贝壳的灯会亮起来。

野狸岛大贝壳歌剧院这边有家大商场，里面有一家书笙新华书店，模式和广州1200书店类似，设置有咖啡销售等。好了，开始享受读书之旅。

——2018.09.11

保持思考，思考是工作，思考是生活。

——2018.09.15

写下去吧，什么都不用想。一个连洗个碗都要想着怎么洗的人，注定会活得很累。

——2018.09.17.23：25

参与团体活动，享受参与的过程，参与过后才会有经验，知道一些捷径，总结出背后的经验和道理，因此，重要的是真正参与了进去。

——2018.09.22.18：12

专注于当下做的一件事，可以发挥出潜能。

——2018.09.26.19：16

对于某些书籍，可能只是工具书，而我们或许一辈子也用不到。那么，应该抱着怎样的态度去对待？面对自己完全陌生的知识、领域，应该抱何种的心态、行动？你应该抱住怎样的角色、态度去讲话？你对自己的前景、看法是什么？你的价值观、你对未来自己能达到的高度、位置？

今天学到的东西、知识只有两种形式，不是直观的就是逻辑的。有时候只能拼命去学习，时刻保持学习的态度和状态，才能立于不败之地。

学习，可能会被利用；不学习，会被玩弄。

——2018.10.09.18：38

清晨户外的雨声，忘记自己的身份，滴醒梦中人，它的分量是有限的，不够你静谧欣赏，如同人的理性是有限的。

——2018.10.10.08：00

"努力"不应该称"努力"，而是一种增强生命力的乐趣，保持论证、保持深入思考、保持学习，不要为自己的地位低下而感伤，最应该担心的是能力不足而位尊居高，到最后只会被人耻笑、被历史淘汰。

——2018.10.10.11：26

很多时候，并不是不清楚重要的事是什么，只是不满足，是欲望的不满足。

——2018.10.11.23：11

意志和决心起的作用相对较小。如同你开车在路上，导航显示了路况拥堵情况，剩余的路程公里数以及最重要的需要用时长，起码在这条路上，无论你的意志和决心如何坚强，你最终到达目的地的时间和正常平稳行驶的时间相差无几。相反，这种急躁、争分夺秒的驾驶心态，最终省的那点时间，是远不及对身心情绪受伤的补偿。每一次暴怒及惊恐都是对身心的摧残，每一次情绪的起伏，都不可避免地会对人的健康造成破坏。因此，该抱什么样的心态去工作、去生活、去存在，这要向历史、向文化里去寻找智慧。

世间诱惑很多，能识别的头脑很少，而每个人又不得不从一个陷阱掉入另一个陷阱。

——2018.10.13.10：50

问题的关键，是没有认清形势，每天过的都是浮躁急促的日子，以至于最初的想法都逐渐模糊、麻木。

——2018.10.14.08：35

可以健康地生活、书写下去，是最幸福的事。

时机，时机，一切都要看时间。

——2018.10.16

淋着细雨，终于走回来了宿舍，见到人不敢打招呼，为何如此？是信仰不够。

信仰，就像雨露亲近大地，自然弥漫芬芳。

——2018.10.17.13：11

现在，只希望每天身体健康，有三餐温饱。理想，不再意味着重估一切价值；理想，不再代表着反抗。理想，应该是对现实的一种平衡，一种平和、平静的心态，一种对于是是非非相对保持一定距离的姿态，一种回归到生活本身的方法，回归到一日三餐，回归到自身感受当中去的理念。

生命，应该是生命，保持天然的动，守住自然的静。

——2018.10.24.23：00

事实是什么，逃不过所有人的眼睛，有时候需要一份坦然，需要一种信仰。

——2018.10.25.07：55

每天，都在等待、期待中消耗时间，要好好地把握住整个的生命，在平静的忍耐中，在冲动和诱惑面前，仍然坚持自己的理想，使生命的力量释放出来。

——2018.10.26.00：34

唯有在文字中，才能得到救赎，对于没有一个好的出身来说，吸收经典，才能创造经典。人性的弱点，让人类得以延续不绝，因此不必否定自己，坦然地接受自己的优点、弱点，凡事保持一种平稳、镇定。

——2018.10.26.08：49

如果不加强学习，头脑就会呆滞，虽然自我感觉良好，享受着美好生活的平静，但无形中却衰退了自己的生存能力。学习的最大成果是理性，而学习的最大动力却是情感。

可以说，理性越深入，情感越强烈，但情感的丰富不一定体现理性的深度。

——2018.10.28.11：30

要写出文章有感觉，需要有情歌来翻译，如果用风景来写，比较难。多选择一点歌词比较好的，会使得意境呈现得突出。

——2018.10.30

安静、干净，好久没回母校，今天终于带着任务的身份回来，你的样貌还是没有改变。假如让我重新回到当初，我会认真写作业吗？有时候，你不必太在乎自己的拙劣表达，因为，重要的是前行。

——2018.11.02.18：30

洗澡保持洁净，洗去身体及心灵的尘污。有的东西，可以擦掉；有些东西，却难以抹掉。而唯一能做的，便是静谧、便是顺其自然，用时间充分发挥自己的天赋。

——2018.11.7.23：53

工作、学习，这些是形式，重要的是深入到价值观和信仰的整体的生命的活动。大道至简，踏实而真实的生活总是简单纯粹的，经常起起伏伏的心境，对生命是无益的。

——2018.11.09.08：06

自己的书不读，别人的书却读得津津有味，这是一种怪病。

——2018.11.09.20：39

得到第一手的原材料之后，再进行二次加工，这样才不会失去工作基础。理论要人信服，必须有实践的基础。

——2018.11.14.10：28

不用管其他，想到什么就写什么，这样可以快速拉近自我与世界的距离，清楚地知道形势，知道现状和现实。想到什么就写什么，格式、角度、修辞都不重要，只要有了存在，其他只需要变化就可以实现。

金钱只是身外之物，要去拥有，为的是让自己能够得到自由，而一个人，最自由的时候，便是他做着自己最擅长的事情的时候。不要再去拿着自已的弱点和别人比较了，重要的是一直从事着自已擅长的事情。

学会放下，有些悲痛、有些伤，是为了去雕塑你的灵魂、品性，而不是为了毁灭你。

——2018.11.18

要去做好自已的工作，靠的是不断地积累。

无论你是为别人写，还是为自已，对客观事物的认识是不可缺少的。要深入地认识周边的客观事物，你就要不断地积累知识素材，知识经验越丰富，越容易平直朴实地写文字。

如果你擅长的是从文字中找线索，从文字中去统领，那么就充分发挥这个优势，而不要用你大脑这个弱点，毕竟工作是工作，而不是比赛，不要逼迫自已，而是要接受，学会去接受世界、接受自已。

——2018.11.25

去看书、去书写、去写作，去亲近自然、亲近生命，感受它的恒远与短逝，好好感悟，余下生命的每一刻。

——2018.11.26.08：00

只有闲暇，才能超脱，生活中必要的闲暇，是思想升华的空气。

——2018.12.07.07：38

真正会弹琴的人，就算随便弹，都会弹得很好听，因为指法已经熟练。

书写也一样，只有写下去，便会自然有一种逻辑性，提升头脑的整体水平。

——2018.12.11

要有总结精神，我们如今大力提倡创新精神，但是，最能让人立足的并不是这个。现代人最缺少的不是创新，而是总结。只有在不断总结的过程当中，才会有灵感和创新的星光。

选择了一个行业，就要认真踏实去工作，去钻研。要有敬业精神。

——2018.12.19

要用清醒的努力，去接近幸运。

有时候，所谓的优点，往往是最大的弱点。

——2018.12.20

身体才是根本，这两晚连续被蚊子叮咬醒，肠胃相对紊乱，导致精神状态差，加上工作又比较繁重，要好好保重自己。

——2018.12.27

2019

一直写下去，能否成为一种状态？这个问题我已经问过自己很多次，只有在不断地书写当中，个人的目标、个人的价值才能呈现出来，而个人最大的能量才能发挥出来，个人最好的表现、抓住机会的最大可能，以及创造力、生命力才能达到一个新的水平和高度。

——2019.01.09.12：46

先不停地去做好准备，对于重要的事情，人生中的美好愿望、理想等，唯有以实际的行动，才能一步一步前进。

——2019.01.10

如实地写出文字，只是一种说明材料。要将文字说明提炼出来，加上人文与情感的色彩，才有温度，有艺术性，有人情味。

——2019.01.12.23：16

所谓的"智慧"，是在不断地专注学习、获取经验中随之而来的；所谓的"不败"，是在经历不计其数的失败中虚拟产生的错觉。

——2019.1.25.23：50

应该如何去进步？如何去活出自我？不断去总结、调研、记录，才会增长才干。

——2019.1.28.23：34

前夜所作一梦

勇者冒险试水

熊猫登高望云

企鹅飞越山溪

——209.2.2.04：32

赣州天空的云淡风轻、俊少一家的款款热情、午后憩息的黄毛猫咪。

——2019.02.07.16：03

百里时速于山林里穿梭

夕阳光影在树丛中交错

傍晚山间邂逅云雾烟雨

一日之内领会昼暖夜寒

——2019.02.08.01：34

在七宝老街对面有个大的商业中心，里面 4 楼有个南京大排档，品尝了一种"美龄粥"，甜的，很好喝。

——2019.02.09.17：39

徒步登上了黄山的白鹅岭、白鹅山庄，拍了一些照片，漫山都是冰雪，树上全是结了一层厚厚的冰，晚上吃了杯面后驱车去婺源篁岭，吃了客栈老板娘的炒饭、饺子，10元/份。

——2019.02.11

生活或学习，最好的状态其实是平常，不紧不急，按照自身的步伐去多写眼前的一点，去多走眼前的一步。哪怕不能看尽风景，也是一种平凡的美丽。

——2019.02.12.13：55

独自在家度过周末，其实是一件充满力量的事，浪费时间看电视、浪费时间听音乐、浪费时间煮饭、浪费时间睡觉，都是非常奢侈的事情。

——2019.02.17.17：07（周日）

时间不是一分一秒过去的，而是一个月一个月、甚至一年一年过去的，如果不去抓住，那么它便会化为虚无，而如果抓住了，也便抓住了短暂的闪耀。

眼睛看不到的地方，就是信仰。一颗果实，从经历酸涩、到甜美、到腐烂，是自然的过程，也是跟随时间而变化的过程……如果没人看，你还是回归自己更好。

——2019.02.23.11：01

午睡放着音乐，容易做梦，但一个小时左右的午睡可以令人精神清醒，梦里在想着的一句话是：国家的方向、城市的发展。

梦见了好多比较美的景色，有湖里的灯，宁静、天空蓝白，建筑群古典木质的杭州西湖，还有厦门的地图，感觉像是开车去旅行。

——2019.02.24.16：41

你真正动脑去做的事、努力工作，才是在以后能帮助到你的积累。

人们期望有一个权威可以告诉自己应该如何做，以便于在失败的时候有一个可以抵赖的对象。

——2019.03.07

犯的错误可以让你加深认识，增长才干。错误，是因为有自己看不到的地方、有认识的盲点，而盲点是可以通过学习和经历去扫除的，错误的作用可以加深你的认识。

——2019.03.08

自然规律是最根本的规律，谁也无法阻挡。尽自己最大的努力，去尝试，去把想法变成事实，到最后，所有的成功都不是偶然的、机会的，而是像地球转动、太阳发光一样的自然定律。

——2019.03.10

进行身体锻炼，尤其是运用器材，宁愿轻不要假，实实在在地刺激到肌肉才是最好的。这又可以引申到学习、工作和生活的层面，在学习上，任何的投机取巧，到最后自己都是吃亏的，只有扎扎实实、稳扎稳打才能走得越来越稳，要"守拙""慎独"，保持宽广包容的学习态度，时时警惕独自的时候。

要去学习。一定要时常保持学习，而不是放弃生命。没错，放弃学习，就等于放弃生命。

——2019.03.13.20：19

要保持思考，才会发现自身存在的问题。

——2019.03.14

一直写下去其实也是不错的，还记得当时连续写了十多二十个小时，写完了一本笔记本，把所有能想到的都写了，那是一种超越自我的过程。

——2019.03.17

思绪和欲望太多，这又想要，那又想要，注定会失败。和自己打个赌，以一年为期，按照自己最理想的状态来生活……就以一年为期。

——2019.03.21

生命有一天会逝去，逐渐逝去，一切的一切都将化为寂静，爆发只是其中短暂而又短暂的片段。在这短暂之中，只有屈指可数的光阴实现目标。

在静中努力，随时注视建设，在静中创造，书写人生字句。生病不全是坏事，可以让你内心平静，消解杂念，分清什么是人生的相对重要方面，然后朝着目标去追寻。

我不知道，假如将所有的精力和时间，都向往着内心所向往的东西，会产生什么效果。实现自我价值的路是孤独的，内心也是孤独的，但这是一个必经的过程，唯如此才能向着理想不断迸发。

——2019.03.27.15：22

人最重要的，是知道自己根本上，最重要的是需要什么，不能让"想要"，占据了你的"需要"，因此，把握住自己的需要，去守护对自我的承诺。多思考，自己最根本的需要是什么。

——2019.03.31.03：02

不要在晚上熬夜。用睡眠的牺牲来进步是不道德的，这种进步也是畸形的，要得到长足的发展，最重要的是持之以恒，不是短暂的爆发。

——2019.03.31.16：38

沉得住气，做到谨慎，就能做到很多自己想做的事。你是什么人，最重要的是看你做了什么事，只有你存活着的每一瞬间的时间，才是真正属于你的，要把握好自己的时间，去留下自己的足迹，在这个世界上存在的痕迹。

——2019.04.03.15：36

所思、所想都会成为人生的一部分，因为思想是有延续性的，某一时刻、时期所做出的行为，或取得的成就，都是思考酝酿已久，是在此时间之前的某个时间已经开始的思想。因此，要培养自己思想的习惯，去练习的习惯，思考要全面、并尽量长远，对于重要的事重复练习（在脑中）。

——2019.04.08

如电流是一种物质，引发思考：那么意识是一种物质吗？

——2019.4.9.07：43

哪怕是扫地，每一次扫地的感受是不同的，所想的东西也不一样，身体状况也不一样，都可以成为你书写的灵感和素材，你只要如实地表达出来。记下你的所看、所思、所总结，即是写下你的人生、你的传记。我相信，拥抱你所热爱的，有一天终究会发光，这是结果。而过程，也是充满愉悦的，因为这是最踏实的人生活法。

——2019.04.10

电视剧、电影、音乐等娱乐节目，都非常容易令人上瘾，让人的大脑不停回味，回想起剧情、旋律营造的美好氛围，一个刺激完了，马上就会开始另一个刺激，大脑不停处于被动吸收信息的阶段，其实是一段美好的时光，缓慢而安静。

而旅游，又是另一种生活，要不停地思考衣食住行，身体在陌生的地方，大脑不得不去主动地获取信息，从而可以见识到更多新的知识。

照顾好自己的身体，其他所有的事情都是可以协调的，有一幅强健的身体，其他所拥有的东西才有意义。

——2019.4.20.19：46

健康生活的每一天，其实都已赚到，都是无比幸运的奇迹。

——2019.4.24.20：28

今晚青年演讲比赛，W老师忘了词，开始说得是很好的，但后来便因为忘记词句而停顿了很多次。因此，只有真正是自己所思考的，才会完美地表现出来，而这些，需要的是持续的积累。

——2019.04.29.20：52

　　生活，本身就是最好的书写对象。忽略了生活，无异于忽略了人生。对于一个思想者，应当把生活重视起来。一个思想者，同时也应该是一个敏锐的观察者，观察生活中的细节，书写目光所到之处。

——2019.4.29.23：29

　　对于个人来讲，真正重要的是，精神、灵魂等内在的东西，个人的学识、经验得到充分的发挥，这不仅是对于其个人本身，也是对其所在的整个团队、集体有贡献的事。因此，最重要的是实现你的才华、价值。

——2019.5.2.10：14

　　梦里，也能作出分析，根据已有的经验去分析自我所存在的位置。

　　人在梦境中，有时会感觉到辛苦，从而想去逃离梦境、回到现实。但有个问题是，人在现实当中的痛苦，该如何去逃离？我们所看到和存在的现实，是否也只是一个较长的梦境？这类问题令我想起了"缸中之脑"和"黑客帝国"。

　　意识、梦境等，是很神奇的存在，因为其具备创造力，有关联或完全没有关联，有记忆或完全陌生的东西或事情，可以很理所当然地出现，而被人所感知得到。而物质，本身在宇宙自然中便被不断地创造出来，人类也创造了很多物质。那么，是先有意识还是先有物质呢？在解决这个问题前，不如先了解，意识的创造，是必然的还是偶然的？物质呢？

——2019.05.02.18：07

敏锐的观察力和推理能力，来源于对生活中细节的总结，以及对知识和实践的学习认知。

——2019.05.02.22：40

最重要的事情，对于人生来讲，莫过于健康地生活，在健康都无法保证的情况下，快乐是无从谈起的。

改变永远是此刻，而不是将来的某一个时刻，学会观察和总结的人，会比别人多活好几次。

——2019.5.3.03：16

要做一个积极的思考者，主动的观察者，充分留意工作生活中的细节，同时，将其写出来，表达出来。要相信自己的努力、经验所带来的推理的预见性。

——2019.5.3.09：45

去见识去学习，去了解眼所看到的事、所看到的景象。认真总结自己的经历、经验，加强分析和研究，最终实现自已梦想，并健康生活。

——2019.05.03.11：46

再艰难、艰苦的日子都过去了，真正大浪淘沙后，留下都是耐得住寂寞、压得住负面情绪的人。

——2019.5.4

保安值班，早晚两班倒，7点到7点，包住不包吃，3900元/月，问题是值夜班的话，早上吃完饭，一睡到下午四、五点，再吃顿饭便又开始工作了，而且如果打包吃饭，一个月剩不到多少钱。努力读书，有文凭，这个社会才会提供到不那么劳累的工作，而身体自由、时间相对宽裕，才能让金钱产生金钱，产生所谓的"睡后"收入，人才会越过越轻松。

——2019.05.04.22：35

只有疯狂地书写，在这个过程中停留、在过程中沉溺和拥有，真正的力量才会显现出来，头脑已经不用再去构思和思考，只要笔一开始动，思绪和灵感便涌现出来。而完全写不出来的情况也是常有的，代表头脑中学的东西不够，而越学越写，结果只会是越写越多，也便越学得多。写也只是记忆的一种，可以帮助你更好的回忆学习过的内容，于是便能长久地记住。

——2019.05.07.00：25

现在的生活，其实对比过去是有很大进步的，生活的困难总是有的，这些是成长必需的养分。最重要的是认真面对、积极转化。

——2019.05.07.07：50

赌博极易上瘾。赌场上瞬间分出的胜负，无比残酷或无比收获，都能刺激人的大脑产生彻底的专注。

——2019.05.11.02：11

完全专注于所写所看，当前所观察的事物，例如屋外的雨水声、身体的便意、楼梯的脚步声等等，最重要的是观察，记录下观察。

完全的专注、全神地投入，就像神灵一样感受真、美。

——2019.5.27.07：34

自己的亲身经历表明，跑步45分钟以上，对肠胃有好处。因此，要多观察自身的情况，多做总结，才能活得更好。

——2019.6.1.07：16

对你至亲的人好一点，趁其还活着的时候，等人死了就什么都没有了。母亲还在的人，不会想生死的问题，当母亲不在，死亡便拉近到眼前。

母亲对孩子的情感有巨大影响。有时候，潜意识中的母亲不一定是"生"的母亲，但一定是一同生活的母亲。

——2019.6.5.05：49

真正的强者、胜利者，是克制而不是放纵，是忍耐而不是冲动的。

对于工作，要有预判性，看到其对于自己时间的占有量。逐渐培养对工作的预见性和时间的敏锐感。

——2019.6.5

眼前的成功，是由过去的失败所探索创造的。没有失败，就没有真正的成功。

——2019.6.14.22：22

想进步、想改进，最关键的就是直面问题，而我们最大的问题，就是专注不够。原因是和我们的本性有关的，人的本性就是随意而活。想保持专注、提高和进步，就要学会观察自我，这样就能够使自己走在自己想走的道路上，从而得到进步、改进，形成良性循环的局面。

知道为什么做，比做得怎么样重要得多。

——2019.6.20.20：41

再耐心的老师，说得再多，也不及文字所带来力量的十分之一。文字的力量是无穷的。

记录自己时间花费所在的地方，不断分析、总结，才能优化自己的时间安排。

自己究竟想要什么，这个是最重要的。

——2019.7.2.23：40

当知道自己的价值、存在的意义、幸福秘诀，人是不会无动于衷的，一定会踏上个人的路，是坚实、充实、崭新的路。

灵感、创造，是伟大的，产生时代的伟大作品。而只有深刻的东西，才能超越这个时代，而到达更远的地方。

这是无可复制的，因为全然的观察是独特的，而深刻思想的总结，也具有独特的风味，所产生的成果，也是创造的，在每个时代都能够让人产生焕然一新的感觉。

——2019.7.20.22：10

尽情地活吧，假若制定计划能让你快乐，那就制定计划，假若不想制定，就不制定，你始终可以找到一种你愿意过的方式去生活。你可以怀疑一切，因此保持你的思辨性。

——2019.8.27.01：29

刚睡醒，梦见自己身处一座精神病院里，里面有很多教室，都坐满了精神病人，坐在后排与别人闲聊，隐约听到他是 CP 的，在教室中走过，批评了一个拿笔尖对着他人争吵的女人，所有人都沉默地看着我。有亲友来报名面试，以为这是一份工作，我劝他们快走，并悄悄对其中一个说，救我走。但还是没人听。后来对 BH 说，我要么离开这里，要么就死在这里。

还有一个像火车模型的玩具，似乎暗示了漫长的病院生涯（坐火车的漫长）。

假如不幸在一堆精神病人当中，唯一能够做的或许就是全然地观察。

——2019.9.12.07：49

把你自己整个灵魂完全表露出来，到时不再自我挣扎、自我束缚，而是全然地存在，幸福地生活。

就像自己独自到桂林旅游，一直不停手中的笔，一直地写，人是可以写很多的，而且能换来成长。文字代替了自我的疗伤。通过文字，可以延长生命时间，看似较慢的书写，其实是较快的增加浓缩的人生经历。

不用担心所思考的问题难以解决，从前年轻时候所谓的问题、难题，如今都不过是已成普通的往事。

真的很奇怪，人总是有冒险的心态。面对成功、幸福，偏偏选择向自己不熟悉的地方发展，也许是从来都不敢相信自己能取得成功、幸福，才会为自己设了很多的限制。

——2019.10.2.00：31

一直行动下去，才能不断成就自己。不用在乎一时的输赢，你唯一的对手是死亡。有，且只有一个对手，就是无。只要一直写下去，总会把自己雕琢出来。公开，是有危险的，因为它意味着分享、共享，因此需要思考，需要扎根。

很多事都要自己了解清楚，都要协调沟通，自己要清楚，没有人会帮助你，只能自己靠自己，思想要靠自己，能力可以借别人。

——2019.10.6.00：37

已经夜深了。拼了命地奔跑，却忘了为什么要奔跑，这是很常见的问题。只有踏实去做事，才能逐渐进入佳境，任何投机取巧，欺骗的只是自己，害的也是自己。保持思考，保持总结，循序渐进。

——2019.10.30.23：21

人究竟想要什么？如果回到十年前，2009年，你想要什么？是否当时有更好的选择？可以知道自己想要什么的人，已经不易，大多数人都只是想要更多。"生命的初次彩排就已经是生命本身"。

我和你都是第一次来到这个世界，没有彩排，没有模版，反正不来也来了，那就向前看吧，你不必成为谁的2.0，但要尽力成为自己的NO.1。

——2019.10.31.23：12

真正沉下心来做过的事，都会彰显价值。你思考自己有多少，你就有多少。虽然这种思考总会刺痛神经，但这是改变头脑必不可少的一步。做很多事，有带入思考，就有改变的机会。不必逃避正在思考的自我，以及自我正在的思考。有了改变的机会，生命时刻都是崭新的开始。

——2019.11.2.17：11

只要带入思考，你的行动就不再是盲目的，而是随着时间的流逝逐渐发挥作用的。必将持之以恒地在内心扎根。

思考会带来焦虑、恐惧的副作用，但不思考只会让自我走向堕落。有一天我会出书的，哪怕是自费出书，因为观察，表达感受、思考，这都是独一无二的，在这世上是唯一的。

人活着，总是过了一个山头，还有另一个山头。不用担心自己的感受、感觉会影响你，不要再去逃避自我，而是要接纳自我，多做沟通，如同与一个贵人沟通。敏感、敏锐的感觉其实是一种天赋。

——2019.11.03

生命是一个连贯的整体，不存在哪个时刻特别重要，而是每个片段都是整体的一部分，而不应该分裂开来。

——2019.11.28.23：24

心里向往着，有一个念头一闪而过，想着有一天，以一个书写者的身份，去西藏坐火车旅行，也许是其他什么地方。每到一个地方，都可以写下时间和地点，以及心里的感受，看到的一切、观察到的一切，这该是多么幸福的事啊。回想起以往所经历的痛苦，如今才知道，一切都不是随随便便得到的，任何一件事都将付出代价，你的未来在前面。

——2019.12.16

2020

　　今天年三十，保持观察，每天将观察到的、所思所想的记下。

　　这次新型冠状病毒感染是否能够战胜，多久能够战胜？对楼市有多大的影响？

——2020.01.24.20：51

　　当工作量大的时候，主动向领导汇报相关情况，并不是不负责的表现，反而是显得更加实事求是。

——2020.1.29.08：40

　　在大学里读书学习，特别是图书馆里学习是幸福的事，穷，不是大学生的错，是家庭的问题。

——2020.01.29.18：11

　　当牌漂亮、顺利的时候，不要高兴，要知道前面还有更长的路要走，很多人都盯着你，以你为目标。

——2020.01.30.20：57

　　人生在世，仅数十载，有自己的兴趣，能做一点是一点，能做多少就做多少。多写一个字，多赚一分钱，多一分快乐。

　　让运动成为习惯，头脑做好观察，做好思考。你周边的世界一切活动，只要认真观察，都会发现不是无缘无故发生的，所有的事情都有其运转的规律。

——2020.02.05

眼光要看长远一点，知道自己要的是什么。多锻炼身体，多写一个字，多赚钱，早实现财务自由。

——2020.2.6

文字，是救赎之道。

——2020.02.08.09：44

可以说，我们前部分人生都是在集体的意识中度过，而不是靠自我的意识、自我的分析。只有在紧急关头、人生的转折点、衰老、疾病、死亡……来临时，才会去认真地倾听自己内心的声音。

——2020.02.09.10：50

一张纸、一叠纸很容易被风吹走，七零八落、零零散散、稀稀疏疏，而只要用个铁夹子夹住，就会形成一个集体，不容易让风吹走。

要时刻保持危机意识。能与人宽容且与人宽容，能多个朋友永远比多个敌人智慧，你永远不知道什么时候会求助于敌人。

要讨好别人是很难的，有利益的关系却能让关系牢固，其他关系难以渗透。

——2020.02.09

　　世界上有太多事要写了，于是变得无从下手；有太多东西值得写了，可是时间不够，于是无法可写。可是我们是客观活在这个世界，这个客观世界就是我们接触的世界，可写的世界。当文字充盈头脑，持续一段时间后，便会从梦中显现。

　　人的思想或者说思考，是很容易变化的，理性不是时时能保持稳定性，我们的情感很容易随着处境而摇摆，包括我们的各种各样的决定、决心。

　　最快乐的事，是一边书写，一边听着喜欢的音乐，而全然没有打扰、忧虑，这样的时刻对于我来说是奢侈的。

——2020.02.11

　　心态是很重要的。人生只是一个过程，假如生老病死的人生疾苦较少，人生可以说就是幸福的。

　　人该向哪处发展？我憧憬的未来，平凡、健康、谦逊，但无论是在阳光灿烂的日子，或是狂风暴雨的黑夜，我都保持着思考，为我所在的时代、所在时代的人们，以及周边的一切去书写。这是我实现价值的其中一条路，也是目前我最适合、最想走的路。

——2020.02.12

凡是阻碍你写下去的，都是有害的。

——2020.02.12.20：13

原来已经过去 9 年了，假如这 9 年来都是朝着自己的目标出发，自我是否会很孤独？

9 年后，假如我现在下定决心，给自己信心，朝着目标去一点一滴努力、付出，是否会有所不同？到时会不会后悔？

现在是在斗争中，在迷茫中一路上过来的，经历了很多的绝望、失望、别人的帮助、感恩。

我认为，只有认清自己的最终目标，才会对目前自己应该做的事有一个正确的认识，才会心甘情愿去做。寻找一个组织、归依一个团体而令自己不用去思考、逃避痛苦，最终只会是自欺欺人。

——2020.02.15

你相信的东西是什么？你思想的边缘是什么？我们无法脱离想象的桎梏，重要的是你相信什么？

时间有限，人生有限，要做些什么有价值的事？要怎么做，人生才有价值？想象的世界，我们逃脱不了，重要的是什么？如何才能解脱？人生的意义究竟是什么？

——2020.02.18.20：53

感恩生命当中所拥有的，要有信心面对困难，虽然头脑中的想象只是一种感觉，但不断学习，就能有快乐；医好疾病、加强锻炼、保持健康，就能减少痛苦，日子仍然是值得过的。

——2020.02.19

因为钱，我失去了一些东西，我意识到了矛盾、烦恼，我很累，为了一些利益每天蝇营狗苟，迷失了方向，我的时间应该花在有用的地方，能够体现我天赋的地方。

其实我最害怕的只是失去自己，我相信这是每个人的想法，因害怕失去而不愿努力，最终面临悲哀的结局。但现在还是有机会，去过自己想过的生活。

——2020.2.23

现在，不要在意以前写了什么，重要的是写下去，正如不要在意自我，而是要脱离自我的束缚。

——2020.02.23.14：40

极度的激情和兴奋，只会导致极度的冷漠和厌恶。很好的东西，同时会有很坏的表现，其实是感受变了，感觉不同了，这是最致命的，我们都不过是情感的动物。

你应了解自己的价值，勇敢去想自己所想的东西，不用给压力自己，该来的始终会来的，让自己有信心，才能实现那些不可能的梦想。可以看看看以前写的梦想、想去的地方、要实现的各种各样的事，都可以去实现，假如你有信心，有能力，其他东西慢慢都是会有的，不用操之过急。

我们终究会遇到各种各样打断我们的琐碎事，但假如有那个时刻，我们都能做自己想做的事的时候，却会完全不想做了。之前在医院住院，想着如果以后恢复了，一定要煎好多个鸡蛋，但现在，我不想煎鸡蛋。人会变，在特定的情况下，人是会变化的，每时每刻，人心里想的都不会一样的，多少会有差别。

回想起小时侯学骑自行车，都是自己玩着玩着就学会了，要有激情，有激情去学习新东西，最快乐的日子是学骑自行车那两三天，从什么都不会到会骑，那种会和不会之间的界限是最有激情的时候；对于游泳也一样，最开心的日子是准备学游泳那一两天的几个刹那。

书写这些的当下，我是健康的、开心的、幸福的，这个时刻是重要的，我应该要把握当下，把握目前自己所拥有的。

——2020.02.28

不用在意失去的，但要注意总结经验，眼睛学会观察，要有预见性。人生有哪样东西不是浪费的？人与人之间很多事只是差一个理由，有了理由，就有做一切事情的因。

感觉不够灵敏，会产生很多麻烦；感觉过于灵敏，则容易受到惊吓。专注于自己的世界，好还是坏，由自己去理解。眼界看得长远一点，冷静行事。

——2020.02.29

且将心胸放开阔，钱有那么重要吗？要看到长远的将来，下来的发展，努力过，才能拥有一片蓝天，不用着急，要有耐心，不要心浮气躁，你要成为自己要成为的人，还有很长一段路要走，可能是孤独的、寂寞的、极度空虚的，但其实又是极度富足的。

要珍惜焦虑、痛苦，让你迷茫的感觉，只有迷茫，你才能作出反省。吃点亏有好处，重要的是生命的长度，而更重要的是生命的深度，有个人情在人生才能走得更顺畅。

——2020.03.01

最危险的事是极端，要么坚信自己不可战胜，要么认为自己一事无能。

任何投资，都必须考虑回报率。

想得太高大上，落不了地，是没用的。你的思想站位够高，但是不能让你有所行动，你犹如一潭死水，脑里一动不动。

我们除了法律，还用道德去制约人的发展、行为，使大家不至于偏离正常的轨道。人有很多后悔的事，但没有哪件事比失去时间更后悔的了，而时间就是人生，唯有文字，才是救赎。文字就像海洋，能接受你所有的思想，思想总要以一定的形式表现出来，可以用文字、画、视频等，艺术是思想的一种表现形式。

人家想的东西，熟悉当然知道。主动去想、思考，提前想领导会问什么问题。

人生，有谁不是过客？

感觉自己追求完美，因此搞不好。

不要想着事情一下子就做好，要有耐心、有毅力去慢慢磨，慢慢去做、修正。好牌不常有，一般都是不是很好的牌去打；好牌是机会，常态是动脑去做。

——2020.03.03

我对"风"有一种亲切感，有风的时候，我会放松的去感受，而无风的时候，我也会在心里、甚至无意识地会喊出"风"。

——2020.03.05

最重要的是不要想，只要做。

不要把弱点暴露给别人看，这样不会换来任何一丁点的可怜，只会被视为不敬，让别人猛烈对你的缺点攻击。

——2020.03.07

迄今为止，所有的行动都离不开金钱、资金，即使你实现梦想，学习，仍然是与钱有关，这个世界是物质的世界，金钱虽然想象出来的东西，但人人相信，便是事实。

要有觉悟，要有大局意识。

——2020.3.11.11：07

如果每天都运动，鼻子起码会舒服很多。

是痛苦促使你放弃快乐、延迟快乐。

——2020.3.13.13：09

曾经做过一些梦，梦境大概是梦境里的内容，之前已经经历过了。

——2020.3.13.19：24

不用焦急，一切终将逝去，幸福的人从不匆忙，而是静静地享受生活的美好。你可以成为你想成为的人。

——2020.3.14.14：59

如果你相信，你就会有勇气，就会有自信，机会就会越大。

认真、严肃地活着，是因为相信这就是现实。

把你想做的事情具体化，按计划去落实，很快就会发现，你不想做了。

——2020.3.14.19：57

我睡 8 个小时就会醒来，那么晚上越早睡觉越好，昨晚是 8 点半就睡了的。

晚 9 朝 5，早睡早起，不是为了证明什么，只是因为实现自己，成为自己，理想中的自己，想象中的自己。

——2020.03.18.05：06

写材料，首先要理清逻辑关系，其次要保证信息全面，而表达的通顺程度要放在后面。

理清逻辑关系，要理清有几个点，从大点开始立框架，立好大框架后，再立小框架。保证信息全面，在框架内尽最大努力将东西填进去，像灌猪肠花肠一样堆满。最后整理语句，调整位置，把一些瘦的抽到一起，肥的适当抽掉不要。

——2020.3.19.10：44

当你死去，有什么能留下来？

意识离开人体能否存在？三维世界是不是四维世界的投影？物质如果是，那么三维世界里的意识，是否也是四维世界的投影？

——2020.3.20

想想，除了呼吸，你还有什么是坚持去做的事。一直以来，唯一坚持的事情是呼吸，说明一件事如果对于你是必要的，就不存在"坚持"的概念。

想起李 LH 老师说的，如果一件事需要坚持的话，代表不是必要的，如果热爱，是不存在"坚持"这种概念的。

坚持呼吸？坚持饿了吃饭？坚持喜欢看漂亮的女人？坚持去意淫？

必要的事应该是一种本能，不存在"坚持"的概念，甚至不存在"自我"的概念。

——2020.3.22.00：43

未经自己大脑思考的文字，应该写；未经大脑的话，就不要说了。

未经大脑的事，要做，更要总结经验，因为假如什么都没做，那人生就白活了。因为恐惧出错而不去做，是最大的浪费。

有人类到达不了的地方，就有敬畏。该直觉去生活，还是经验、理性分析去生活？

死亡其实算什么呢？如果生命只是一场梦，对外在的何必太争执？

——2020.3.22.12：56

少看手机，多看书报，让别人为你滤过垃圾内容，保持自己的精力和注意力。

无关紧要的东西最浪费时间和精力，但似乎每个人都喜欢，因为毫无压力。娱乐只会麻痹你自己，不会得到任何好处，对于你的人生而言。

多看报、书籍，能够获取相对陌生的东西，而不是自己想看的东西。

——2020.03.22.17：59

好听的情歌，总是唱着不可得，写满无止境的纠缠，相信重复一千年仍有市场。失去比得到的感受更深。

——2020.03.22.18：15

只是连续两天晚上运动，鼻子和肠胃就得到了明显的改善，看来我的身体决定了我懒不得啊。

——2020.3.24

不要吃加工过的东西，如柠檬茶、奶茶等，要吃天然的东西。

——2020.3.25

不要沉溺在自我的内心中，心里很多戏，脸上无表情，重要的不是我是什么，而是去成为我。

小时侯听老师说，太阳已经存在很久了，在我们出生之前很久很久之前就存在了。我望着红色的夕阳，幻想着自已望着，想到以后的自己。

——2020.3.25.18：40

如何给自己洗脑，去成为自己，去做那些事情，积极地去做那些事情。成为自己。

——2020.3.26.12：58

遵循别人成功的道路，走完。

不要说，只要做，实践出真理。

——2020.03.27

你只是沉溺在自我的情感中，被自我所遮蔽，而忘记了自己有更广阔的选择，无数多种选择。

——2020.3.27.10：27

很多时候，只是因为选择太多，才造成后来不可避免的悔恨，再让你回去一遍，你依旧会浪费时间，因为你也不知道为什么。

假如可以长眠，也未必不是好事，倒回来想一下，如果死亡都只是小事，眼前的得失又算什么？只能说明，人能轰轰烈烈地死，却不能忍受折磨而活。能忍受一时的痛苦，却不能忍受长期的痛苦。当中度己度人的，就是智慧。

——2020.3.27.14：11

每个人都反对被歧视，却都避免不了去歧视。最大的困难，是不知道被自我所遮蔽。

你要的不是主宰世界，来证明自己的存在，而是享受活着的、存在着的过程，直至死亡，而死亡，只不过是带你回家。

于是，你就像主宰、神一样活着。这是你独特的地方，你人生最重要的时刻。记住快乐的日子，那是幸福的时刻，比如写作、旅途中的美景、阅读……人生中好的风景还在前面。

——2020.3.27.20：45

短句是诗，长句是说教，简单浓缩的几个字，能说得清楚就好，长篇大论惹人恼。

——2020.03.28.11：59

幸福的感觉，是稀罕的。

坐大巴堵车，我隔着玻璃远远地看着你，你远远地看着我，在眼神交遇的一刹那，我用右手朝你打手势，你也朝我打手势。

车开了，没有故事，没有波澜……不言不语，胜过千言万语。

——2020.03.28

会达到那个目标，因为你已"看到"了。

因此，你能达到什么境地，你以后的遭遇如何，与命运没有必然的关系，你人生的过程是否快乐，关键是你怎么选择，我相信这不是鸡汤，而是真的可以实现，但关键是你真的相信可以通过实践来实现的。

——2020.3.29.10：10

一个有故事的人，笔记本通常不是从第一页开始写的。

——2020.3.29.11：23

活着，有着无限广阔的天地，重要的是自我愿走向何处，看见自我在何处。

如果你不坚持运动，你就会衰老得特别快，世上所有的快乐都是要付出代价的，你自己什么也不是，有的只是选择，一切都是选择的集合。

你什么也不是，你又可以成为你想成为的东西，关键是"看见"。

——2020.3.30.21：20

你要先看见，你才能得到。否则，得到，碰巧的得到，你对此是没有感觉的。

——2020.4.1.08：05

在梦中看见很多文字，只有文字，能够成就自我。

要达到满足目前的自我所理解的高度，去定自己的人生目标，去超越一切苦难与幸福的限制、遮蔽，从而实现自我。

——2020.4.5.09：46

敏感的大脑，习惯于沉溺于自我的世界中，因快乐而伤感，又在伤感中快乐。既伤感又快乐，这种矛盾复杂的情感，也许只是想保护自我。

情绪敏感，也许只是因自我太脆弱，需要加强保护。

——2020.4.8

人只有几十年，快乐、忧伤都显得太微小，痛苦，追逐是痛苦的。

但存在不同，因为已"看见"，所有的痛苦都融化在了"存在"的快乐中。

——2020.4.11.18：23

今天是个普通的日子，也是往后余生中特别的日子，你可以忘掉这是一个改变的机会，像以往大多数的时间一样，没有观察地生活，而且这有很大概率会发生……也许可以有机会能够转变思维，利用大脑观察、分析、总结，像以往的卓越的人一样。

要时时清醒自己的位置，先抓框架，再抓具体，这个是成事、成人的思维。

——2020.4.22

在没有人的时候，你还能观察吗？不是认真，不是保持或者坚持，而仅仅是观察。你不行，因为你仅仅是活在比较当中。

——2020.4.22.20：17

人生中的趣味，不是你说了什么，而是你做了什么。享受沉默不语，单纯做事的乐趣。

——2020.4.26.00：48

真理是否与利益无关？真理如果是反人类、反生命的，还能称之为真理吗？

——2020.4.26

多观察，多想，但不代表是自以为是。反省错误，积累经验。

——2020.4.28

人为何而活，是本能、是后天经验、还是神的旨意？

最好的事，是否意味着一个人从未出生？这样，这个人就不必遭受尘世间的种种痛、苦、悲、酸。

而人活着，就需要一个生存的目的，否则就和行尸走肉一般。而人活着，为何需要一个生存的目的，为何要与行尸走肉区分？何谓众生平等？

——2020.4.30

晚上睡不着觉，是空虚、寂寞，不要否认，要面对。就因为你不能较好与自我相处，才会选择逃避自我。

——2020.4.30

屋内飘浮着一丝棉絮，应该是从门外飘进来的，我手里刚好有纸巾，接住了扔进垃圾桶。

外面正在倒水泥，马路应该快修好了。

除了写还是写，除了可以锻炼人对文字的理解能力、书写表达能力，还能够让人知道、认清自己的目标，从做事中体会意义和快乐。

当你放弃这个世界的时候，什么都不想做，你的身体就会好累、好重。

门外在铺水泥路、补路面，车的噪音令人烦躁，觉得疲累、困倦。不必活在期望当中，不要活在别人的期望当中。

——2020.5.5

一时的输赢说明不了什么，你也许只是累了，而不是不行，其实你很幸福，只是你不知道。

——2020.5.10

每天向着死亡而活，就会有希望，这是生的本能的希望，是你内心深处的东西，而不是被物化，被娱乐、假象所遮蔽的东西。

——2020.5.11

越写心越虚，越善良，越单纯，只觉得自己仿佛变成了一个好人。做什么都不及专注写、学习一个小时之后得到的平静与满足多。

寂寞，如影随形，只有在黑暗中才没有影子。假如没有物体还有影子吗？

——2020.5.12

还有这么多美好的时间去存活、去度过、去经历，你还追求什么？还有什么担心的地方？人始终会死的，人生最后要问心安不安，快不快乐。

多观察，写下观察，只写观察，不发表意见，不要去想应该做什么。

——2020.5.15.21：05

有名单在手，就有决策的物质基础，图表的重要性。

有成功的感觉，讲话就开始得罪人，你怎么知道自己可以活多久？慢就是快，快就是慢，这是很简单的道理。

产生很多的想法，这是独特的标志，不应该去否定。到最后，你能够记住的，只是你自己曾经的想法而已。

很多工作要提前做，很多工作又要思考再做，难不在于事情本身，只是你不知道。

太多的选择，让你无法开始，第一桶金的艰辛，让你劳累身心。

——2020.5.19

（有人）明明自己在下面（一楼）食完了，却要等别人（在上面二楼）食完了，say goodbye 后，别人走了才能走，这是为什么？要看到一个人坐的位置，决定了他想什么、做什么。

——2020.5.21

只有在专注中，才能成就自我。

——2020.5.23.22：04

当高兴的时候，告诉自己不要高兴，反而能保持住高兴。当高兴的时候得意忘形，则不高兴马上到来。

年轻情感太强烈，要实事求是不能强求。事情总是如此，不能什么好的都让你拿。

———2020.5.24.11：58

头脑在搜索，能够安全的地方。要有地图作标记：内心的想法是很难找到合适的图像的，但用大视角，应该就能够有所选择。选择比问答容易得多。做事情前多搜索请教网络，知识是可以学习的。

重要的不是说，而是接触，接触了才有机会。

现实生活的痛苦刺痛了我的神经，而感受到存在的力量，夹杂着痛苦和希望，这个就是生命原始的力量。被动地了解资讯，并不会让你得到更多，只会损耗你的精力和时间，最终一无所有。只有自己思考的，才是构成你生命本质的。

———2020.6.1

没有了自我，反而能成就自我，固执于自我，反而失去自我。

———2020.6.2.20：42

吃第一只虾的时候，是咸的、甜的、味鲜；吃最后一只虾时，没有什么感觉。好不好，只是一种感觉。

———2020.6.4.13：28

最快乐的事是当时在图书馆看书写字，而不是给自己演戏。再激烈的情感，到最后都会变成没有感觉。活着，只是一种感觉。

每一次内心波澜起伏的时候，都是心灵沉思、思想蜕变的时候。专心、专注才能专业，漫不经心肯定是不行的。而人生的辽阔无边，驱使自我前进的注意力有限，能得到多少，是自己的造化。

未得到，你觉得不好；即使得到了，也不一定好。

——2020.6.4

灵感稍纵即逝，生命没有彩排，每一刻都是当下最珍贵的此刻。

——2020.6.6.14：54

你不是受理性，而是情欲驱使，能让你累的不是理想，而是欲求过多。

——2020.6.8

如果做不到，是否代表不适合你？你空虚、迷茫，究竟什么是你的终极形态、完美或相对好的状态？

如果我终将死去，有什么遗憾，有什么诉求，有什么舍不得，风烛残年就没有什么可失去吗？你想沉溺在快乐中多久？天天在书斋里、书堆里，能有真正的快乐吗？

当年只是一块蛋糕，就能领悟感受到幸福的体验：那是最好吃的一块蛋糕。但现在就算堆满一桌吃不完的蛋糕，已没有当初那种感觉。冲动的旅程，是否注定最终的无聊。

不知道要什么，人是分裂的，四分五裂，越是这样，越要冷静，你要什么，你内心想要什么，其实你是清楚的，只是自己没有什么耐心而已。

淡定的写下去，我们都是物质的，只有感受是意识的，你终归知道什么对你最适合。书写是廉价的，也是最高贵的快乐，只要能勉强养活自己的人，都有条件写下去。其他的一切都太贵，连听音乐都要交月费。用你的思想去发出声音，而不是你的嘴巴。

最容易做的事便是糊涂过日子。不用担心以后……这些话只能安慰自己，要做先行者，除了博采众长，最重要的是有自我独特的技法，它们不是简单的拼合，而是清晰的思路。

——2020.6.14

看你自己想要的是什么，远处的风景、绝美风景，近处的文字、平淡文字，都是幸福的味道。为什么你不愿意过这样的生活，却又渴求太多？一切都是虚妄的。除了工作，还有多少时间是自己的，还有多少时间是认真生活，现实是如何摧毁一个人。

——2020.6.22

　　我们是物质所产生的，我们也没有痛苦和快乐，那只是一种感觉、精神的感觉，而本原还是物质的，我们只是刚好有那种感觉。

——2020.6.24.20：41

　　最美的，也许只是刹那的镜头，而当时的完美，只能永远停留在那里。任何的保持、坚持、维持，都有可能将那种完美破坏。

——2020.6.29.20：27

　　你行得正、坐得正，才会有正气，做人正派，但凡有一丝把柄被人捉住，黑暗就会罩盖天空，你的头脑心思被负面信息塞满，自然会失去判断力。

——2020.7.2.17：36

　　按捺不住的浮躁、焦虑，只是为了往后有一天，能够静静地观察欣赏闭月、羞花。

——2020.7.5.11：31

　　艺术总是激情的，不是冰冷的；而生存，却是冷酷无情的。

　　嘴上说没能力，但内心信念无比坚定。练习、实践，就会有经验，完完全全去学习一次别人成功的做法，一字不差地模仿一次。

——2020.7.5.20：37

　　如果你因错过人生而后悔，那么从此刻起，你必须开始做一些自己的事，可以是书写，可以是享受生活。再美的风景，也只是刹那间的事，而当下的感受难能珍贵。背个背包，拉个行李箱去旅行，可以坐火车、火飞机，穿工装裤，有拉链的可以放手机、钱包等，或者背个书包，里面只有充电宝、线，外出旅游最麻烦的其实是衣服。

——2020.7.6

　　说到底，活着就是心态的问题。

　　看、听、写、重复，你会成就很多你想成就的事；说，只是一种社交的手段，归根到底是归于欺骗。说，越少，反而显得越诚信。

——2020.7.7

　　其实别人根本一点也不关心你，而你其实也一样，一点也不关心别人。

　　一切社会活动，都是有其逻辑和规律的。

——2020.7.8

　　如果你对常理有疑惑，最大的可能是你对数值、知识理解有误。

——2020.7.9

没有人喜欢偏见，但每个人都不能不带偏见。

——2020.7.12.22：36

早睡早起精神会比较好，不要对自己的需要感觉有负担，要去理解，甚至用理性去引导自己的需要得到宣泄和释放。解决了肉的需求，能够迅速进入灵的境地，这就是理性的来源、进步的基础。

——2020.7.13.20：04

在人生中不如意的时候，我们才会不得不思考，而当痛苦、不幸、麻烦没有降临的时候，我们都麻木不仁、视若无睹，把一切都看为理所当然。

——2020.7.19

你的身体是物质构成的，而物质最终都会走向腐朽、消亡。而在走向灭亡的过程中，会产生一切美好、绚烂、奇迹……

——2020.7.21

今晚参加 AD（健身房）的体能挑战赛，感受到很多鼓舞和肯定。只要闭上眼睛双手吊单杠，坚持3分24秒，实践证明，强者未必就是冠军，而看上去弱小者不一定就没有机会。所谓挑战，对手最终都是自己。

吊单杠的时候，我闭着眼睛，心里想着我是一具尸体，就这样吊在这里死去，随着时间过去，听到教练在报数，一分钟、两分钟，但是三分钟的时候教练没报，但我的双臂已经很麻了，睁开眼睛问多久了，教练说3分17秒，我说了几句话，大概是不行之类的，然后3分24秒的时候就真的手没有力，掉下来了。

原因可能是提前双手涂了粉，增大了摩擦力；还有这个单杠比自己平时练的要粗一点；再加上比赛的缘故，还有自己心态比较放松，只是把自己想成一具尸体挂在那里。

当然，和是否有准备有关，有准备和无准备是完全两个概念、结果。做自己的事，默默地享受。

——2020.7.22.23：38

如果生活是一场自助餐，一直吃自己喜欢的那种东西，也不是不可以。每个人都有自己的选择，你想成为什么？

一直学习，不会觉得难，所有事物都是相通的。一直学，一直拓宽自己的认识，不是为别人，只是为了自己，自己才是最终的对手

不要在乎所有的一切，你唯一最容易浪费的就是你的生命。

——2020.7.24

随着时间的流逝，我们逐渐走向灭亡，每个时刻你想什么，你感受到什么，都应有一些踪迹。

——2020.7.27

所有的表象，都是有其背后的原理，我认为，与其恐惧、迷茫、麻木，不如采取行动或措施，将生活、工作、学习中的现象逐点逐点剖析，计算每样工作用时、观察。

——2020.7.28

人与人之间的差别是什么？不是共同做的事是什么，而是各自做了不同的事。

只要有文字相伴，我就不会有恐惧，我会完成很多事，做成很多事。我想待在一个地方，静静地看书、学习、写东西，没有任何人打扰。

看到外面那棵绿茸茸的细叶榕，感觉很美，很岁月静好，这棵老树冒发着嫩叶，让人感觉到生命的活力。

总是在欲望和理性中摇摆，只有克服恐惧，才能不受恐惧支配。当初那个放下自我的人，哪里去了？

你无法逃避内心真实的渴望，那些孤独的日子，那些默默前行、独自努力的日子，往往能让你拥有更加好的心态走下去。好日子一定会有的，但重要的是稳步向前，向着自己的目标，终有一天你会拥有莫大的幸福。

——2020.7.29

总会有些时候，让人追问存在的意义。"人是被抛入这个世界的"，而"被抛"的偶然，裸露出理性的苍白、生活的空洞。

你不是法官，也不是上帝，静下心做好自己的事就行。

为什么连付出一点努力都不愿意，没有任何借口，没有行动，只是懒惰，一旦行动，默默地行动，终究会等到想要的结果。

——2020.7.29

你没去过一个地方，自然不知道它的事，对事物的理解自然有所减弱，你知道自己能够达到什么高度。

——2020.7.30

眼花看不清，是熬夜不够睡的问题，天气炎热没胃口，晚上焦躁睡不好。生活是自己的，不是活给别人看的，只要身体健康，不管多长寿。

回忆总有一丝遗憾，但不要怕，快乐总会有的。

——2020.7.31

艺术是内在激情的外化形式，不是像权力一样冰冷的东西。

——2020.7.31.20：10

　　人很多时候，是被欲望所驱使，做什么，不做什么，似乎是已经注定好了，但下一次能否摆脱这种宿命呢？

　　身体会逝去，钱也会失去，而只有文字留存，我不再受欲望驱使，不再受金钱奴役，而是把外在的一切作为工具，去书写那不朽的文字，用我的所有生命去浇灌、作祭奠。

　　不停地前进下去，那种一往无前的状态，那种把自我完全抛弃的状态，那个才是我，才是本我，如其本来的自我，而这将成就无比巨大的伟业。让嘴巴闭口吧，全力以赴去完成所要做的工作。为什么在艰难的情况下能够付出巨大的努力，而在顺利的条件下却碌碌无为。就是因为自己懒、贪图享乐，而迷失了自我。

——2020.8.1.00：29

　　脑残，能否意识到自己是脑残；意识，能否意识到意识本身。

　　你知道外面的竞争有多激烈的，纯粹是利益的竞争，时常会有生死的较量，你在安逸的温室里生存太久了，以至于弱化了一些东西。

　　你爱过的人，无论她们是否爱你，都能给予你经验，往后对人对事的各种看法。

　　头脑略过很多的画面，很多情感是与身体有关的，身体强健自然心情就好，身体有病痛自然心情也会受影响。

——2020.8.1

年少无知想拥有全世界，是不知道世界有多大。

写作能使人保持谦卑，因为负重前行的人，内心不能有太多波动。不要搞那么多计划，不要给自己要求太高，遵循快乐的做法，才可持续。

活着，该怎么是好，过多几年后，也许心态就变了。你无法要求别人怎么样，只能意识到自己这种意识。

很累，无力工作，不想学习，为什么活着这么累、辛苦，生命不应该如此。如今现代社会，不再是无从选择所以不幸福，而是选择太多，所以不幸福，假如只给自己一种选择，是否会幸福一点？随时面对死亡，那么 你便不再有恐惧，而且做的都是重要之事。

——2020.8.2

昨晚值班，早上被上床的水滴醒。空调在上面滴水，上面的床板、床褥受不住那么多水分，于是一下子泄漏下来了，直接从睡梦中被吓醒了。

——2020.8.3

控寂一刹，即已！

——2020.8.5

太阳、小学毕业、游泳、画画、零工、读书上学……让人生产生疑问、产生好奇心的时刻，是多么的宝贵、稀罕，可盼而不可求。我相信，这就是所谓"灵感"。因为随时动手写，我不再为错过它而感到惋惜。把写当作一种事业，从中能得到快乐，与钱没有关系，与其他事情没有关系。

——2020.8.6.14：53

可能是质量问题，这一张从笔记本中脱落，突然之间，我想通过这张纸与世界告别，不是我真的去自杀，只是从头脑中与过去、曾经一一道别。

第一个想寄给的人是你，也许最后寄的人又不是你，可能寄了你也未必能收到……又或许，我不会把它寄出去。

我还是选择把它钉起来。

——2020.8.6

也许最终我无法接受的只是我自己，也许我终将遁入空门，出家也好，信某个神也好，日子风平浪静地过下去。我具有两面性，一是踌躇满志，二是黯然消沉，要么认为自己无所不能，要么认为自己无一能成，对自身定位不准确，是最大的缺点。

人应该如何认识自我？总结对自我有利的东西、不利的东西，有利的要坚持，有害的放弃，才能活得久一点。

生命不过是几十年的东西，默默地去做自己的事情就好了，最后死了，死了就死了啊，有什么关系？谁又不会死呢？只有创作是持久的，这个世界有什么，并不重要，重要的是你想到了什么。

假如宇宙像人一样，逐渐走向毁灭，也会在这个过程中创造出绝美的奇迹，于是，在这个过程中，体验生命种种。看清楚这个世界的真相，学习各种体验的表达。淡定一点，让你现在90岁做第一人，你还会快乐吗？人生有各个阶段要走，和自己对比挑战就行，没什么的。

——2020.8.14.20：13

远方有什么，活下去去看。

——2020.8.15.20：03

坐在左边靠窗的位置，看着沿途的高原、雪山，以上帝的视角，在山峦之间有细长弯曲的河，它们滋润着山脚下的生灵，也许将汇入大海。没有什么云，这里阳光是猛烈的，不能直视太阳。

——2020.8.18.09：11

出西藏贡嘎机场，就有机场巴士坐到拉萨，30块钱，沿途看到很美的风景，到了终点站就在布达拉宫附近。首先是找了个吃饭的地方，（一家）艺术餐厅，感觉很好，里面很大，音乐很舒服，坐的也很舒服，氛围好好。在这里，我吃完了，脚放在凳子上休息，但是店员都没有管，很自由。在女店员的脸上，我看不到有任何脏的东西，很纯朴。该起程先去酒店了。

——2020.8.18.15：10

在这里，解决了我一天的用餐。这边的太阳要在晚上9点才下山，露台里的女人，从傍晚开始就一直在看书，在我来之前、走之后。左边桌子坐着一个西藏和尚，他的对面有一个年轻男子在翻看着一本很厚的书，和尚在玩手机，而年轻小伙子在看书；年轻人叫和尚"师傅"。餐厅里放着的是科恩的"in my secret"。

——2020.8.18.21：52

羊卓雍措，海拔四千多米，要坐车绕高山转上百圈，对身体是个考验，而当那一片翠蓝的湖从山峦中出现时，感觉只能用"假"来形容。沿途可以看到蓝、白、红、绿、黄五种颜色的五彩经幡，有很多收割了的青稞草团。

——2020.8.19.23：57

昨晚睡觉做了很多梦，辗转反侧，在梦中反复出现的是盖楼、平被子，比较抽象。

在梦中，我突然产生一种想法，即生死应该是一起的，不应该将它们分离开，这两天在西藏，我领悟到人不是万能的，要生存，还是要和周围的环境相适应。生与死是一起的，你才对外部事物冷静看待，才不易激动，不易有高原反应，这是一种对待生命的态度，也是一种静的生活态度。

——2020.08.20.07：28

"两边肩头痛，现在没那么痛。下午很痛。"

"现在最想做什么？"

"好翻，健身。"

——2020.8.20 夜

8月19日去完羊卓雍措，晚上腰就很累，第二天早上就浑身没力，想吐，不想吃东西，骨头痛，睡不好，首先是腰部的骨头，再到背部。按照以往的经验，这是病毒引起的发烧症状。问了前台"轻尘"，他说附近的医院最近的离这里700多米，于是便前往医院。让我填了两份表格，是关于隔离期间的事，让检测至少要24H，要隔离至少24H，加上现在是雪顿节，可能没那么快。

整个下午，我的肩膀骨头都痛。这种持续的疼痛最能摧毁人的意志，真的很难忍受，只能不断地发出呻吟、喊叫来缓解痛苦。

可能吃的东西太少了，只是喝了点粥，加上药物的作用，我整晚肚子都痛，加上烧还没退，两边肩膀在发痛，又持续疼痛了一个夜晚。盖着被子散不了热，被子太厚，于是穿上衣服，裹上围巾，被子只盖住腿。就这样，直到早上5点多，左边肩膀不痛了，只剩下右边肩膀和肚子痛，但自我感觉是好了一点。于是我马上坐起来休息，让身体散热，直到早上8点，护士来测体温，说已经降了。

刚刚我吃了昨晚剩下的黄色馒头，然后又吃了一次药，感觉胃口好了很多，中午要吃些清淡的饭菜，不能只喝粥了，需要能量去恢复身体。经过这一天多疼痛的煎熬，我懂得了不要随意去评价别人，因为可能你对别人所承受的痛一无所知，另外，发声对缓解疼痛有作用。

精神可能可以领略到很多东西，但也要身体允许。在以后的生活、活动、旅游等方面，做好规划最好是做好方案，按照计划和方案去走，才不会让身体和心灵劳累。做方案是要动脑花时间的，但这点时间对整个活动很重要，按方案来并不会牺牲你的自由，病痛的折磨才会牺牲你的自由。

凡事做计划，多休息，多喝水，坚持运动。

——2020.8.21.09：44

每个人有自己要完成的东西，历史是后人评的，但是自己书写的。

——2020.8.23.00：13

昨天15：50分坐青藏铁路从拉萨到兰州，用口罩代替眼罩坐了一晚的火车，早上能看到太阳从右侧前方的地平线升起。车厢里响起的都是张学友歌曲的纯音乐版，这首是"从此以后，无忧无求，故事平淡但当中有你……"。阳光透过车窗玻璃照射到这页书写的笔记本上。

　　车窗外是很荒芜的，只有一束束的草丛，但青藏线铁路旁边都有电线，突然感觉车厢内很温馨。一边看着窗外的荒地景色，一边在车厢里欣赏（音乐）。

——2020.8.24

　　回想起这次西藏旅游发烧被隔离，无痛，其实已是幸福的基础，更何况，我们会面对癌症的可能性、意外的无常性、死亡的必然性，该如何度过自己的一生，值得我们每个人认真思考。无痛的幸福，还记得近10年前，是可食的幸福。

　　致自我：珍惜可食、无痛的幸福，饿过、痛过，才知道幸福是什么。

——2020.8.24.12：16

　　一次做一点点，不用等所有情况都天时地利人和再行动，有一点做一点，滴水穿石的毅力完成各种各样的事情。

——2020.8.26.10：21

　　外出旅游需要用到很多钱，但当中是和自己的情况紧密相关的，吃饭、休息、更好的风景……要面对一切陌生的东西，大脑的神经是紧绷的，人的身体有一种活着的感觉。

——2020.8.28

我曾经苦过，因此让我吃苦，我不觉得是什么，但假如没有苦过，让他吃苦就变得很难了。

因为穷过，被鄙视、无视、欺负、歧视过，因此，很在意别人的感受，害怕被别人针对，活得很自卑。

要动用自己的力量、时间去赚钱，买楼、买资产，让资产去赚钱。

——2020.8.29.15：07

能够静静地享受做事的乐趣，这是最大的幸福。不要把事情当作一种苦役，而要将其当作一种乐趣、一种享受。

——2020.8.30.20：21

昨晚做梦，在高空的墙上爬下来，位置窄，一不小心就会掉下来，大概5、6米高，是一点一点抓住稳固的东西往下爬，最后安全下来的那一刻，心中充满着欢愉和兴奋。

其实这个梦给我很大启发，人生其实就像从高处下来，每一步，只要每一步都抓得稳、踩得稳，危险将逐渐减少，安全的信心将逐渐增多。另外，只有抓稳每一步，唯有走好每一步，人生才会最终走向安全、安乐。当中的每一步都是重要的、不可或缺的，这不仅是态度的审慎，更是实际情况确需要如此。

——2020.8.31.07：44

你写过的东西，印象相对比较深刻，你再重复记忆时，相对比较准确，不会错。

在社会中，人们扮演着多种的角色，要随时做好角色的切换。纯粹的观察，保持总结的习惯，过去的经验会为未来提供经验的参考。

——2020.9.1.11：28

无做标记，大脑当然飘忽不定，激情，要用理性牵头，才能产生乐趣。

——2020.9.2.15：11

活着，很难说出有什么意义，但也许，某处风景、某个人、在某一瞬间，让你从心底发出一声感叹，是静谧、美好的，哪怕只有一瞬间，便足以承担活着的沉重。我认为，生命的意义就显现出来了。

——2020.9.3.09：48

做自己就好。你怎么知道做好你自己就不会幸福？你怎么知道强迫自己做的最终就一定会幸福？做自己，不再为外事而波动大情绪，只是静静地观察、欣赏。摒弃自己去做自己，才能成为自己。

——2020.9.3.23：18

写一本《随时死亡》的书。

——2020.9.5

当死亡在无限拉近，你还能安详、心境平和吗？大多数人恐惧死去，只是害怕孤独、害怕未知，所有的亲人朋友都还活着，只有自己要死去，这种恐惧是让人气愤的，许多人的第一反应也许就是"为什么是我？"。只有接受无常，才能真正感悟生命，假如今晚我在睡梦中死去，我会满怀感激，能让我在无痛苦中死去，度完我这一生。当年2014年，我对死所作的感言，其实在很大程度上已经实现了，只是过了短短6年，我便感觉到人生和前途充满希望。当年是乞求上天或者说抱着侥幸的心态去活着，完成要做的事情。现在只是剩小孩的事情（没完成）而已。

如果，我随时面对死亡、凝视死亡，一切都变了，我决心要好好看看这个世界，观察这个世界，观察自身心理活动，不再以达成所谓"人生目标和计划"为目的地，而是安详静谧地观察、凝视死亡，凝视所经历、周遭的一切。

——2020.9.6.00：32

健康地活着，永远比能活多久重要得多。珍惜健康的日子，它比拥有其他东西要幸福。

或者我以后可以开一家书店，里面可以冲冲咖啡、放放音乐。在旁边再做一家专门提供健康健身饮食的餐馆，研究健康的生活方式、饮食搭配、健康理论。让更多的人珍惜健康的日子，珍爱自己。

死亡将人从幻想中拉出，却带给人真实。

——2020.9.6.08：38

该如何面对余生，唯一不确定的只是什么时候死、如何死。放轻松做自己的事情，男人的魅力在于专注，专注，是纯粹的。

如果需要"坚持"，说明并不热爱。

——2020.9.6

了解了一下"丁克"的意思，我觉得和自己的心理活动、想法很接近，自己更注重自己的生活，对传统的"传宗接代"并没有太大的兴趣，很大可能是和我本身的身世有关。同时，死亡，我经常在思索，于是并不会觉得现在离去有多么不舍，起码此刻是这么认为的。

世界比你优秀的很多，要摆正心态。

——2020.9.8

世上有很多美女，没有最美，只有更美，你要知道，女人也许才是人类发展的动力。

——2020.9.9

对于不用钱的、举手之劳的事，多问多几条渠道获取信息，永远比在一条渠道上等明智得多。

——2020.9.10

没有人告诉我，也没有忠告，说实在，脑中空无一物的感觉是糟糕，却是我大多数时候的状态。

随着时间的流逝，什么都带走，但只有你的文字能成为证据而留下来，所有的你说过的话、做过的事，都会烟消云散，或随着人们记忆的消失而消失。

痛苦，并不会让自己好过，人必须明白自己要的是什么。只要一直思考下去，总会找到你要的灵感，还有生活中丰富的素材。

——2020.9.13.10：22

现在的身体状态是不错的，要时刻保持运动，良好作息，健康饮食，放松自己，不要有压力。

——2020.9.13.11：03

只要心有寻找，就会感觉到累、疲倦，只有纯粹地观察，才能让人活在当下、保持专注。

把生与死、把生命与死亡合而为一，每天和死亡一同生活。这会带来一种振奋。

阳光透过窗户照进来，有美好的感觉。

——2020.9.14

你的人生会因为书写而变得圆满，你找不到任何其他东西比它更让人珍惜生命了，周遭的一切需要你纯粹地观察，一直写吧，管它天昏地暗、白天黑夜，就与笔共度余生。

只要写下去，我认为我的文字可以留在历史长河中。最伟大的不是文字的技巧，而是思想的深度。

——2020.9.14

我爱你，因此我突破自己，改变自己去接近你。卸下盔甲，心却被深深地插上一刀。

——2020.9.14.23：54

只要你内心快乐舒服，做你自己认为最快乐的事，就是幸福的。钱只是身外之物，哪怕所有人都想得到它。

你有什么？有的只是不停地做自己，不要那么在意成功，成功只是偶然的，而做自己、让自己快乐才是人生中最重要的。

——2020.9.15.21：28

我们是什么人，我们活着的目的是什么，看视频？吃

喝玩乐？或许还有什么别的有趣的活动，难道就这样一辈子
了吗？不快乐，没有作为。

今天头脑非常灵活，想了很多，即使昨晚睡得不太够，
今天还是比较精神。有钥匙回家，电脑竟然玩不了游戏，很
多东西要买，要准备，家里为什么没有人帮一下我。你无钱
你就要做事，你不做事你就给钱。烦，纠结，头痛，歇一下吧。

——2020.9.16

你总是轻易地
进入我的梦
我却始终难以
接近你的心

——2020.9.17.00：20

暗，突显光的价值。自然变化，全然存在，没有留恋，
没有向往。

——2020.9.17

不停地思考、书写，比起麻木地学习，有很大的好处，
心里一直有个纠结，要考试、要付出时间努力去做自己不喜
欢做的事，是很让人感到辛苦的。

——2020.9.18

在死亡面前，有多少东西、事情是必要的？当你躺在医院病床里，你却感到无比的自在自由，避免了外界的干扰，反而感到能量充足，你需要担心的只是何时康复，以及身体的状况。

从这一点上说，你是适合出家，但出家要遵循那么多规矩，你又很不习惯，你最想做的事，就是什么都不做。没有人和你说话，就只有你自己一个人，是能量最充足的状态，没有压力，没有要做的事。慢慢地过一天，过一个小时、一分钟，定时吃饭，日子过得太有规律，像个机器人，没有感觉。

怎样才算活着？不是定时定点吃饭，像个猪一样被喂食，而是独立思考。放假的时候，除了呼吸，好像其他事情都不是必要的。

门外有摩托车大声驶过的发动机声音，这就是噪音，你并不想听到这些声音，你喜欢安静，最好就只有河水流过，小鸟飞过的几声啼叫，然后就只有自己的思绪在飘荡。

我们要的其实很少，很简单就够了，为什么还要按别人的期望而活呢？过好自己的生活不好吗？

真要死的时候，不会有太多想法，只是淡淡地去做自己应该做的事。你应该成为你自己，而不是任何人。努力去得到自己想要的，好好享受存在的此刻，这个是不难的，淡定一点，快乐一点，这是你的时间，自己快乐的时间，你不应该让这些时间流去。

——2020.9.20

不要有留恋，生活简单一点。你知道自己需要的是什么，自己不用有压力，乖乖地去做自己应该做的事，人生就会很美好。慢慢地变富，不要着急。其他所有的一切素材，都只是素材，要坚持写下去，靠写成为自己，从来没有一样东西可以如此着迷，又能帮助到你的人生和事业。

——2020.9.22

人生路上，不时会碰到理性和情感的争执，很多时候会面临无法作出选择的时候，往往会依赖自己信任的人为自己提出建议，甚至不想面对这种选择。

这引申到生死的层面上看的话，假如生命是难过的，是充斥着大量的痛苦、煎熬、冲突、焦虑，人已经是不会选择的时候，因为无论作何种选择只会让现状更加困难的时候，你会选择生还是死呢？

——2020.9.25.14：40

明明网上交了 300 块钱安装费，师傅来了安装还是要收 280 块。

——2020.9.27

从写一本书，开始喜欢上写作的，在书写中获得的快乐，比看书的快乐更多，比做其他任何事更能让我感到快乐和满足，而且没有副作用。所有的物，只要是物，都有一天会消逝，而现在是最重要的，因为此刻你是活着。当你做任何事都会产生一种空虚，而突然有一件事，你做了没有空虚的感觉，这就是必需的。

不要躲在阴暗的角落里，不要逃避自己，因为逃避自己，就是逃避生命的本质。

肉体是短暂的，只有理性是永恒的。理性地活着，总能体验生命的有力跳动和岁月的静美。

——2020.9.28

只要终点在心里
沿途的
都是风景

——2020.9.28.23：39

昨晚梦境很诡异、恐怖。一是自己已经死了，变成了面相恐怖的幽灵，和几个幽灵在一起。二是场景似乎在医院里，前面两部像装果汁的机器，里面的液体分成两三层，上面橙色、下面清澈，在不停地涨降。这个桶连接的是自己的身体，右边还有一台是另一个人，但另一个人机器上面的桶有盖子，而我这边的上面没有盖子，这些液体涨的时候快溢出来，而且容易脏。想叫人，又因为连接着自己（应该像输液一样的管），自己身体的血液与这个桶相连……

有个美国女护士／医生从右边的门进来了，告诉我不能生育，这台机器检测不难。我心想，是机器检测不难，我其实已经死了，不能生育不是很正常吗？有人说，你的精液奇怪，有个人倒趴在地上，像是我，应该是个幽灵，有人扛起一个武器，然后对准他发射，然后这个倒在地上的人就炸了。

……

这真是一个诡异恐怖的恶梦，不过我没有惊醒，而是睡到自然醒。

——2020.10.1.09：06

你害怕失败，但你是否有尝试过？是否有努力过？比如做生意？

——2020.10.9.14：21

钞票本身是谎言，但只要每个人都相信这种明显的谎言，谎言就会成为真实、真理。

人间的疾苦，一个男孩成长的痛苦，都是让人窒息的。但这一切都过去了，只要努力奋斗，总会有出头之日，但最重要的是不要再欺骗自己。

——2020.10.11.09：06

嘴巴只会争吵，解决问题需要脑袋。

——2020.10.12

目的地明确，其他的只是每走一步，都向目的地靠近。

——2020.10.13.00：04

开车走哪条路，正确的不是你认为好的路，而是领导认为好的路。

——2020.10.13

一个挂了十几年的牌子，被换了下来，没有一份文件说明它应该怎么办。

——2020.10.14

或许我会很快就死去，或许比认识的朋友死得都快，还有很多地方没去过，还有很多快乐没经历过，还有很多故事、事情没有写。所以，还是抱着死亡的心情去度过每一天吧。

——2020.10.14.20：34

认真去思考，自己想要的是什么。没有人打扰，的的确确是很快乐，能够让自我释放，你独自一人，感觉到无比的安静，身体也感觉良好，没有其他什么的不适，光线充足，窗外就是天空，和远处的一些房子。

如果现在去死，应该也没有什么遗憾。

——2020.10.15

你想去百慕大，只是因为它被说成是一个危险的地方，并且这样做能够突显你的勇气，而这却成为你的梦想，是不是很荒谬？人生就是这么的荒谬。

当它是危险的时候你想去，也许可以表明你的勇气，但也许真实的情况是，那些妄想根本没有什么意义，你面对死亡，都是为了逃避对死亡的恐惧而强迫自己的妄想，这一切只是你不愿面对现实的结果。从现在起，不要逃避自我，不要逃避这个世界的现实，你要用眼睛观察，用头脑思考，用笔书写。

和疾苦者交谈有危险吗？面对人生中的众多不幸，难道不也是一种直面人生惨淡的素材？

细心观察，看人生能有多糟糕，不再着急，假若人生顺利，证明这样的心态是正确的；假若人生困难，那就有许多素材，你不只是一个作家，而是一个艺术家，你的艺术就是自我生命的本色。

——2020.10.16

浑身在抖，也许是多巴胺的作用，但这种状况不是正常的状况，可能对身体有一定的危害。你要看到终点，知道一切的变幻，克服眼前的幻象，心中的障碍。人们常常为了世界，忘了自己。

——2020.10.20.23：35

来这里短暂过一生，却对自己如此残忍。

——2020.10.21

设备放不了，十多个工作人员忙成一团，时间在一分一秒地过去，都一直在调试中，没有人知道行不行。平时就要熟悉设备运作，而在紧急关头，能够处理问题的才是老道。

当你沉溺于自己的想象中时，你就观察不了。

——2020.10.23

你真正的对手，只有死亡；而其他的一切，只是幻觉。

——2020.10.23.09：25

"针不刺到自己身上，是感觉不到痛的"。有的人活在幻觉的痛苦中不能自拔，我一直以为自己是痛苦的，当我想深入去挖掘这种痛苦时，才发觉其实还是不够深刻。

——2020.10.27.22：35

晚上（商场）吃完饭出来，有人在表演舞蹈，我有点后悔，因为要拍视频，所以没有感受到此时此刻。

在你想做的，和需要做的事情之间，存在一种前提

——资本。

——2020.10.30

今天回来XX逛，导航到XX村委会，就看见以前吃过的XX茶餐厅，在以前工作的XX门前停了一下，拍了几张照片。在XX茶餐厅吃了饭，自已点了牛扒炒出前一丁，吃过饭后，开车到XXX以前工作的地方，同样拍了几张照片后，来到以前吃过的一家西餐厅里休息，点了一杯热鲜奶、一份扒芝士火腿三明治。

6年多了，以前吃过的两间最深刻印象的餐厅，都还在，有些东西是写给自已看的，而有些东西则是写给别人的，写给自已的反而好写，而写给别人的，则没有什么多少真诚的成分。

当年并不知道以后自已会怎么样，会在哪里，现在回想起来，的确是，社会对于毕业生实在太残酷了，对于一名理想主义者来说，西餐厅的音乐和沙发很舒服，像多年前一样。没有那么多感同身受，只有经历是独特的，而最重要的，其实就是经历，认真观察，一呼一吸，这就是你的人生。

人生最终的结果，就是慢慢叹，有人是叹茶，有人叹气。

多年前，一幅孤独、疲惫的躯体，也在这些地方待过。

叹茶、叹气，都是叹。

——2020.10.31.16：20

当要你在多人大会上发言，心跳加快，感到压力，害怕自己在众人前出丑、没面子，对发言有恐惧。

但如果你只是个局外人、参与者，只是听，不用你说，反而没什么感觉，这很有意思，因为你要维护这个"我"，这个终将死去、毁灭的"自我"，所以你消耗巨大的能量。

你难以观察周围的一切，因为你的心已经被自我的焦虑所占据，在这个情况上看，人不能被自我所限，要融入集体，融入人民才会充满力量。

面无表情读完吧，这不是什么事。

——2020.11.4.10：17

昨天早上，又实现了一个目标。

……是紧张的，但将死亡拉到眼前，一切又都是小事，容易逝去的。

眼前条件不成熟，是一个事实，不代表永远无机会实现理想。

——2020.11.05.01：20

不要犯傻，动怒的后果往往是得不偿失，问题永远都是存在的，不要只看到生活的表面，还要看到它的背面或实质。

只有真正放下，才能坦然、不争执地发现生活的乐趣。

美的事物，往往不保鲜。

——2020.11.9.18：27

活了这么久，总结一点是，很多东西可能很想做，但实际上又做不到；很多时候很多东西其实不想做，偏偏又做了；而大多数情况是，想做，又不想做，最后是做也后悔，不做也难过。

————2020.11.11.21：29

对于你自我的人生而言，真正的敌人只有死亡。

————2020.11.13.10：16

（锁链）7点48分，晨曦跨过云层，穿过树木间缝，照进某个村镇，有一只小狗静趴前门……如果一切已知在这里结束，多好。

（意外）网络考试正进行中，突然停电；要马上换地方重新考，站起来又撞到左膝盖和脚；时间有点急，右脚下楼梯。

————2020.11.14.17：12

把工作分散，不要堆砌，因为你的大脑会不停地思考，会对工作产生幻觉、压力，然后，本来难度不大的工作，就会变成庞然大物压住你。

只要做一点，做一点，困难的问题就会一步步迎刃而解。

————2020.11.20

文学作品中黛玉葬花，现实生活中有人为狗举行葬礼，

还有人养鸭当作宠物，但对于人为屠杀而死的禽畜，在餐桌
上它只是一份食物。

——2020.11.21.09：40

面对死亡，直面死亡，不要有遗憾，就像从前那样，
这不是狂，而是对人生的深度思考，以及不辜负。

——2020.11.21

当我静下心来，我就能成为我自己，而不是其他任何人，
能够享受到文字的乐趣，沉浸在自己的世界里。

——2020.11.28.20：20

所有事情，无论大小事务，立个框架。先立框架，框
架立好，里面的东西谁填充都差不多。

认真为人生使命而活，并从中活出意义与价值。没有
恐惧，不惧失去。那种忐忑活在幻想中的快乐，应尽量破除。
要透过现象看本质，我不是我，只是这个物质世界的产物，
物质决定意识。

——2020.11.29

没有经过自己的思考，生活又有什么价值呢？当死亡
来临，唯一重要的、着紧的、紧迫的，往往才是你的初心。

——2020.11.30

现在理不了，以后的发。

——2020.12.4

看不懂别人手机玩游戏，感觉没什么意思；但也许在别人眼里，你不会玩游戏，更加没什么意思。

——2020.12.8

享受剩下的余生，感恩生命中的快乐、一切美好的事物。写下幻觉、幻想的美好的东西，直至将幻想认清，破除快乐。

当你真的想要一样东西的时候，是不用提醒自己努力坚持的。

——2020.12.13

很快，你会忘记一切，包括你的担忧、你的悲伤，连同你少有的快乐。

——2020.12.20

在理想和现实之间走钢丝，迫切需要一种平衡。

——2020.12.23

你想几次，不及你认真做一次，理解了自己哪里不完善，才算学会。

——2020.12.25

你自己过得开心吗？这个是重要的。

走向写作这条路，可能是兴趣。但是，我有得选择吗？我可以选择吗？我并不能选择，我能选择的就是写下去，或者自杀。

我之所以会发现自己能在书写中解脱，应该是当时写的笔记或者送书给（人），在书写中找到了一丝乐趣、解救自己的方法，虽然写得不好，但都是自己的心路历程。

——2020.12.26

如果说熬夜不如早起，是因为欣赏晨曦，总比追逐落日容易……

——2020.12.30.07：29

最危险的时候，是意识不到危险的时候。

——2020.12.31.08：02

2021

不要有负担，想、做、看、预见。

——2021.1.29

　　没有人有时间关心你，大家都有自己的手机。人越有钱越忙，而没有钱的人反而比较清闲，如乞丐、出家人、敬老院的老人。

　　你有多少时间可以耗费？不用对细节太重视，要从大局想问题，因为你的内心有一个追求当下即时享受的人，这个人不断地向你抛出诱惑，比如说躺着多舒服，坐着多舒服。

　　此刻想看日本动漫，心是软的，想放松下，但手头上还有一些事未完成。

　　写很多，和看很多，哪个让你快乐。只有看到终点，看着终点，你才不会患得患失。

　　最近听到一句话：不是好歌变得好听，是你有了故事。

——2021.1.31

　　健康很重要，比其他事情都重要太多，如果不健康，即使山珍海味放在你眼前，你也不会有心情去享受。

　　多运动、休息，你也看到了很多老人大部分都疾病缠身，这该怎么办呢？余生就是这样了，身体也只会越来越差下去，人最后能够做的，就是尽量让那一天晚一点到来，尽量让自己活得有质量一点。

有人说我不适合说话，适合写东西。

——2021.2.6

如果目标是真的，就朝着目标前进，如果死亡是确定的，那么除了死亡，其他的一切都是虚幻的，但也只有真正认识到必死的事实，才能懂得珍惜来之不易的安稳生活，才有能力去避免其他更大的痛苦。一直都在等，而当你不再等，而是主动出击的时候，你的生命也将得到升华，你会拥有不一样的人生态度。死亡并不能让人失败，反而让人品味生的快乐，当死亡成为信仰，其他的一切都呈现出肤浅的价值，而这时，真正意义上的东西也开始呈现。

——2021.2.9.00：04

自己的人生，世界，没有多少时间，应该做自己喜欢的事，有价值的事。

——2021.2.9

面对个人的脆弱、无力感、渺小，自己人生的剧本是最重要的。如果什么都不做，人会开心吗？我不知道，为什么会觉得累。你无论做什么，都是会被骂的，不要对自己要求这么高，你不是圣人。

有多余的散钱，就拿来投资，让其钱生钱亏不了多少，但放赌桌上，就不是你的了。

如果我死，现在和 10 年前所想的，已经完全不一样了，生存逼迫你调整自己、改变自己去适应，残酷一点来说，你并没有自己的意识，你是适应环境的产物。

当然，如果我赢钱，处于开心、高兴及兴奋的状态，又怎么会写出这些语句呢。我觉得自己的命、运、风水、德，如果是很好的，一帆风顺的，那么我写作的灵感从哪里来呢？对人生的理解、见解又怎么能深刻呢？

我们努力活着，却不知生命的滋味，为什么？每个人都有自己的行为套路。

——2021.2.13.09：34

今天晚上收集旧东西，看到了以前的笔记，高中、大学到刚出来工作的记录的一些东西。当然，我们只能凭借这些资料去回味自己的人生，我们的生命得到记录、我们的回忆也在里面倾注，每一张纸、每一段文字都记录了一些故事，一些难以忘怀的、激动人心、燃情岁月的往事。

过往、如今、往后，如果不想在无所事事中虚度自己的人生，就该努力去把握好自己的人生，去书写下去，找些时间收集一下自己的笔记，等……，就开始整理，给自己出一本书。

——2021.2.14.19：45

　　内心的想法太多，会影响到对客观世界的观察、信息的收集判断。往往沉溺于自我的世界当中，而对客观世界的东西视而不见，左耳进右耳出。

——2021.2.18.10：38

　　昨晚做了梦，吐口水，在Q中学外面的河上，一吐口水，马上喷到了河面，像烟花绽放。简单记吧！梦中吐口水，河面像烟花般绽放。

——2021.2.21.22：27

　　将生和死之间的间隔删掉，生死是一起的，人才会获得自由，才不会被欲望驱摆、迷失方向，才不会在失落时万念俱灰，不会在强壮时好高骛远、不可一世。情绪起起伏伏、哭哭闹闹、扬扬得意、自以为是……只是愚蠢的表现。而真正的幸福应该是发自内心的欣喜，没有鞭炮声，没有歌舞，有时甚至连表现都没有，完全只是一种沉浸，而且是很短暂，可遇不可求的。

　　但是通过修炼自己的心境，可以让自己走向正确的道路，不为妄想所摆布的道路，生和死是一体的，不要将其割裂开来，而只有这样，才能领会生活的实质。

——2021.2.22.11：34

　　早上6-8点，在梦中写了一段文字，笔没有水了，想找手机看日期，醒了。

批评、说话、做事，不能有情绪。没有情绪，叫成熟。

——2021.2.23

做了一个恶梦，现在仍处于恐惧之中，不是什么洪水猛兽，也不是枪林弹雨，而是一种恒久的孤独。

梦到自己已经死了，变成了一个孤独的游魂野鬼，身边的一切你都看得见、听得见，最亲的人还在怀念你，其他人已经逐渐淡忘你，继续着平淡无味的生活。而你柔软无力，只敢晚上出来见人，你有很多话想说，但你能被感知的很少，可以说别人看不见、听不到、摸不着，而你的力量也是微弱到几近于无，这是一种怎样孤独的存在啊。我在梦里衷心地希望，这仅是一个梦，其实我还是正常地活着，如果是这样，我必定会珍惜生活，把握住活着的每一刻，虽然我知道这不可能……

梦醒那一刻，我笑了，感觉从未有过的快乐，全身是汗。

——2021.2.24.02：24

在过往的经历中吸取经验，走完前方的路。

——2021.2.25.21：21

每时每刻，大脑都会作斗争，是理性和激情之间的斗争，理性让人记得发生的事，而激情让人享受当下的事、沉浸在当下。

——2021.2.26.22：28

慢慢做，慢慢学，沉浸，专注。

——2021.3.2

我应该是 3 月 2 日发的烧，晚上从 38.4—38.9—38.7—38.4—37.9—37.4，到了 3 月 3 日早上降为低烧 37.2—37.1，下午去医院，护士写了 37.3，验了血，开了药，共 160 元左右。验了核酸（在发热门诊去验免费）。不过我没吃药，因为我从 38.9 度降下来，都是靠自己降的。

到了 3 月 3 日晚上，终于降下来了 36.9。3 月 4 日早上，降为正常 36.6，下午回去上班。

由此可见，多喝水，休息、吃清淡点，38.9 度以下的烧是可以自愈的。通过休息、营养，人体会恢复很多功能。（眼睛不要接触太多，大脑需要休息。）

——2021.3.5.12：01

有同事此刻就快要离开，下周不再来，可能永远也不会再见的了。在办公室临走前，她说加油考上。我说来一年多，辛苦你了。她说害羞，不要说客套话。我说如果考到一定请你吃饭。

——2021.3.5.18：19

是天气的问题，还是什么其他原因，人总是容易去想很多，有很多感伤，那种脆弱、感伤，3月份，控制不住自己的思维，敏感。

——2021.3.7.17：49

早上6点53分的闹钟起床……

现在刚在孙中山纪念馆旁边的寺庙对面的茶餐厅吃完饭，看要不要逛下书店再回去。

——2021.3.14.19：02

只需要一个清晨，什么都不做，静看风吹过，花开花落。

——2021.3.23.07：31

死亡如果就在眼前，所有的追求，烦恼都该忘掉，直面着死亡，人的确没有什么好失去，人最大、最后的敌人仅仅是死亡，而其他的一切，都是可以成为朋友的，并没有什么深仇大恨值得去惦记着。因为我们终将逝去，而一切都是那么地新鲜。我们之后会有更多的我们，理想、信念，可以让人坚持前进。

——2021.4.9.23：45

东部快速通向东部，后视镜里的夕阳，向东下山，6点

35 分，东边的尽头开始亮灯，等夜深……

——2021.4.11.19：03

纯粹是难的，无论多么想除掉刻意，却总是刻意的。

——2021.4.16.13：19

当你心里想着其他事，忧虑重重，你又该如何观察？

——2021.4.17.16.26

每一个想法都要输出，或者说宣泄、发泄、表达，憋着就会有压力，人就会有问题，不管是身体，还是精神。

手机充电 84%，不意味着你考试就考 84 分，之间是没有什么联系的，这只是你幻想出来的东西，强迫自己让二者有所联系，而这只是你的想法和一厢情愿，是唯心主义的表现。你很敏感，有敏锐的大脑和神经，你可以做很多艺术类的事情，取得一些成效。有艺术细胞，但是，很多时候不是时候。你需要活着，首先需要活着，因为在经济社会，你要赚到很多钱。

——2021.4.18.12：10

担心是消耗能量的，但是无办法，你想做什么呢？你很在乎别人的看法，你能敏感地从别人的表情、话语、动作中分析别人的情绪、想法，你非常敏感、敏锐，这是弱点，也是优点。不好的地方是你容易产生痛苦的感觉，人生会感到不幸，在失望和无奈中挣扎；而好的地方，是可以在艺术、创作领域达到一些高度，而创作，是需要天分的。

你要做的，是直面主要矛盾，即是生死。

——2021.4.19.10：46

昨晚下班，走向车停的地方，路上有棵木棉树。

木棉花从树上落下，在空中风会将其吹散，刚好伸手接住其中一瓣，软软地好像没有重量。

——2021.4.21.08：24

我们逃避困难、我们沉溺享乐、我们不愿面对真相，是因为我们无法纯粹地观察，不仅是世界，还有自我。

在办公室，这几天换到 H 哥的位置上，感觉效率提升了很多。隔着缝隙，看到阳光照射进来，拉开窗帘，看到早上阳光很灿烂。于是拉起窗帘，打开窗，明亮的光线让人的心情也变得开朗。

要学会观察别人是怎么做的，不要只顾着自己的事情，一切政治、社会关系，都是需要去观察，从而采取最适当的决定、行动，不然就会冒进、犯错、失误。

——2021.4.21.08：43

听说每一场雨

都有自己的名字

也许每一粒毛毛雨

都有自己的故事

空中似有樟木香气

小鸟飞掠归去

曾经也淋过雨

——2021.4.27.19：57

文章如果例子不够充分和有说服力，人是很难看下去的，人们需要事例去了解、想象道理。纯道理论证的话语显得干巴巴，难以下咽。为此，要学会观察身边的事实现象，看些新闻、看些书，了解一些经典的事或案例，学会去运用。

——2021.4.29

4.30—5.5，有些事情，往往在觉得将要开始之时，实际上已来到告别之刻，就像存在于梦境里，从未发生……

——2021.5.6.01：03

有时你会以为自己会很难过、失落，但事后会发觉，未必如此。一切都如水般自然流动，来去自然。

时间是宇宙之王。人就活这不到百年，如果到最后才开始为了快乐而活，会发现时间不够了，那会是很无奈的一件事。

——2021.5.8

你有很多想法，有很多事想了解。你有自己的立场，有很多身不由已的理由。于是那些想法在不知不觉之中成了你的负担。其实，也许那些想法有可能改变你的生活，只是你没有重视。不同的、特别的想法，就是创造。每天人云亦云、浑浑噩噩，虽说没有什么危险，但这样人生将失去很多趣味。

——2021.5.11.20：21

美的瞬逝，抓不住、来不及，就消逝。也许是因为美丽易逝，所以才会抓不住、来不及。

——2021.5.15.23：00

美好的事物总是易逝，那些片段无法定格，抓不住、来不及。

——2021.5.16.00：24

把所想的一切说出来，是讨人厌的疯子。而把所想的一切写出来，也许会成就一番事业。

——2021.5.16

以后人名、事情，都要写下来，写了就有迹可循，可以拓展人的记忆。对于梦想来说，不存在好坏，无所谓大小，只存在有无。

——2021.5.17

看电视不是活着，出来走走才是活着。出来走走，路是用来走的，走到黄昏，走到亮起路灯。小鸟也在荷叶上走，出来散散步，风很舒服。

头脑想到什么就写什么，这是一种能力，需要培养。我们最大的问题只有两个，一是头脑里没有东西，二是有东西却没有写下来。也许书写下去没有什么意义，句子没有押韵，但我相信，终究会达到一个高度，一个专注、观察、全神投入的状态。

当你不开心，才有灵感，是这样吗？当你用脑大量时，反而灵感会迸发出来，而闲下来时却没有了灵感，这是奇怪的。

直面死亡吧，不要为了艺术而艺术，要把所有的时间花在让自己更有意义和价值的事情上，面对死亡，人才有最真实的一面。

——2021.5.19

人的一生，能赚多少钱，最终都会失去的，和写多少字、做多少运动一样，最终都会全部消失。无缘无故地来，无缘无故地去，不能无缘无故地走来走去。

——2021.5.20.22：54

你来到这个世界，你有很多眼泪，有很多不舍与苦悲，无论你有多少难过，总是会有情怀与温暖，你在社会奔波，流浪街头，你只是天地间的一个人，有什么值得大惊小怪的。

天天都有新闻，我累了，不想动脑筋，但是我知道这样会更累，我要尽量适应这些事，直面死亡，不停地写下去，不停地反对自我，反对又再反对，终究会有结果的。

——2021.5.20

我不介意自己活得平凡，我也想过最坏的结果，要么是死，要么是半死不活，但只要能继续写下去，对于我就是最大的快乐，其他的快乐是短暂的，但从今往后我认为不应该排斥，而是要接纳，要学会接纳不同的元素，只有兼容并蓄才会有创造，有源源不断的碰撞和灵感，希望大家能健康生活，小孩能健康出生、正常长大。

人害怕面对自我，但平常做很多事都是为了满足自我。我们应如何生活？我们对待生活该抱何种态度？应是开放包容的，这样才有乐趣。人与人之间相处的艺术也在于此。做人是一种学问，是一种艺术。

——2021.5.22

　　如果可以，你想要过程的快乐还是结果的快乐？也许是都要。我们离不开资本，离不开金钱。欲望无穷无尽，我们的身体却不能得到更多，因为我们只能拥有那么多，再多的话，身体也会吃不消，这样就未免会成为一种遗憾，我们无法改变世界，正如无法控制自己的出生一样。我们可以做的，最好的，就是将其当作一种旅途，一个过程，一种转瞬即逝的过程，时间将飞快地逝去，没有人能将其抓住，让其停留。很快，我们就将油尽灯枯，很快我们就会失去一切，忘记一切，被一切忘记。痛苦、病弱、病痛都将使我们虚弱，没有了昔日的朝气。没有了欲望，我们算什么，我们只是一堆化合物罢了。

　　可能我会死去，不是今晚，就是明晚，或是其他的夜晚。我很累，无力承担自己的生活重担，但是事实真的是这样吗？现实与你想象中差很远，但你应该看到的是，把握好现在，就是把握好以后，每一个自我努力的夜晚，都会对往后的日子产生影响。唯有专注于内在的目标，那才有实现的可能，你要认真去努力、去奋斗，去做很多以前不敢想、不敢做的事情，这就是梦想的人生，这就是改命的人生。因为每天都有改变，每天都在创造，于是便有着无限的可能性。向着自己理想的人生进发，人的生命会有意义得多。

——2021.5.23

　　往往我们把死亡想得很遥远，但其实活着，就是那样近的事情，死亡并不远。

在梦想和欲望之间，你可曾有过犹豫？答案是肯定的，你会犹豫，有时你还会完全沦陷，沉溺于欲望的快感中，难以自拔、深深沉浸，直到现实的耳光突如其来，才痛恨自己荒废了时日，但是，只有不停向前，才能做很多事。

你有想做的事，就应该趁有气有力、没病没痛的时候去完成，成败并不重要，过程才是值得品味的。当又病、又弱的时候，许多想做的事都会因为没有一个好的躯体而被迫选择放弃，从这个意义上说，只有努力去工作，认真去锻炼，好好地赚钱，才能更好地实现自己的理想，不要在意细节，多运动总比闲坐着要好。去努力就对了，当想了，就要付诸行动。

该来的总会到来，该结束的也终会结束。只要和自己比有进步就行，多运动，运动一下也是运动。没事的，只要行动就好，积累会变好、变多。当然，病也是积出来的。不要让自己太紧张，放松一点，放松才能有更好的状态，这是很重要的，不要灰心，认真努力就完事了。

——2021.5.25

终于早上了，睡得不是很好。可以说睡得很差，可能是酒精的缘故。昨晚梦到到一个乐园玩，爬到很高的地方，然后跳下来，在最高的地方落下那一刻，吓醒了。

——2021.5.27.07：10

第 2 次吐应该是凌晨 4 点多，没东西吐了，最后咳出血丝，现在好了一点。

以后不喝酒，不会死，但喝酒会死。

以后喝酒时就记住那是毒药。

家人、家庭永远是最重要的，不要想其他很多东西，活下去。

——2021.5.28.08：55

同一样东西，对于某的人来说可能是享受，而对于某的人而言或许是折磨。

——2021.5.29.00：41

没什么好急的。嘴巴在别人那里，别太在意批评吐槽，重要的是你想要什么，保持前进。

——2021.5.29

失败并不可耻，但要懂得总结经验。由失败走向成功，由成功走向成功，无不是经常总结经验教训所取得的，世界是否一直以来都是经济世界，只是我们过于一厢情愿地认为，理想中的世界应该是什么样子的。

果真只能共患难，不能共富贵？

——2021.5.30.07：36

　　人啊，总是无比怀念以前从未珍惜过的时光，不知道是怀念时光，还是怀念有时光可以浪费。

——2021.6.11

　　没有那么多的感同身受，但只要有一点，也足以让人泪流满面，很多事物也许对于别人不重要，但是只要是自己的，哪怕再平凡，也是自己的，因为这就是你自己的生命。我还不能死，我还要活得更好、快乐。

——2021.6.12.00：07

　　如果离开了集体的庇护，你个人来说什么也不是，只是任人欺压的对象。这个和你的人格魅力关系不大，主要是和人性有关。

　　猎豹等狩猎者最喜欢猎杀的往往是落单弱小的羚羊，人也一样，看你一个人肯定冷言以待，因此深谙此理的领导外出时总是需要一些下属去打点一切，没有下属的衬托，领导难免也会遭遇冷落，有时甚至连普通人也不如。

　　所以说，承受一些打击不一定是坏事。也许你会认为，那些美好的时刻你会永远地记住。但事实上，你印象最深刻的事情往往不是快乐幸福的，而是被无视、被嘲讽、被谩骂，甚至被绝对力量粗暴对待的时刻。当然，你不应当把这个世界、把人类想象得太糟糕，人类具有普遍的同情心，虽然战争从不停止，但仍能在一定的和平中一代代繁衍生存下去。

哈哈，你问别人借一样东西（篮球），如果在学校课堂里，对方的回答也许只有"yes"和"no"两种。而生活的答案要丰富得多，比如"痴线""神经""弱智"等等。

——2021.06.15.22：07

那种目不转睛盯着的表情，是令人感觉不舒服的，是病态的。人是不喜欢被注视的，尤其是不知道从什么时候开始就一直看着，这会让人觉得自己像物一样被对待。

不过怎么说呢，世界有很多事情发生，不一定每个事都能给出个所以然来。如果每天都有一些不好受的事，而又把灵感写下来，应该人也没那么容易疯。

——2021.6.16.08：23

应该做的是珍惜现在，时间一旦过去了，很多事情永远也不会发生，这是无法弥补的，就像早恋。

——2021.6.17.00：12

观察生活、工作中的每个片段，总能找到有用的信息，这些信息或者在现时是无聊的、无意义的，但在某些时刻，是将来的某个时刻，或许就能产生无比巨大的作用。因此，对存在的事物、知识、景观、发生的事情等等，不要太急于发表自己的意见，而是多观察、多总结。

　　最重要的是，面对最真实的自己，面对最根本、最终极的问题——即是死亡，只有面对这一问题，思考死亡，人才能得到最终的自由，才能找到自己的价值，价值是需要自我思考的。

——2021.6.18

　　黎明前的蓝，是日与夜的界限。

——2021.6.21.05：27

　　白天汗如雨下，晚上雨真的下。

　　……

　　一天四十小时。

——2021.6.22.00：09

　　你是想做一些出卖体力的活，还是做一些稍微轻松一些的。但是坐坐办公室，是不能赚大钱的。向着死而生，你不这样想，一直认为自己很多时间，其实结果是一样的。

——2021.6.23

　　在书写中治愈，各种痛、各种伤，书写是药、良药。

——2021.6.23.15：26

众多的信息使人眼花缭乱，麻痹大脑。当然，你被动接收信息，和你主动思考是有所不同的。

——2021.6.25.21：00

假如每个人每天都是上班、下班，看一样的电影、玩一样的游戏、想同样的问题，生活还有什么意义？

不要在意结果，人生重要的是过程。成或败只是一个结果，而最重要的是你的感悟、你学到的东西。

——2021.6.26.23：10

要想比较妥善地处理好每一件事，就让自己认真地对待每一件事，做好一件事，再处理另一件事。

——2021.6.29.14：25

说起人生，也许我们往往只记得成功者，但事实上，真正的伟人，其人生结局，大都是失败的，但我们并不以其失败的结局为评价标准，而是他们一生中所表现出来的精神……

——2021.6.30.00：39

如何通知落选人员落选？好话要在前面说，当得知结果后，就没有心情听下去了。

——2021.6.30.17：18

有时，通过逃避去直面问题，只是，没有能力面对自己的痛处。

——2021.7.5.23：55

心存幻想，因为需要一种安慰。理想是必要的，无论"超人"是否存在、能否实现，人都需要一种安慰。

——2021.7.6

经历一些事，得知一个道理：遇事不用急。

——2021.7.7.15：31

生活是用来享受的，我们只是来这里度过一段很短的旅程，会经历生老病死，遭受痛苦挫折，而到最后，人会死。除了吃，我们还有什么可以做？改一下，是喜欢做。

——2021.7.10.17：39

美是易逝的。当看着落霞时，大脑是静止的，当想用一句话来衬托景色时，大脑就停止了欣赏。美是当即的感受，是不需要思考的。

——2021.7.11.20：32

要开咖啡店，是一种情怀，但是真的开起了店，就不是情怀的问题，而是收支的问题。到最后还是要回归现实。

哪怕内心再有波澜，再有不舍，我也不能沉溺，死亡不允许我逗留太久。当然，我现在已经不太害怕死亡，这已经反而成了我的优势，我生存的哲学。如果文字让我疯狂，我相信，它只会帮我舒压。我知道，也许灵感会消失，但内在的痛苦不会那么快失去，我的经历，我的痛苦、孤独，应该没有那么快逝去。只要还有创痛，就有写下去的欲望，我现在恐惧别人的目光，还是自己的样子不敢面对，还是说写出来的东西没有了灵魂，我害怕的是什么？我留恋过去吗？还是留恋安全的现在？在无数的苦痛后，我的心灵是否还是存在不舍？的确，一切存在都正在走向失去。

不要被时间所限定，生命中的很多事，慢即是快。思考死亡，才能让我放下执着。（太在意结果的执着）

——2021.7.11.23：18

对死亡的思考，能让我脱离自我所设的限（制），也只有思考死亡、面对死亡，才能诚实地面对自己的恐惧，才能成熟心智。

——2021.7.12

落霞的色彩，咖啡的香气，音乐的旋律，被书包围的安全感……（情怀不能当饭吃，通过发展古村的休闲旅游，

有可能让一些特色商户得以生存）

——2021.7.14.01：16

人真正的对手是自己，和自己比。尊重其他人，就是尊重自己。

——2021.7.16.22：25

女人不能用命令，要用哄的，才能达到效果。

——2021.7.17.09：52

做事低效是因为没有建立好思维导图。而思维导图的建立过程对于很多人来讲，是慢的、一时半会难出效果的、费脑的，但我今天所理解的是，只有建立好思维导图，对你所学习到的东西就不会因杂多而感到混乱。

而建立思维导图的过程，慢即是快，到最后其取得的成果，会远远大于低效率的积累，因为，一个很浅显的道理：你不必走完全世界所有的路才能到达目的地。

对于实现自己的人生理想来说，只要目标是明确的，走得慢又有什么关系？而走得快，如果马虎应付、走马观花，人生又有什么乐趣？

——2021.7.18.11：08

昨晚在 ML 咖啡点了杯卡布奇诺，喝完后见店里没什么客人，便坐在前台，老板"老湖"是个真诚的人，有问必答，也不会说遮蔽什么。他说其实也想上班，但是上班就是别人的，自己的一些想法就表达不了，自己开店就是样样都是自己做，会很累，而只要自己喜欢、有钱，就可以一直做下去。他喜欢做咖啡，2011年开始做，做了11年了，但还是想做、不厌，这是真正的喜欢。

兴趣与工作结合起来，只会产生一种结果，就是专业。在店内，冰箱旁，专门有一个书架，上面堆满了有关咖啡的书籍，而且看老板的朋友圈，有很多个人关于咖啡的记录和个人的见解，这就是专业、热诚。

无论是事业还是生活，如果有兴趣，开间咖啡店，并把自己的理念放进去，咖啡馆的外化，是你独特的内在品味，暂时写不出那种感觉。打工，是否一种"异化"？

——2021.7.19.08：02

星期一晚上GYFY很多人，似乎星期一的客人和周末不一样，打桌球的，周一的相对年轻一点。

不要逃避当下看到或听到的一切，这一切当下的都是历史，你所感受到的，如果不记录下来，就会永远地消失。你记住了，就能印刻在头脑。甜美的笑容，露齿的微笑。在打台球的几个年轻人，看上去桌球技术不怎样，想去让他们让我打下。还是想先品尝这杯咖啡。

昨晚在ML咖啡，老板在挑豆，将不好的豆扔掉，他说，一颗不好的豆，会影响一杯咖啡的味道，识饮的人会饮得出。

——2021.7.19

战胜自我，不被自我遮蔽，最大的对手是自己。观察自己，纯粹地观察，观察自己的贪婪、恐惧、弱小的内心，争强好胜、输不起的内心。

——2021.7.20.00：03

人最大的敌人，其实就只有自己，焦虑、渴望证明，也不过是为了自我。

——2021.7.20.15：38

爽文看的时候爽，爽完就无瘾；枯燥的文，看完反而头脑清醒。当痛苦多于快乐，你做事的动力就会减弱，当你失去了做事的兴趣，你也就很难完成那件事，也就感觉到失去了意义。

急是有副作用的，快就是慢，人生过得快，不过就是快点死而已。快，失去了品味生活、感悟生活的机会，什么都要速成、要快，失去了细细地品味，无疑是一种遗憾。而懂得慢，不怕慢，乐意多走几步达到目标，其实也没什么不好。起码风景有仔细欣赏，像是一杯咖啡或一杯茶，慢慢感受其味；像健身，慢慢推、举、拉、蹲，让肌肉充分感到阻力，过程也许难熬，但过后就会产生快乐的化学物质。这是无副作用的快乐，而不是过后让人感觉失落空洞的乐趣，那是大脑接收外在的刺激；而真正有效的，其实是内在的快乐，这个无法通过外在取得。

一味地求快，不停地追求外部的刺激，不过是欲望的影响，内心被欲望奴役罢了。如何不被自己的欲望所奴役，是一门很重要的学问。

——2021.7.21.22：57

慢，才能细细品味；暗，才能仔细欣赏。快、亮，就失去味道了。可惜，我们在当代，很难静下来好好欣赏一下落日，或者安静下来做一件简单的事，无法像小孩一样，能对一件玩具保持专注。成人社会，一切都标好价格，都有时间成本，安静做点什么，成本太低。如果你知道自己的价值，就去做就行。

——2021.7.22.01：27

这个世界不理想，它会无情地打压你，热衷于看到你失败落泪，直到最终摧毁你。你不必灰心，因为正是不理想，理想才有存在的意义，也许理想很遥远，又或许它永远都实现不了，但实现理想的过程也是成长的过程，有爱有悲，有笑有泪。当然，最不幸的是人生只有悲痛和眼泪，而我也做好了，被你怨恨的准备。

——2021.7.24.10：51

不受控制的速度，其意义只有危险。

——2021.7.24.13：31

和无聊、虚无作斗争，现在生活其实不错，因为没有钱，人生还有很多追求。

如果你总是想着未来有什么事要做，你又如何过好现在？无论过去多么辉煌，未来多么有趣，都不能让"此时此刻"将就，无论此刻是悲是喜、乐或痛，又或是无名的空虚和无聊，都是此刻的感受。而此时此刻，是独一无二的，无论是在永恒的时间、还是在无限的宇宙里，它都是唯一的，它都值得你细细品味、观察。

——2021.7.24.22：42

已经过去的，留恋；还未发生的，向往，都主观加了一层想象，而我们却未敢下定决心为此刻而活。而只有此刻的观察、感受，才是最准确的，最真实的。

对过去、未来的想象，都失去了冥想的意义，失去了纯粹的观察。

——2021.7.26.08：40

不能因为自己身体原因，就恨这个世界。当保持好健康，同时保持与死同行，生和死是绑定一起的。

——2021.7.26

基础，值得反复练习，成就感高，锻炼熟悉感，受打击少，但很多人却不会去巩固。不是因为能力不够，而是傲慢。在高处失败，可能运气不好；在低处失败，是因为傲慢。

——2021.7.26.21：10

我觉得自己是最不能接受变化，自己只是想静静地做点什么事，专心做简单的事，就是想要简单的快乐，就能得到。如写点文字，做下题目，也挺开心，不要大富大贵，只要日子过得去，能做自己喜欢的事。

——2021.7.31.17：04

喜欢这种大家都没有说话的声音。

跟着自己的节奏做事，多好。一味着想速战速决，势必会翻跟头；贪一时爽的结果，注定是失败。

——2021.7.31.21：24

感觉，永远是当下的、唯一的；回忆，总是会有一层滤镜；幻想，往往带有欺骗性。

——2021.8.6.00：09

BJ 书城里面有咖啡厅，一杯拿铁 33 元，可以找些书看下，氛围不错，汽车 3 小时内免费，等下 8 点多走。

　　"不知道为什么，找不到望一眼就有感觉的书。"

　　"因为这些书是给正常人看的。"

——2021.8.6.18：39

　　父母对孩子的爱，兄弟姐妹之情，从别人身上能看到，自己没有，不代表别人没有。

——2021.8.6.19：39

　　回忆，总会带上一层滤镜；幻想，往往具有欺骗性。觉察，只能是当下的。

——2021.8.9.00：02

　　人在水下喊"救命"，岸上只有云淡风轻。

——2021.8.11.10：52

　　慢慢靠近目的地，太赶会错过风景。

——2021.8.12.01：21

　　你逃避死亡，以实现梦想来逃避死亡，最终也是一种逃避。当你不再逃避死亡，便没有实现个人梦想的必要，你对成败不屑一顾。

——2021.8.21.00：12

如果我把看到的、想到的写下来，这就是我人生的经历，而它是独一无二的，其实每个人所经历的都是独特的，只是感觉是当下的，过了当下，就不存在了。

——2021.8.21.11：33

欢迎光临。这个世界不完美，但你依旧比我幸运，起码来时有人欢迎。

——2021.8.21.23：16

你什么都不是，只是一堆欲望，一切都是虚假、虚无的，没有什么意义。

——2021.8.22.16：10

也许在5年之后的某天中午，会想起多年前有人惊奇地说：流过的汗水，将形成心的形状。

——2021.8.26.21：45

我们喜欢看短视频，是不是因为我们的注意力只是短暂的几分钟？如果只有几分钟，我们的注意力如此短暂，那我们该如何去寻找生命的意义？

你每一刻的状态、想法都不同，也就无所谓坚持了。假如注意力是稀缺资源，那么你无论怎么去强调自己去专注，去保持注意力，都是无效的。因为注意力是有限的，用注意力去持续注意力，是无效的。

——2021.8.27

　　看着过往的人群，是无聊的，没有意义的，现在的我，没有了以前的内心的冲突、痛苦，不再向外找寻诸多为自己辩白的借口。但是现在却多了一些无谓的烦恼，我还是不敢去观察这个世界，我还是遵循着最容易的路去走，用最舒服的姿态去生活。这本没有什么，但是死亡却让我知道自己不能这样下去，必须要做出一些改变，是适当的调整和改变。

　　自我太强烈，会忽视了环境，会对自己所处的环境失去合理的判断，就会让自己陷入不利的境地。你在这个地方，你所看到的也只有眼前的东西，你的认知也就只能停留在这个地方。

——2021.8.29

　　希望你把人生当作旅行的一个过程，不要有太多的包袱。旅途中的问题和困难只是为了增强你的心智、提升你的能力。要自在地感受风景。

——2021.8.29.11：16

　　早上同事打印不了东西，电脑显示打印机是灰色的。我想起也以前也碰到过类似的情况，便没有准备的直接在她电脑上操作，我不急也不慢，小心仔细地一步一步操作。

虽然最后有一点小问题，但总算是弄好了。这的确是一个好的事，让我学到了一些启发，就是认真记录下发生过的事，认真写下事情的问题、原因、解决的办法。

在现代社会，很多时候已不需要随时保持应激状态，在平静的深思熟虑中，在沉稳的文字记录中，也能达到自己想要的目的，而这往往比所谓的激情有用。

为什么有压力？你要享受闲暇、享受快乐，而不应该担忧或恐惧，有很多事情值得你观察，也有很多事情需要你去思考。

——2021.8.31

你之所以活着，不是要赚多少钱，拥有多少东西，而是能够发挥出你的天性、你的才干，外化你的灵感，因为那是独一无二的。

——2021.9.2.21：55

"你喜欢听什么音乐？"

"静音。"

——2021.9.5

有时候，想省一点钱，但却失去了很多时间。

——2021.9.11

死亡问题。人每一天都在不断地接近死亡，到最后，人能剩下什么？好像什么也没有，只是无缘无故地来，也无缘无故地受苦受累，最后又是无缘无故地离去。为了什么？人究竟为何要经受这没有意义的一切？我们究竟能够相信什么？当然，我知道这样的问题是永远也没有答案的。因为没有意义，于是我们只能避重就轻，选择错误相对较小的。

我们仅是单纯的个人，并不是神。我们经历了太多的欲求得不到满足，我们愤怒，我们沮丧，我们贫穷，我们自卑，我们懦弱，我们恐惧，在无尽的夜晚里，我们曾泣不成声，我们捶胸顿足，但是没有人在乎我们的痛苦，没有人在乎我们的眼泪，我们只能在黑暗当中默默舔尝自己咸淡的眼泪。除了生存下去，再也找不到其他意义，即便是生存本身，也失去了意义，于是，我们选择了自杀。

——2021.9.14

梦境：为拯救人类，道士穿黄色袍，在深夜带众多僵尸出动，是用飞的，在阶级上直接飞下，所有僵尸随之飞下，飞了一批又一批，镜头慢慢拉高，僵尸似乎无穷无尽地飞下去。当（镜头）拉到足够高时，僵尸变成了一个个光亮的点，看到在地面穿梭，速度快，有聚有分散，在密集、较黑像树林的地方聚，并在各个树林间分散，每经过一处，都会吸取杀死巨型动物。光子一经过，2头大的神牛便立即倒地、巨蛇也消失不见。有僵尸化作的人，想用钱去安慰死去神牛的农户，希望可得到原谅，但一看到一个读书人，便撒腿就跑了。

——2021.9.15.07：46

看一下书，心情是平静的、舒适的，仿佛什么都没有失去；刷一下网络，心情是刺激的、感觉是新鲜的，仿佛什么都没有得到。

——2021.9.16.19：02

如果是痛苦地活着，也许人会盼着生命早点结束，但是，人间又有多少日子是快乐地过的？

将年少时吹过的牛 X 变成现实，也许这也是一种意义。

我对于身边发生的一切，很多都带有自己的情绪，这会带来压抑，带来灵感的扼杀。所有看过、听过的，都不是无意义的，人没有任何主观的想法、全然地去观察，就能找到生活的书写的灵感。

——2021.9.16.23：12

每一时刻的感受、或想法、或正在思考的只言片语，都是可以拿笔记下来，这些是你的人生。人的记忆会消逝，但每一时刻的你，都在通过文字去呈现出自己，因此比什么都不记录的做法，更加深刻、全面。

你什么也不做，时间照样是流逝。

——2021.9.21.10：06

昨晚发低烧37.3度，吹着风扇，睡了一晚木板床，早上起床终于降到36.4度。以往（身体小问题）和情绪、休息不够存在着很大的关系。现实中我仍然有很多忧虑，很多恐惧，为什么会这样？我是否只能抱着出家的态度去生活，才不会这么焦虑、悲苦。人为什么对自己这么残忍？老子强调"无为"，不希望你牺牲自己的生命和健康去成"为"什么，只要你过得开心快乐就好。

一场病终于来了，其实它早有征兆，只是我没有重视。"一阴一阳之谓道"，事情去到极限，往往会得到相反的结果，叫阴阳互换。但阴阳其实是一体的，过度地损耗身体，它就会通过生病来反抗。人的身体有限度、精力有限度，只是人的自我没有限度。

——2021.9.23.13：21

无痛，是一种幸福。也许正常人有点难理解，但对于敏感的人来说，的确是个问题。

人是否只愿意听自己听的话，而对不符合自己意见的事实，选择视而不见。

——2021.9.24

无痛、观察、节俭，是时刻要的。文字重要、钱重要，因为能给你带来快乐，可以让你赚到钱，每一个文字所背后带来的是什么？我在不断的书写中，找到了乐趣，找到了人生的最大快乐，足以让我对抗所有的痛苦。要碰钉子，才能学会求生存，这些是不能从家庭、学校中学到的，社会是个大熔炉，把所有人都囊括其中，你会面对很多无可奈何的事情，要学会终身学习，才会更好地融入这个社会。我以后可能会很出名，现在要苦练内功，有一天会死，但是不注意的话，最后会很难看。

很多事情要学习如何处理，大脑里有很多想法，身体一好，就有很多欲望需要释放，人就是这样的一种动物。也许佛教要禁人欲是对的，能最大程度上让人保持稳定的心境，通过打坐、吃素来控制自己不妄为、不乱为，也限制了自己去做一些事情。

寻找刺激，是不会停的。直至人把自己的身体玩坏，才会不得不停下来，这时，大概已经晚了，人生就是这样过去了，一切都没有改变，人活着究竟为了什么？我是谁？该何去何从？

你希望自己不用动脑，只要顺其自然，就能得到成功，得到快乐。以前人们白天劳作，还有夜晚和自己交流；如今有了电、网络，连最后的空间都被占据了。当自我被不断剥夺，剩下一种充实的孤独。

人们需要忠告，需要建议，需要有人告诉他们，这样没有问题，以后会很快乐，没有问题。是否还有其他出路？

我看未必。我现在有乐趣、快乐，这就够了，无痛，就是最好的了。

——2021.9.25

晚上健身房跑步出汗。你可以看到，学习很多东西，只要与自己相处好就没事。

——2021.9.26

我们是如何浪费时间的？当念头、思考闪过的时候，我们又不得不想下一个念头，因为时间有限，在每个时刻只能思考有限的东西。而我们对之前思考过的东西，绝大部分都会忘记。因此，我们信不过经验、信不过记忆、信不过自己，也不信外部和其他人，我们对一切都是怀疑的。

有时，所谓的灵感，无非是在孤独、痛苦、压抑或一切不舒服的状态下产生的。

——2021.9.27

只有独自在黑暗中，才不必戴上面具。

——2021.9.28.08：17

这个世界不是你想怎样就可以怎样，一步一步，只会越来越难走，被逼无奈你只能不停地忍受，你察觉到别人的痛苦，你也能感受到痛苦。

你是想要对还是钱？我们都是在错误中学习和探索，不要说"我不喜欢"，不能让人知道你喜欢什么，不喜欢什么。不公平、委屈……追求的一切，到头来都是空的，只要身体没有病痛，也就没事，追求其他什么东西，都是会产生痛苦的、多余的。

活着是脆弱的，一次意外、一件小事，可能就足以令一个人崩溃。面对很多无法面对的问题，人该怎么办？

——2021.9.28

如果我的人生没有意义，我应把握当下，做些令自己能快乐的事，因为生命很快就结束。

——2021.9.30.08：07

早上很早起床，今天学习特别累。从酒店旁边东方宝泰广场口下去，是广州东站 G 入口（地铁），坐 2 站到体育西路 E 口出，走下面的路，穿过一条街，走完出去上去就是购物中心。

晚上学习完，很累，饥饿让人想要吃热量多的食物，于是我来肯德基买了个鸡块来啃。

感觉没有人可以交流，非常的孤独，想哭。但我知道，只有经历过这段过程，以后才会认真对待自己的理想、人生。

出来见识一下也是好的，过一下其他城市的生活。

——2021.10.1

听音乐，并不能让你集中精力，实际上，当你需要集中精力时，音乐反而会影响你的发挥。如果长期专注于一件事本身，不断地领悟和总结，你一定能够越来越熟悉这件事，如果你要和别人竞争的话，你就必须要付出相应的努力。

每个人的天赋都不同，也许你吊单杠有着强的天赋，但也仅限于单杠等上肢力量。也许仅是因为你做得多的结果，而不是天赋，是你努力做到的，只是你乐在其中，不知道自己付出了努力，因此以为那是天赋。

那么，往后我该如何做呢？该如何实现我的目标理想，达到自己想要的结果呢？我想，重要的是去做，去总结、领悟，去从中找到乐趣，不迷信别人的做法，要结合自身的实际，独立自主、自力更生，将自己的命运紧紧地握在自己的手中。

一味地跟风、人云亦云，没有自己的看法，或者麻痹自我、不看现实，都是不可取的。人生是一个过程，重要的是好好体会，结果怎么样，一点都不重要。因为哪怕你最终赢了，你还是会死的，会失去所有，回归寂静、虚无。

广州美女很多，美食也很多，书店多，文化也丰富，有钱的地方，什么都很多，很美，正说明物质基础决定上层建筑。不要去否定物质，虽然这一切都将逝去，但仍然是值得好好体会。

看到很多辛苦工作的身影，有外卖小哥、餐饮店或小卖部职员。广州东站还有很多人随地休息，就拿着一袋东西，夜晚就蜷缩在某个角落，有孤身一人的，有一个女人带小孩的，小孩就躺在她身边的一张凉席上，而凉席是直接铺在地上的。

大城市吞纳了无数内陆农村的青壮劳动力，为其城市建设添砖加瓦，而财富的分配却不平衡，也许全世界都是这般模样。共同富裕，大同，要何时才能出现。实现共产主义，注定是一个无比漫长的过程。

在火车站的地板上度过漫漫长夜，不是因为生活的体验，而可能是要省下一笔住宿的钱寄回老家；从一个镇坐公交到另一个镇，要3个小时，不是因为想感受公交的性能，而是因为这个是除了走路之外最便宜的方式。

很多人穷困，但他们没有犯罪、没有危害社会。

——2021.10.2.00.01

在广州，刚好来了3天。每天一个人去学习，晚上回来休息。在早晚从课室和酒店的来回时间里，能看到在路上（坐地铁）途中，看到每个人的步伐都很快，每个人都走得很快，每个人看上去都很忙，路上看到的大多数是年轻的男男女女。

几天来，在人群中，你一个人都不认识，没有人会理你，一天说不了几句话。然而，每个人都很忙，不会有人在乎你的感受。

但越是有这种孤独的感觉，内心往往看东西更清晰，知道自己想要什么，和别人交流得少了，属于你自己的时间也就多了。

——2021.10.03.22：12

快是建立在稳上的，只有通过反复地练习、打好基础架构，才能在某个时机夺冠。

静静地享受过程，失败也是美的。你真正的敌人只有死亡，你应该在乎的、思考的只有死亡，因为死亡就是一切生存问题的答案。我们从"无"中来，最终回归到"无"中去，开头和结尾都是写好的，人生最重要的是过程。

——2021.10.4.23：01

你的大脑无时无刻不在产生想法，只是你不知道或者忽视，那些忧虑、欲望、恐惧等想法一直缠绕在你的头脑里，你的心机活力和时间都在上面消耗。因此，你不是没有时间，只是你活得太有想法了，而这些想法又没有方式能够表达或表现出来，于是造成了这些想法又滋生出很多新的想法，直至将你淹没了。

问题来了，该怎么办？我想把时间和精力都花在能实现自己的理想和追求上，要如何做呢？

我们可以无视掉自己的理想，但不能抛却掉每时每刻自我所产生的想法，于是，理想不是必要的，而这些想法却是在头脑中存在的。那么，是不是当理想成为头脑中无法抛弃的想法时，它就无法被抛弃呢？我觉得这是一个方法。这其实是一个思想实验，写下去，将这些不断产生的想法表达出来，也没有什么不好啊。

——2021.10.5.14：02

你会遇到很多人和事物，好看的就以艺术的眼光去欣赏，不好的则以哲学的理性去思辨。

哲学家，有自己的一套独特的理念。因美而生，致力于美的，是艺术家。

有个女人在看书，边看边笑。（看好看的女人看好看的书）

——2021.10.5.19：29

活着，想到死、最终的结局，就不会有什么大的负担，因为无论结果如何，都是自己能够接受的。不要拒绝失败，学会做好接受任何结果的准备，这样人生才会精彩、有趣。如果人生不能接受错误、时时刻刻都不安、战战兢兢，每天都越活越累，要停下来，找找原因出在哪里。

自我是在比较？还是真的自己那么重要，要日理万机？好好地享受人生的过程，怀抱志向，去实现自我的愿望，但不可勉强。

面对悲喜，笑笑就好。真真假假，谁能做最终的判决？

——2021.10.6.09：44

不要逃避失败，失败其实是一体的，"阴阳"，没有阴只有阳，或没有阳只有阴，都不是自然的。

你的天性中都会自然地想追求成功、摆脱死亡，这是存在所决定的。你恐惧失败，也是基因经过万年漫长的进化所演变的，自然地去做，自然地对做事情有兴趣，也自然地取得成功，凡是不自然的都不会长久。

你做得不好的原因是做得不够多，害怕出错，只有做得越多、错得越多，才会在错误当中吸取失败的教训（经验），以后才不会出大错。你做得越多，就错得越多，而错得越多，你就越有经验，越有做对的可能，这是很自然的事。

——2021.10.6.19：59

我是一个高度敏感的人，会注意到事物的细节，会有很多不同的想法在大脑中产生，这些都消耗着我所有的精力和意志力。但现在我有一项伟大的武器，可以对抗这些敏感、细致所带来的影响，那就是"写"，只有把这一切的想法、事件全都写下来，我的灵魂才会得到解脱。因此，我也找到了我一生一世一定要做的事，那就是书写，我不可以不写，这是我的枷锁，但它同时也是我的良药。

手机始终是一接收信息的工具，而不是解决问题的工具。任由东西推送到你面前，当然是快乐的，大脑最喜欢不用动脑的事。而看书，需要的是大脑自己把握节奏去理解、去学习、去观察、去总结，长此以往，就会得到知识面的提升、技能的提升，譬如读、写能力，还有对所学知识的专业度。

事情总是很难说、说不准，因为好坏是一体的，谁也分不清楚。什么是对错，也许我们该接受的是我们的智慧是有限的，我们的理性也是有限的。所以，1. 做事，享受过程，不要看重成败的结果，没有成功，也没有失败，一切都是人的错觉。2. 尊重别人，别人也尊重你。

———2021.10.8

慢一点做，慢一点反应，人是不是会聪明一点？人的身体有限，样样有限，所以不应该放纵自己。持久的快乐应该是源于内心的产生，而不是对外界刺激的疲于回应。

注重休息、多喝水、适量运动，一切都会好起来的。

———2021.10.11

夕阳仍未西下

新月早挂树梢

此刻天空三色

群蝠飞舞

荷塘枯叶

随秋风摇曳

——2021.10.11

选择了走路过去，才发现有多难。出门，秋风很大，感觉就是凉，很容易感冒的。另外，今天挑选穿的袜子，左边那只一直往下滑，你一边走路袜子一边往下滑落，走得肯定不舒服。

说明了什么？太仓促的行动，往往会带来不幸，凡事想一想，再行动，往往会有所收获。不要和别人比，而是应该和自己比，这样人生才有乐趣。

——2021.10.12

下午上班前，看到茶几上还有 2 小包黑葡萄干，是广州培训时同桌送的。路上，听着张国荣的"童年时"，突然感觉，国庆那几天孤独的生活，回想起来却有着很深的感情。还有，你对人友善，别人也会对你友善，吃完那几颗葡萄干了，很甜。

——2021.10.12

为什么你讲话没有人听，因为你自己都不信，你读的是什么？是别人写给你的。

我不能把内心细微的想法表达出来，什么是大，什么是小，为什么遇到大事可以淡定，但小事却有压力、会紧张？

——2021.10.16

下午睡了可能有近 2 个小时，梦中想着什么是最重要的事，结果想来想去，最有意义的仍旧是写下去。

我试过用电脑 word 来写，很快可以写很多内容，但是感觉还是写在本子上有仪式感，用笔来写，有一种人生掌握在手的感觉，把世间的一切尽收眼底，把生死看淡，这是美好的。

"写"，具有安抚的作用，无论个人的际遇如何改变，它都保持着本身的简单、纯朴。

我们为什么很恨一个人，这是很重要的问题。因为我们想做一些事情，而别人不允许，于是我们便会对别人产生怨恨，认为是别人阻碍了我们，于是我们愤怒、憎恨，我们都活得很有包袱、很累，每个人都挤破了脑袋想赚钱，但这些东西最后都是空的，你想清楚这些之后大概就不会生气，该做什么就去做就好了。

从心出发，自在，是最舒服的身心状态。结果不重要，过程你是很自在地享受，就很好。

为什么我会没有时间？因为我太重视了，重视自己的表现、害怕失败，没有好好享受过程，没有办法，这是人之常情。只能淡化、不能避免。因此，要适当地调整自己，先记简要的框架，其他的靠慢慢去积累，有句话叫"熟能生巧"，看长远一点，人生还很长。把死亡拉到眼前，又有什么好畏惧？

——2021.10.17.23：13

你每天好像有很多事做，好像很重要的样子，实际上，你是什么？

——2021.10.19

我的终极的痛苦和快乐是什么？一直写，不是为了发表，不是为了出名，只是为了自己快乐，也不对，只是为了全然地表现自我。全然地展现自己的天性，哪怕没有人理解，也不阻碍我在自我的人生当中实现自我的意图。

我意志比较薄弱，比较弱，因为我每一样都想要，样样都想要，活在了对比之中，因此人也越发地疲惫、劳累、无神，我特别在意别人的看法、想法。

没有人会有时间和兴趣看我写的这些文字，但是这些文字就是我每一刻的心境，可以说，就是我存在的心理活动的反映。在社会中、现实中，我只是一百多斤的碳水化合物和一些微量元素，但内心活动，却可以写下一整间房子的笔记。

人活一辈子，到死的那一刻，是留下什么好呢？钱？房屋？还是思想的外化物？坦白讲，感觉都没有多大的意义，因为都和你无关。但在死前的这段旅途中，你会碰见什么，你自己内心过得怎么样，你快乐吗？你活得自在吗？你的身体是有限的，倾听一下它，会告诉你很多东西，问题是你从来都不听，只知道往前冲，一直给它压力。

最终我也终将失去所有的一切，就像我从未得到过一样。而人生，就是这样的一个过程，一无所有地来，然后得到很多东西，最后也干干净净地离开。

人生的际遇如何，不用太在意，用心地感受生活就好。生就是死，像一段旅程，生，在这里；死了，只是换个地方。这样想，人生也就没有什么痛苦、忧虑。

——2021.10.21

完全不想，是鲁莽行事，对于小心的人来说，其实也很难做到。想得过多了，又会对自身造成很大的困扰，所以，很累，我们没有办法，没有办法不去想。

什么是创造性？什么是适合你自己的，我认为，是对死亡的思考。

——2021.10.26

我唯一相信的，就是我会死，死亡，就是我的信仰。

无论是宗教、哲学，任何组织、社会、伟人、导师……都不能让我择一而完全相信，因为我有独特痛苦的体验，而唯有死亡，是我坚信的事。这样一来，人生道路仿佛清晰了很多，对于眼前的痛苦、委屈，也就容易放下，因为起码有一件事是确定的，心就不再漂泊，对一切也看得比较淡。

——2021.10.27.00：40

你每天会看到很多东西，但你不愿面对，你逃避，你认为自己是圣洁的，其实大可不必。你看到什么，你就是什么；你想什么，你就是什么；你做什么，你就是什么。

事情都有好有坏，担心太多只会让自己难过，没有一刻开心。

快乐是什么，就是有个地方坐一下，有东西喝一下，就很快乐的事。但我们都太累了，该怎么办？我们没法有力气去努力，这是我们的烦恼，无法努力去改变。

也许所有的事情都是重要的，也许所有的事情又都不是重要的，我们在死亡面前，所坚持的、应该坚持的是什么？

——2021.10.28

死亡并不可怕，因为它能让你意识到现在发生的一切，只是旅途中的风景。

人生是一个过程，没有什么好着急，顺其自然，不用害怕失败，死亡是好友。

自己的想法比较多，需要很多的时间进行自我的思考、学习。把自己从狭小的自我中抽离出来，在死亡面前，一切都只是一个过程、一段旅程。

过程是不可以省略的，省了过程，这就不是人生。年轻为了理想可以去死，但真正了解人性、人生、生命，应该是重视实现理想的过程。实现自己的价值，是重要的、美好的。你每时每刻的所思所想，就是你的全部。你还需要靠外部的占有来满足这种虚幻的欲望吗？

我不怕失败，不怕死亡，一切都是过程，也是我书写的素材。

一切都是如此的无聊、乏味，只是你让你自己的内心起伏不定，一切都应顺应自然。

不重要了！当时很重要的人和事，最后都变得不重要了。

——2021.10：30.19：16

你任由自己沉浸去所谓"爱"一个人，是非常容易结束的。欲望，来得快，去得也快，最后只剩下空虚，这就是真理。

烦恼都是你自找的，没有感情，就没有什么羁绊。你两手空空地来，最后也两手空空地去，没有什么对不对，一切都只是一个过程，人与人之间的聪明程度相差不了多少，不要勉强自己，也不要欺骗自己。

慢慢做，按自己的节奏，像跑 100 圈。

——2021.10.31

你希望自己变成什么样子，你按照自己的频率去做事，去学习、去生活，你看到死亡的结果，但是你并不畏惧，你深知生命本身就是一件无比珍贵的宝物。生命本身就是一件好事，人家肯定会骂你，但是你要做好你自己。

早上到酒店一楼大厅的饭厅学习，感觉非常好，效果舒服，对自我的感觉良好。成功人士早起床工作其实不无道理。今晚要早点休息，中午可以躺下。

当你真的面对死亡，道路会自然地显现。

——2021.11.1.08：57

为了压抑本能，耗尽了能量。你记得，反应快，不是因为你聪明，而是经常重复。

当你感觉到失落、受挫折时，你的想法会突然增多，持续不断、无法停止地怀疑、否定自我，感觉自己不应该做这个事，也不适合做这个事，认为自己是错的、不对的。

哈哈哈，你是怕失败吗？不是的，你是怕丢脸，怕事实证明你是愚蠢的、智商低下的。

应该说，凡事你不必强求，一切只是个过程，没什么了不起。哪怕你什么也不会，也不代表什么，宇宙无边无际，再会和再不会的，相差无几。

人的体力有限、精力有限，能力十分有限。面对死亡，人会看开很多东西，哪些可以妥协，哪些该坚持，知道取舍，因为每个人需要的不一样，选择也有所不同。

当死亡成为注定，其他的一切都是相对的，有什么是必然的？我们呱呱坠地、长大、上学、工作、遇上某人……一切都好像是自然而然，但是，这一切不是必然的，你内心的所有挣扎、痛苦，反过来看，其实也在让你与别人不同。如果你们都快乐地喜欢同样的东西，世界会多么无趣。

笑一笑，没有什么大不了，一切都是幻觉，就像以前觉得自己出家当和尚会很怕，害怕孤独，但现在已经看得很淡，每个人都有自己的路要走，学会尊重，哪怕是路边的乞丐、或卑贱的人，都需要尊重，虽然你会认为自己高高在上，好像高人一等，哈哈，这都是欺骗自己。

我哪怕不成功又怎么样呢？又有什么损失呢？我来过，看过这个世界，然后也是独自离去，一切都是自然而然，我不畏惧自身所遭遇的一切。

勇于面对人生的遭遇，来证明自己是勇士，危险是要承受分裂的痛苦，因为这不是你想要的。所以，最好是乐于接受人生的过程，好坏、福祸都没有了。

——2021.11.1.23：25

如果有人对你说，现在好好努力做一件以后未必会成功的事，让你现在很痛苦的事，你一定不会去做，你一定不愿舍弃眼下的享乐、当前的满足，因为只有当下的满足才是真实的，即使是明天的好处，都显得是那么地遥不可及。

因此，从这个意义上说，人还是需要有理想的，只有理想，才能让人超越当下的局限，超脱人生的泥泞深渊。

——2021.11.2

你受美的感召，但这个是主观的，一切都是激素的影响。

人生是一个过程，尊重生命的体验，不只是别人的，当然也包括自己的。尊重自己的想法、感受，因为这就是你的全部。

——2021.11.4.16：17

此瞬即是永恒。

——2021.11.6.16：23

晚上和培训的几个同学一起出去吃宵夜，感觉年轻真好，有大把的前程、青春，有理想、有热情。你始终会面对很多的考验，这些考验会让你体味人生的过程。人生无不乐，所有的挫折、打击，都是为了让你得到磨炼。你知道自己的价值所在，就是要拨开所有的迷雾，去取得自己生命的位置，永无止境地写下去，所有的挫折都不算什么，一切都是你的素材，真的，你的生命在走向终结，连这个宇宙也都在走向最终的终结，我们在永恒沉寂与沉寂间的夹缝中存在，这就是生命的奇迹，这是生命的馈赠。

——2021.11.6

一切只是你的幻觉。

——2021.11.7.10：56

城市的热闹与繁华

地道的美食和文化

年轻人的决心与想法

……

如果人生如梦

难说再见

唯有无声告别

——2021.11.8.23：32

你适合自己一个人过，只要和人在一起，你就需要忍耐，各种无聊、乏味，这是个无聊的世界，一切仿佛都没有什么意义，没有什么价值。人们互相伤害，有期望，就会有失望，我们没有什么时间。

你只是想看看这个世界，没有什么东西是应该在乎、或是可以在乎的，你适合一个人默默地做事，该做的唯有走好你自己的路，写好自己的故事，仅此便已足够。

这个世界的书估计是看不完的了，但是你要实现的理想，只要你的生命足够长，总还是有机会可以实现的，所以不要着急。

一个完美主义者，注定是痛苦的，生死、虚无、没有意义、没有能力、没有机会、失败的样子……当你被刺痛，才会有反应。

——2021.11.12

不要在意结果怎么样，假如那就是你要做的，就去享受那个过程。

——2021.11.13.09：41

对自己好一点，不熬夜、不乱吃、不勉强。

——2021.11.14.09：19

生命无常，如果最后都是空的，人能够把握的唯有此瞬，而此瞬，即是永恒。

——2021.11.15.13：07

大胆些，才能拥有美好的生活，感受每一瞬，把自己的想法表达出来，写下去，这已足够；往往在书写中把自己要做的一切都融化了，剩下的只有无尽的平和、安宁。

没有什么人可以阻挡你，只有你自己可以让自己停下脚步，你不是天才，但是不阻碍你成就自己的理想。你的坚韧、你的百折不挠，定能让你实现很多人生目标。

笑一笑，这才是豁达的心态，整天愁眉苦脸，太累了。笑一笑，人生会有很多的精彩。

——2021.11.17.23：30

一切的一切，都只是一种历练、一种修炼。假如你是无限的，你有什么好着急？所有的事，只要时间够长，终究会轮到你；如果你是有限的，有限到立即亡寂，你什么也做不了。

笑一笑，对自己好一点。智慧的，是此刻笑，直至亡寂，因为你不知道有限是多有限，因为世事无常。

——2021.11.20

笑一笑，慢一慢，一切都会转瞬即逝，哪怕是一切的鄙视、无视、唾弃、侮辱……哪怕是一切的咒骂、憎恨、阴魂不散的怨气……

——2021.11.24.18：20

好好过生活，内心充满感激。在这个璀璨、诞生无比奇迹的星球，我们好好享受这个过程、这个生命的过程。生命的每一天都是歌曲。

我从劳累担忧中，到看到小孩稚嫩的脸庞，心中充满感动，我感到了平静与和谐，这是一个很愉快的过程。

———2021.12.1.14：25

什么是对你来说真正必要的事？如果一件事，永远没有人会看到或知道，你仍然要去做，这就是对你来说真正必要的事。

———2021.12.12.13：39

饭后走出店门外

阳光灿烂

景色宜人

老板微笑走过来

送了一份礼物

祝"平平安安"

———2021.12.12.16：06

我们都太忙、太赶，没有时间逗留，以至于生活中的很多细节，我们都来不及去注意，我们疲于奔命，灵魂却得不到安心。我们以为自己已准备好一切，于是习惯了，不，不对，是我们以为自己永远也不能做到准备好一切，于是我们习惯了不去准备而匆匆上阵。我们明白成功的奥秘，却无法去做到，不是我们不想，而是很多时候有心无力。因此，我们要保护好自己的心。

从前相信善有善报，恶有恶报，如今病毒把好人坏人一起杀掉。老子说"天地不仁，以万物为刍狗"，可见，大自然是不分善恶好坏的，一切只是人的感觉。

——2021.12.18.09：52

凡事不要急，不慢就可以了。以后遇到任何事也一样，你情绪稳定、各方面稳定，才能看清很多问题，你沉着去思考、做事，才干才会不断增长。稳重，同时去做，去训练，以达到熟能生巧的地步。

你可以做很多事情，只要按方法写，再重复练习，你是可以做好事情的。（excel表、点胶机、办公室材料、吊单杠……）

——2021.12.20.23：38

那些在我们记忆深处的美景、美食、美好的文字，以及美好的人，都在告诉我们，世界是奇迹的，人应该保持轻松愉快，去感受世界、探求世界。

如果都是美好的，就该去努力，去为实现目标而努力，为了那美好的一切，为了脑海中的画面。但是，也不要忘记此刻所生活着的世界，所看所视，所听所察。

音乐让人快乐，我喜欢单曲循环。因为曲子不变，而我能沉浸在同样的状态当中，想到不一样的东西。而如果曲子变来变去，注意力就会被不停打断，状态不能够保持、状态是变化的，但想到的都是同样的东西，也意味着没有灵感。

在创作方面，如果现象变来变去，人能关注的仅有变化。只有尘埃落定的那一刻，才能产生创意，但是，生活不是一成不变的，世界多彩斑驳。当一个艺术家失去了所有的创作灵感，该如何保持自我与世界的平衡，这是需要哲学的。

——2021.12.25

坦白一点，你现在其实就是做着自己认为效率最高的事。因为你不知道自己会否失败，你躲在角落里，不是你喜欢这样做，只是害怕受伤。

——2021.12.25.11：45

你来到这个世界，事先却没有人征求过你的意见，家庭、性别、肤色……都不是你的选择，但并不代表，你无需为这些"他责"，而承受与生俱来的歧视、侮辱。然而，生命不仅是恐惧、痛苦、荒谬……生命的伟大，在于其无时无刻不诞生着奇迹、灵感与美，而你本身就是一个奇迹。

——2021.12.27.20：08

2022

　　对于此刻，人快乐吗？人应该活在此刻，你能够好好把握的也只有此刻，无论过去有多大的痛苦，未来有什么幸福的事，都是虚的。而此刻，确是你最能把握住的实在。你应记住的、书写的，也只有此刻；而未来，太过于遥远了，脱离了现在而活，就是存在于虚幻当中。要善于总结，不能因为现实痛苦，而选择去逃避。理性和忍耐，可以让你逐渐摆脱困境。

　　你记住的快乐的时光或感觉，都是转瞬即逝的，而且不可能再回来了。因此，只有此瞬是唯一能把握住的，此瞬的感觉、感受也就显得如此地独一无二，如此地重要。

　　此瞬即是永恒、此瞬更胜于永恒，全部的你的看得见、摸得到的，都是你的生物属性、社会属性，而真正的你，却是那看不见的你，包含着所有的感受和感觉。因此，悟透这一切，你便能完全地沉浸在每一个当下，因为每一个当下，都是充满着奇迹和灵感。

　　过往的种种希望、计划、理想，其最大的意义就在于在想象的那一刻，是振奋人心的，而最重要的，也是每一个观察的过程。

——2022.1.4.20：25

　　你能够把握的是现在，以前太遥远，以后太漫长，都会影响你的判断，我们在自然存活了很久，一切都是在顺应自然。

——2022.1.7.10：05

男："什么情况下，一个男孩会踮起脚尖？"

女："拿高处东西、亲吻比自己高的女孩、跳芭蕾舞、拍合照时、脚后跟扎钉、玩游戏时、追逐梦想的时候、跑步、打篮球、跳水、上吊时？"

男："小便池太高。"

（造成认知差异的深层原因，到底是什么呢？也许直觉的产生，源于经验的重复。）

——2022.1.8

保持淡定其实不难，如果不用你的身体去面对。可以逃避的话，人大多数时候会选择逃避，这样才能保护自己。（保护你的牙齿，相信你的医生）

——2022.1.9.17：44

我觉得，只要心中有个目标，慢慢去做，是有机会做完的，时间也不用很长。你是否会去实现自己的理想，就要看你的渴望。刚刚感觉自己其实也是幸福的，命运对我纵使有很多折磨，但却使我的心性得到修炼。

——2022.1.10

写给十几岁的你：如果你年轻而一无所有，很容易以为喜欢一个人，那个人就是全部，而当你逐渐成熟，接触的东西多了以后，就大概会发现，过去就像是一场梦。

　　写给二十几岁的你：……

——2022.1.10.23：17

　　我们越是好的作品，越是接地气的，只有人间烟火气，才能容易让人产生共鸣。

　　死亡不急，始终有一天会到来，我们有空、有时间，就去做让自己感觉快乐的事。

——2022.1.12

　　有时问题不一定非要分对错，错了，其实无妨；对了，好像也没什么用。

——2022.1.16.19：21

　　能否单纯地觉察此瞬的状态，无论是什么，是"六感"也好，是回忆也好，是幻想也好，都在此瞬产生，是物与灵的合一。

——2022.1.18

　　过去的创伤，未来的恐惧。

——2022.1.21

　　心态放宽一点，就像水，一切的功成名就，到头来都是一样的，到最后都是空的。多关注此刻的状态，全然地观察。你怎么样，都会有人评价你，为什么呢？事情没有那么容易的，你吃亏、受辱、多做事，也许在别人眼中，你的形象就立起来了，别人会记得你的好。

成功终究会有方法，有机遇、命运，还有个人的努力，都是离不开的。你只是来走一趟，来这里享受旅途的过程。一切的外来的荣辱，对于你来说，只是过眼的短暂的事物。而你，如今也找到了自己的价值，这是很多人终其一生都无法找到的、浑然不知的，而你 20 多岁就找到了，这也是好事。自然、宇宙并没有好坏，如果你相信这一切是奇迹，其实都是好事。

——2022.1.22.23：31

有时人不是蠢，只是无知。年青时总是在幻想，年老时不得不回忆，很少看待此时此刻。

不要想一下子吃完，你就随意吃一口，开心就好，结果并不重要。要提升自我修养是难的，比如，你说要提升自我修养，别人说一句"放屁"，你就受不了了。

——2022.1.24

晚上健完身，跟朋友去桥底下吃烧烤，"老板，鸡翅新鲜吗？""我做了 24 年了，分分钟大过你。"

烧烤摊老板试图阐述一个朴素的真理：时间可以证明

一切。

——2022.1.25

研究自己不熟悉的东西，是烧脑的，是累的，说明你目前不适合做这个，这时候可以适当休息下。想想自己适合做什么，做什么会开心，而且与钱无关，这是否可能？

——2022.1.25.17：16

回忆过往，浪费了很多时间去回忆过往，也浪费了很多时间去忧虑未来。我们却唯独遗忘了现在，而现在，此瞬才是最重要的。

——2022.1.26

年青好，我就是我，要改变这个世界；年老也好，我只是我，要改变看待这个世界的态度。

——2022.1.27

“不要嘈！”“多嘴！”“你做什么要逼我，我无话不做，你嘈什么？”“做什么那么多野讲。”……情绪彻底被点燃，狂扔外套，一脚伸饭桌，用前所未有的分贝，将愤怒完全宣泄出来，就像一匹脱缰的野马，不，应该像是头冲出牢笼的猛兽，想要去吃人。

　　疯狂，是不计较后果的，生发着一种自我毁灭的冲动。

——2022.1.29.16：23

　　"你擅长做的一件事是什么？"

　　"发呆。你呢？"

　　"擅长将一件事做好。"

——2022.1.31.08：40

　　情绪会传染，不要让任何人看到你的情绪，自我感觉过于深刻、浓厚，是一种负担。

　　很多观念、想法，在头脑萦绕，无法正常梳理，像电线一样胡乱缠绕在一起，唯有将其一并遗忘。我们不是突然成熟的，是经历很多的过程，而人生最重要的就是这些过程。

　　做一些事，其实并不需要做多大的准备，你去做就行了，去到后面，其实结果并不重要。因为我离目标是如此接近，经验给了我很大的信心，我知道自己可以一直走下去。在面对以后的想做的事时，该怎么做？其实，只要我有钱了，就有了选择的机会，比如开间餐饮店什么的。

　　趁现在年轻，该吃该喝该玩，就去做，不用等 。

——2022.2.12.23：33

　　以前，爱情故事是一见钟情、父母反对、最后私奔，好人是一个褒义词。

——2022.2.17

旅行，用双脚丈量大地，比较踏实的人生观其实是一种"少"，生命中的人和事，见一面就少一面，观察生命所发生的一切。婴儿，哭，不必压抑；笑，无需原因；观察世界，困了就休息。

人不可能永远一帆风顺，只能是一种愿景。在高处时，要小心风；在低处时，要忍受口水。你知道自己是谁，将要做什么，并将做成什么，其他的一切，其实都像宇宙一样，一切都是易逝的、虚幻的，不必执着，到头来所有人都一样，不必难过。相信以后日子会变得更好，让生命活在此瞬。此瞬，即是永恒。

——2022.2.17. 约 23：00

在如今经济时代，没有人愿意干活、工作，因为工作意味着异化，意味着放下脸面去赚钱，当钱不好赚就内卷……就辛苦，当中产生很多的不幸。

——2022.2.21

哲学的无尽、无限，治愈了人的有限，包括有限的痛苦、有限的孤独。

这个那个，你得不到，会痛苦，但是当你得到之后，才发现自己的愚蠢。

——2022.2.28

海边不太平静，没有楼梯的楼梯，像悬崖峭壁，钻石戴在手指，旧屋没有屋顶，有春天的风雨。

——2022.3.1

曾经，梦想是改变世界；后来，改变了对世界的看法。

——2022.3.2.20：56

没什么好争，对身体不好，你压力大，就对身体不好。真正的好，是不悲不喜，淡然的心境，没有人逼迫你要做什么。年轻人想有个自己的房子，做一点自己想做的事，但是很难，现实中能自己养活自己就很不错了。

——2022.3.3

每天早睡早起，中午也睡多一点，试过感觉是好了很多，压力小了很多。但如果休息不够，你的头脑会疲倦。

无缘无故地来，却要寻找存在的意义。

——2022.3.4

说话模糊，才有回旋的余地。

——2022.3.5.11：46

穷人明明最需要钱，却往往最难借到钱。

——2022.3.5.14：25

神经是紧绷着，身体头脑得不到放松，又怎么能健康呢？人不是压力锅，太多的压力和顾虑，只会将你逼入绝境，最后让你崩溃。

曾经觉得接受不了的事，随着时间的消逝，大多会轻易就接受了，没有办法，这就是成长。

很容易对事物厌倦（觉得无聊），包括对世界。因此，高兴时不会太高兴，伤心时也大都适度地伤心。

——2022.3.5.18：37

早上来吃 8 蚊的早餐，在转弯处看到一个拿着拄棍的人，他在向前走着路，是个盲人（也许不是全盲），也许还有一点点视力。我们在世界上生存，没病没痛，身体健全，其实已经很幸福，还有什么不满意呢？所以，好好享受此刻。

太多的东西想学，怎么做？人有太多选择的时候，往往无法很好地做好。

人最难忍受孤独和无聊，总要寻找乐趣，分泌激素让大脑开心，要么生理的，要么心理的快乐，不然大脑就在那里耗着空转，从而造成很多痛苦。

——2022.3.6.11：27

你如果有本事，就没有什么问题，是别人阻碍你，还是你本就是失败者？

突然觉得，如果你享受过程，没有什么问题，只有你不喜欢一样事情，才会将其当作一个任务。现在你已经有时间一直（实现使命），不如就收拾好心情，认真地享受这种状态。别说，去证明，去做。

——2022.3.6

有什么比得上写一整天快乐？我很快会死去，这是确定的事。在当下，我要活在此刻。好好活在此刻，就是为未来做准备。

如果你总是不开心，也许只是因为，你追求的东西，有点远。

——2022.3.6

今天 3 月 8 日，妇女节，ZJ 上午 10 点多在 QS 重新检测听力，是过关的，这是今天最好的消息。

——2022.3.8

小时候很想要那个玩具车，但因为贵了一块钱，所以选择了另外一个不喜欢的。为什么过了那么多年的事，还记得那么清楚？得不到的，总是最美好。如果当时买了那个好一点的玩具，你也就不会记得这一件事。也许是得不到，所以才记得。

——2022.3.9

休息才是最重要的，我们只是茫茫中的一粒尘埃，但是我们是一粒有思想的尘埃，人类的理性与感性，我们的一切想法、幻觉、错觉，终究也是属于我们的一部分。

——2022.3.9

有一天早上，你望着手里的面包，思考着吃面包的意义，2秒之后，你还是习惯性地咬了一口。多年后的一天早晨，你懊悔不已，不是因为找不到吃面包的意义，而是错过了当时吃面包的感受。

——2022.3.10.11：39

现在想做的是，买栋楼，可退休收租，过一下无聊的生活，听下鸟的叫声，数一下服务员的脚步，观察下路人的表情，旅游有风景，时时都有新的发现、灵感。不一定要出远门，QT有30多万人，他们有各自不同的表情，又有各自不同的心事、故事。

——2022.3.10

稳定的情绪，是一种高级的品质。一点一点做，真正的智慧是慢慢来。

大脑会自动过滤掉一些你认为不重要的信息，以至于即使是昨天发生的事，如说过的话、看过的物，都完全想不起来。

我们很难做到客观，我们很容易根据自己的喜好爱恶，去处理自己的事情。大脑也不会从中进行过多的思考，我们总是焦虑、总是遗忘、总是视若无睹，因为我们是软弱的。

——2022.3.11.21：41

"小时候，家里有一只狗，每晚都会趴在门口，等我放学回家走到麻石巷，它就起来摇着尾巴，接我回家。"

"后来呢？"

"那里家里没什么吃的，等它生了5、6只小狗，养到断奶后就把小狗卖掉。卖剩它和一只最好的小狗，最后就把它吃了。"

"你的感受是什么？"

"好好吃。"

——2022.3.14.14：03

你今天在外面看到的每一个人，其实，最后都会离开这个世界。

——2022.3.16.14：16

曾经逼自己努力，最后得了一身病。现在的我，放宽心态，只做能做的事，是每天都能轻而易举完成的事，这样的事才是值得坚持的。有句话叫积少成多，只有你每天能完成的，你才有可能轻松愉快地完成，不然终究是会放弃的。

——2022.3.28

早上醒着的时候想到了一段旋律，随后将其加上歌词：
阳光里　林中鸟　遍鲜花
共你看晚星依依不舍流下
离开你　人漂泊　无归家
仍平淡　但两眼　在这晚　泪如雨下

——2022.3.28

人最本质、最终极是追求什么东西？人保持内心的平衡是难的。也许人并不害怕死亡，只是害怕孤独，可以了解下监狱里被关禁闭的情况。

爆炸，不一定意味着毁灭，也有可能意味着宇宙的诞生。

——2022.3.28

享受实现目标的过程，而实现目标的事，交给老天。

——2022.4.4

5号那天去草莓园，没摘到草莓；去了人工湖公园坐了，晚上又去了 OY 吃饭。打牌我打得很好，很激动，但当时我立马想到死亡，在死亡面前，走向死亡的道路上，一切都只是过程，或过眼云烟，庆幸自己读书，有瞬间超脱于当下的能力，是乐在其中却不失自我。

————2022.4.7

很多当时认为重要的事物，在不久之后，其实都会变成被遗忘在黑暗里的垃圾。

————2022.4.8.17：23

你能做好的，是当下，不要深陷过去的泥淖，或对未来的恐惧中。你现在好，就很好。

————2022.4.10.10：04

专注于生活，一呼一吸，纯粹地观察。只有死于每个当下，当下才有新的新生。

————2022.4.11

假如回到……那时在安徽，我也许就不会那么急了，不那么赶了，但是当时不知道。我没有好好去品尝人生、感悟人生，我觉得自己这十年都活得不够充实。我一直忙于各种担忧当中，包括对未来的担忧，对未知的恐惧，却没有好好去感受、去品尝酸甜苦辣。

当完全以一个局外人的角度去看待自身、周遭的世界，便不会认为有重要不重要之分，每一个物件，每一个生命，都有其的位置，哪怕是一件垃圾，也有其存在的位置。

珍惜生命，珍惜粮食，珍惜时间，珍惜自己。该怎么珍惜自己？看一下这个世界、看一下自己，享受孤独、独处，感受一下这种无聊。最怕的是想摆脱这种无聊，你要认真去体会内心的每一种感觉，包括恐惧、厌恶、厌倦、累、困，真正的快乐不在于目标本身，而是感受此瞬的过程。白开水本来平平无奇，但吃过黄连之后，连喝水都是甜的。

有很多事想做，但却迟迟没有行动，不知道是应该怎么做？有一种愧疚、恐惧涌上心头，我知道，唯有死亡能让我解脱，这一生都将为此恐惧下去。但是，我相信时间能冲淡这一切，另外，所有的经历都能让人有意外的收获，你不必惊慌。没有什么能击倒你，因为你终有一天会死去，你唯一能做的，是感受每一个当下，每一个你即将失去的当下。好好感受这种情绪在你心中涌动，你不能否认欲望，也不能否认死亡，你相信超越升华，所有的一切，都是可观察的，要学会观察。

玩些其他事情消遣，只是为了避免思考，你在逃避什么？你知道自己想要什么，你要做的、你见到的所有的一切，都在让你更加有能力去做一些事情。你爱谁，就好好去爱；你想感受这个世界，就好好去感受。

——2022.4.12.22：02

你没有理由不笑。因为你活着的每一刻，都是你可以好好把握的，很多人却没有你这样的机会。

不要被焦虑绑架，你应该把握自己人生的主导性，没有什么东西能影响你去快乐，去按照自己的理解去快乐地生活。

因此，你可以抛弃一些不必要的负担，轻松上阵。在这个虚虚实实、真真假假的世界，愉快地度过生命这一过程。

——2022.4.14

真正的快乐是什么？假如这一生，只能选择一种快乐，你会如何选择？其实，你的内心是清楚的，你知道，也肯定，就目前来说。那么，你有什么好恐惧的呢？你有什么是不敢笑的呢？你有什么不快乐呢？你随时有自主权、选择权，仅此而已。

只要做到如此，无论面对什么样的境遇，你都能淡然地面对。只要内心的恐惧得到释放，就没有什么东西能阻挡你、限制你，因为你的心是自由的。你当初只恐惧笔记本不见了，假如一定要选择的话，肯定选择最终的快乐，一种终极的快乐。

可以说，哲学是一种"精神"毒品，会上瘾。如果你不能微笑面对生活，要问清楚原因，是运气不好，还是其他什么缘由。

——2022.4.15.00：41

DL 短信通知（考试）不过，做不到 CL 员。要敢于面对失败和挫折，看淡一点。

年轻的梦想是变得更强，成熟的愿望是变得更闲。

——2022.4.15

当一切都在其应该结束时结束，一切都是适当美好的，合适的才是最好的。要慢慢克服想要完成工作的心态，始终保持淡定从容。你也没有什么后果是接受不到的。

——2022.4.19

生命有什么乐趣？有什么不幸？你活在世上，想要的是什么？你活给自己看，还是活给别人看？享受孤独的快乐，挺不错。可以写到一些东西、一些独特的东西，也许只有书写的时候才能成为自己，不写是不行的，这是一种艺术的激情，你不愿看到丑陋的东西。

每个人都想看到你装一装，装得好就好。很奇怪，人都是如此地势利，见不得你穷，又怕你富，人生总是如此的无奈又失败，你有自己的定位，你知道自己的人生该往何处走，你要做的是让自己尽量地放松。

一种平淡孤独的快乐，胜于千篇一律的形形色色。社会允许群体性的无聊，不允许个体的孤独。

——2022.4.22

想起小时候，夏天上学的下午，在小学小卖部门口那里，有跳高用的白色垫，那股熟悉的体育器材味道。如果回到那时候：笑、不急。

——2022.4.25

你就是无，你不必愧疚，你也不必向任何人道歉。你越正义，就越容易被人利用。

——2022.4.26.11：14

当一个人闲下来时，头脑空空，会有很多问题。懂得很多道理，但却一直恐惧、一直比较，不知道自己该干什么，急需要一个死亡来解脱。由此看出，死亡并不是坏事，相反，死亡其实是一件伟大的事。

你没有理由不笑，笑是多么的理所当然、顺其自然。

——2022.4.26

生活的每个当下

需要有美好的风景

更需要有美好的心情

多年以后

或许不经意间

某个美好片段会重现

生活的每个当下

都是自我的部分

——2022.4.26.23：50

很多事需要认真去想，想一些细节，但又不能写出来，只能靠意念去体会其中的深意，和无法诉说的感觉。我觉得，假如有东西一直在你脑中挥之不去，那应该是特别的东西。

有什么是想说或想做的？每天这样浑浑噩噩？你要学会欺骗自己，就像从前一样，认真做个普通人，有什么不好？交友一定要广，多听别人怎么说，看别人怎么做，才能有进步。最重要的，还是一直写下去。

你知道活着是在于现在活着的每时每刻，心情有多复杂，梦想有多遥远？我们活着为了什么，是简单的重复吗？还是为了快乐？

悲伤会传染，会让人很容易沉迷陷进去。我们有多热烈的激情，就会有多沉寂的伤感，激情很快就会消退，而伤感却像毒品，会让人疯狂上瘾。

放过自己。不是追求快乐、摆脱痛苦，而是苦与乐、喜与悲，合为一体，不再将它们割裂开来。

——2022.4.27.22：51

（实现梦想），从不可能到可能，生命是微笑的过程。痛并不长久，痛，有时会让人清醒。没有痛，我们会醉生梦死，一直在梦里。

——2022.4.28.18：23

休息好，心情才会好，身体也才会好。每天忧心忡忡地干什么？你在为卑贱的自我而担心，而不是为了理想或生活。快就是慢，慢就是快；快容易出错，慢不怕出错。

当你明白这个道理，就不容易被观念绑架。你要快，你要逼迫自己，无非是心里过不去，不这样做心里会不舒服。

——2022.4.29

小时候，曾经到别人地里偷了几根还没长大的番薯，结果被抓到扇了两巴掌，后来才知道是一起去偷番薯的人告密。因为早早懂得被背叛的滋味，后来养成不喜欢了解别人八卦的习惯。我不知道你的八卦，就不会出卖你。

——2022.5.7.22：08

日子过得美好安稳，对死亡的嗅觉会变得不那么灵敏。

——2022.5.11

知道自己需要什么，经常思考结局。

——2022.5.12

雨下得很大。文字书写，像是一种使命或命运。只有在书写中，我才能释放出自己的天性，释放自我。

——2022.5.13

你如果知道自己的目标，那么一切都很好处理，很多时候你不必强制，只需要把内心的想法表达出来，去做出来。

死亡是最好的导师，人恐惧，人无时无刻不在走向死亡。你要的是将自己的一切想法，通过文字表达出来，这时文字就成为一种表达意识的载体。可以说，文字、艺术表现形式是一种"物质"。

——2022.5.21

婴儿的状态，不需要回忆过去，不需要考虑未来，只有此时此刻的感受。

你如果对事事不关心，也许就不会觉得不开心。

死亡，是我最真实的朋友，让我有限的怨气、愤怒得到释放。只有平静地思考死亡，才能将心放下。愤怒让你想毁灭一切，但死亡是带走一切，包括"毁灭"这个词。只有了解死亡，才会真正谦卑。你懂得了什么是可以割舍，懂得了何为珍贵的东西，于是乎，一切都变得清晰。

死亡，是持久平静的刺激，却比任何快乐更能让人忘却痛苦。

——2022.5.25.20：41

冷静，是随时保留精力、耐心，从容不迫，以应对不同事情。要成事，就是普通的事，你情绪、状态不稳定，也是不行。先赢自我，才能赢别人，而第一步，就是稳定的情绪。因此，要成事，心要狠，脸上要慈。

很多时候，你只能选择孤独。工作、生活、学习其实是一体的，你不应该将其割裂开来，重要的是尝试。会总结，有证据、数据，知道怎么赢，别人也会相信你能赢。

——2022.5.26

窗外远处有白云，书写一本新的笔记，像是开始一次新的旅行。

——2022.5.29.09：54（和谐号上）

如果不是经历震撼的事，人很难抽身出来，享受无聊。感叹光阴飞逝，却不断找事情去填充时间。

清静无为，才可不求而有。很多时候你努力去做，不一定有结果；但放松心情，可能会有奇迹发生。

——2022.5.29

坐在麦当劳外面（神舟路地铁口）。刚刚来了 2 个人坐在旁边，一个说：离婚，自己带 3 个孩子，后悔以前年轻什么都不懂，说是自己尽力了，她要的东西自己给不了，也不知道她想要什么；自己带大 3 个孩子经济上没问题，但情感上可能一辈子光棍。另一个说：自己以前谈过一个女朋友 3 年了，准备结婚，97 年的，但有次吵架冷战了一个星期最后分手，忍不了，"花未来钱""95 后"。

他们得出结论，早结婚、晚结婚都有各自的好和不好，重要的是找到对的那个人，遇到了会站在你的角度着想的，要好好珍惜。另外，满足不了，唯有靠钱。

——2022.5.29.6 点半

平时多保重身体，休息、运动、健康饮食、情绪稳定，因为死亡不知道哪一天到来。

——2022.5.30

有痛的感觉才会有灵感，文字，无疑是以自我的灵魂为献祭的。集中精力的能力。你应该和自己比，知道自己需要什么。

——2022.5.30

接受死亡，拥有自由。不要想着永远，生命的很多时候，事情只有一次。

——2022.6.5

每一天、每一分、每一秒，只要我在思考着死亡，生活便变得弥足珍贵，听着音乐在家，我感觉到放松。

假如我不会死去，我的生命还会有意义吗？一切都只是无意义的重复。有时间，反而会有烦恼？活着意义是什么？食物才是第一刚需，哲学不能带来粮食的增产。

——2022.6.11

不带任何情感地观察、记录历史，你在书写历史，每个字都是。

——2022.6.23

在尘世中找一种信仰，或重要的东西，找到就开心，找不到就焦虑，也许找到是厌倦。

——2022.6.23

对诗和远方，充满向往，却对眼前的客观事物，视而不见、置若罔闻。

——2022.6.29

感觉人生就是在浪费时间，在最应该努力的时间，浪费了时间在无聊的事上，当然，这是每个人都要迈过去的坎。

是文字拯救了你自己，你在文字中，得到一些平静而震撼的体验，超越了你肉体的局限。当然，音乐也有这个功能，但音乐太疯狂了，或者有声音会影响到别人。

——2022.7.4

昨晚洗澡很快。我习惯了独自的时候想很多问题，想很多事，导致洗澡、上厕所等时候要花费很长时间，有时会一个人发呆。

不要急于发表你的观点，一切都是名和利，人在社会中生存，按本能生存。

音乐、文字，你喜欢，是因为它们可以容纳肮脏，但它们仍然是纯粹的。人生除了生死，还有什么值得为之忧心忡忡呢？健康、心态，都是很重要的，不要去试图逼自己，你如果习惯了去逼自己，你是感受不到平静的快乐的。心中只有目标，或致力于寻找一个目标，就能拥抱焦虑和痛苦。

比较健康的人生观应该是向内比较，自己和自己比。而当完全没有了比较，也许就意味着超脱。

——2022.7.14.07：32

面对问题、疑惑，人最需要的是证据。有证据，就可以抵消疑惑。人们需要的是公平公正，你要有证据，你说一个人是扑街，要拿出证据证明这个人是扑街。处于低下，才是保护自已的东西，像水、像大地厚德载物。

——2022.7.17

痛苦的感觉不好受。痛苦，是人生的一部分，笑一笑，相信不久将重新站起来。现在在车上晒着太阳赶路，感觉已好了很多。人世间，什么是最重要的？其实是人与人之间的关系，照顾好家人。

心理的平衡是重要的，成败得失只是虚的，但是，你在尘世中生存，需要的也是物质去支持。

——2022.7.22.09：34

在苦痛时能够学会笑笑

在平淡中能够享受无聊

在快乐时能够分享美好

——2022.7.23.16：18

静谧的内心没有一丝波澜，很平常，连续的思绪没有一点阻挡，周末晒一下太阳，望望眼前的海和楼房，行路难，借助工具到达远方。

——2022.7.30.07：13

旅行的意义，在于遇见未知。

……

在高速公路上行驶，洒过一阵阳光雨，是山林的气息。

——2022.7.31.02：04

有信念，就不怕危险，当中的劳苦也不算什么。

——2022.9.5

在具体的环境中，是很容易困在里面的，往往在过后才会说"为什么当时不……"。

其实你能预测到结果、后果，假如你做一件事情愉快，就没有什么吉凶、祸祥，因为你都能淡定从容地去面对。来这个世界，只是为了体验过程。

你想回到从前，你认为到时会不一样。其实，只要你快乐，在哪个时代，什么境遇，都能够快乐。

——2022.9.6

成功是与自己对比的，如果你不快乐，又怎么会是成功的呢？你自己变得越来越好，才是最重要的。没有那种被时间裹挟着拖着往前，是很好的。我们究竟要取得什么样的结果？

也许只是书写，像生存一样必不可少。天生就是个艺术家，敏感的性格、敏锐的感觉，能够爆发出什么魔力？

不知道灵魂是否永存，但是写下去的渴望和需要仍然如此深刻。

——2022.9.11

秋风吟，静伤情，四分之一个世纪，夏夜蛙鸣，满天繁星，独坐门庭。

——2022.9.16.23：04

人，从什么都不会，到学会说话、做事……都离不开尝试。你一天不开始，就不可能会有经验，学习是需要踏出第一步的。

——2022.9.18

老了是否要自杀？真的很难讲，人生充满太多变数和未知，不到具体的环境，也不能预知会有什么反应。所以，平平淡淡地笑笑，没有什么不好。

及早地面对死亡，因为你不知道能活多久，所以无忧无虑，不会无聊。但有一个明确的死亡日期，比如半年，或3个月，就不一样了，很多事都可以有所准备。没有痛，就是好的。

——2022.9.21.23.02

医院病友，餐餐白粥，日渐消瘦。

——2022.9.24

第二天晚上，家里带了饭菜，老人家床头上的贴纸显示"正常饮食"。我把一半饭菜赶过去给他。

"马铃薯。"这是他对我说的第一句话，原来他会说话。除了那整只含在嘴里咀嚼了很久，最后还是基本原封不动吐出来扔掉的虾外，其他食物都很快吃完了，包括另外2只剥好的虾。

"好饱。"他向着我双手摸肚子，这是他对我说的第二句话。饭后我拿出哈密瓜，又倒了一些过去，不过到最后他没怎么吃了。他缓慢地从床上起来，双手捧着一张卡片大小的白纸走过来，上面写的是"你是否读书，一身书生味"，我也撕下一张纸，表示自己已经上班了。他双手给我一个赞，他笑得好真。

我想到了很多，有负面的，也有积极的，阳台上望着夜景，我看着地面，想着跳下去死的事，我觉得自己应该以一个观察者过完这一生，书写者，书写自己的命运。

包皮手术，一辈子只做一次的手术。

……

我的头发应该是23号晚上洗的，今晚是25号晚上，头发很油。

阿公起床的次数不多，一般都是等尿袋里的尿多了，就慢慢走过去厕所，倒掉。这两天我从手机上能知道外面发生的大事，但老人家没有手机，最多就是想看看电视，但是电视并不是时时有得看，似乎也只在下午 2 点半后才开始有得看。

对于老人家来说，他是清醒的，只是孤独和疾病让一个人，不得不放下尊严、放下无谓的执念，只是享受当下的生活。

老人家想看电视，但就是按不了，没反应，自己在那不断尝试……老人家坐在椅子上，看着眼前的电视，但是上面并没有画面。一个人孤独惯了，身体的疾病让很多事做不成，连看电视都成为一种奢望。晚上 11 点，睡不着，只是想做点什么，却好像什么都做不了，只有缓慢地一步步走动一下，缓解一下情绪，比如走到过道那边，再走回来。望着老人家的背影，他的尿袋是如此的突出，挂在他身体的右侧。今天早上我还看到他在床上看报纸，什么都是假的，假如没有一个健康的身体的话。

现在有点累了，也想要睡觉了。现在尽量让自己不要勃起，很难，但有方法，就是观察者思维，时刻观察着自我、外界，作为一个纯粹的观察者。

——2022.9.25

"你家人呢？"

"我未婚。"

"你住哪里？"

"DZ 大队。"

"入院多久了？有什么愿望吗？"

"尿便不通，在市穿刺治病，有流血，不觉什么疼痛，失去平时轻松。"

"有什么想做的？"

"年老了，什么都不感兴趣，身体好就好了。"

——2022.9.26

如果我有个好身体，也许我就没有什么忧愁，我从病友老人家那里，学会了很多。无论你遇到什么困境，你仍然有办法去活着，也许只是活着的姿态没那么好看而已。我只是一个观察者，现在仍然为前天上午的事而惋惜，没有全程去看自己的手术过程，因为怕疼痛，因为恐惧未知。

老人家的情况让我触动很深，昨晚 11 点多，自己拿着凳子坐在电视前，后来护士说没有信号。因为我们可以选择，所以觉得他很惨。我觉得最重要的，是活在此时此刻，此时需要什么，此刻发生什么，如果我们脱离了此瞬的生活，那么最后将抱恨终生。

住院这两天，抵得上我一年的感受。所有的情绪涌上心头，五味杂陈，不知该如何表达出来，或让哪种情绪先出来。

——2022.9.26

每个人或多或少都存在于幻觉当中，因为人能够想象出不存在的东西。痛苦、不适，其实很快会过去，只是一种感觉，一个人受得住忍辱，才能够成事。

——2022.9.28

因为有好身体，所以人总想着去挥霍。你在这个多姿多彩的世界，很容易迷失的，在红尘迷失。我们总是不断地错过和迷失，我们全身心地将自己投入到了这个感官的世界，活在自己的幻想当中。幻想，是有副作用的，要观察到自己正在幻想。如果活在幻想当中，人如何能够观察到自己活在幻想当中？

医院换药时看到一个母亲抱着一个小男孩，小孩的头包扎得像块石头鼓起来，拆开纱布看到左后脑肿起来了，整个头俯视的话就像颗板栗，后面脑袋是平的。在医院见到生老病死，会想到佛所说的苦。还有个画面，在厕所里看到一个需要被从不方便卫生间扶出来的老人，他不能自己走几步，扶着轮椅坐下来都很用力，花了很多时间，骨瘦如柴。你可能很久没有见过瘦成这样子的人，我们人生中有各种急、赶时间，但等你成为那个病人、生活不能自理的人，就快不了了。则做什么都慢，日子也就慢下来了。

医院是一个特别的地方，将人为的伪装都去除了，只留下最真实的人性的那一面。一切都需要自救，而别人，没有一个人能够帮助到你，唯一能够帮助到的只有你自己，你有胆量做事，就不怕。

——2022.10.1

假如你知道自己想要什么，去做就行了。你开心愉快地达到自己想要的结果和目的，有什么不好。人的理性和情感的较量，大部分情况下最终都是情感占据上风。

你现在并没有多少磨难和痛苦，所以就不要自我否定。养成一个习惯，每天都要笑，尽量不说话。去做、去行动，你清楚自己的人生使命，没有什么值得你不开心。

——2022.10.2

我的大脑很懒，不愿意去记一些东西。我的缺点很多，记性不够好，情绪不够稳定；幻想过多，而实践过少，造成很多时候眼高手低，达不到目的。因此，通过书写，可以改善记性、情绪；结合思维去实践，再总结，实现或达到自己的目标。

——2022.10.5.06：55

全都只是一个过程而已，不用急，也无需急。观察心灵的焦虑、恐惧、痛苦、绝望。其实，你有自己的看法就行，不必让别人知道，你不必说一定要别人懂你，你有你自己的想法和节奏。

——2022.10.6

当有了围墙，围墙外就是美好的地方，围墙隔绝的。有墙蔽体，躲在屋里，总强过独自面对风雨。行政、人事，哪里都是需要的。有人的地方，就需要秩序，不然就会自然的混乱。

哪有什么完美的人，都不过是在不停地修炼。能够按照自己的节奏做事，不断地达到自己的目标，是一件牛逼的事。懒得去分辨对错，很多事情，只在沉默中去消化，笑一笑还是很美的。你随意发泄，只是因为你不懂珍惜。

——2022.10.7

我应该抱着什么心态去做事？是谦卑？还是平淡？应该是笑，从内心开始笑。到头来，我们什么都不会留下，担心其实没有必要。很多时候，精力是被自我消磨掉的，自我太弱了，需要有人保护。

——2022.10.9

健健康康，比什么都重要。道德、正义、底线、信任，在饥饿面前，都是可以被抛弃，因为这就是人性。只要人是物质的，这就不可改变，一千年以后将也是如此。

——2022.10.19

金钱只是一种工具，利益关系，终究会消失。我们终会消失，与其去看别人的，不如书写自己的。

——2022.10.12.00：50

故事，每一个刺痛你的事，都让你陷入抑郁。不要看不起别人，其实你看不起的是自己。其实，能导致你不开心的事，回过头去看，都是为了帮助你，都是你这一生注定要经历的事。将你过去或将来或此刻正在经历的事，当作此生必然、注定要发生的事，就不会有多大难过。因为你知道最终的结果，你坦然接受最终的结果，你活得没有畏惧。

——2022.10.22

你要有大局眼光和长远眼光，别人给你难堪、打击你，其实在无形当中帮助了你。

你曾经写过要成就很多事情，事实上，在书写中、书写的过程中，获得的快乐，比实现一些理想要好。

——2022.10.24

很多时候，好事有可能变成坏事，坏事也有可能变成好事，所谓"祸福无门"。因此，只有看破世间虚妄之相，心才会逐渐自在，重要或不重要的事，都是相。

——2022.10.26.04：09

当出现问题的时候，你会紧紧围绕着问题，产生很多消极的、对自己负面的看法，对自己不断产生怀疑、迷失方向、一做就错，最后走向失败。但是，失败不是最重要的，问题在于你不开心、你不高兴、你沮丧，你想逃避，然后干嘛？失去动力。

因此，有问题，就让它放在那里，而且笑对问题。你需要的东西其实并不多，没有饥饿、没有病痛，其实就没有什么大的问题。

在这个世界，我们终将连同这个世界一起毁灭，一切都将逝去。但我们应该有一个认识，就是现在能存活一秒、一刻，都应该抱有希望和欢笑、乐观的精神态度。每个层级有每个层级需要思考的问题，你需要做的是记录和分析，让自己处在心态放宽的状态中，全然地观察。人生中会遇到各式各样的问题，有时你会因为挫折而升华，有时会因为失败而沮丧，但无论怎么样，万物兴衰都是一个过程，你用心去书写，没有什么能难倒你，在书写中，你能够把握住全部的自己。

当有人否定你时，见你什么都是讨厌的。你不需要太激动，面对任何的情况，都需要冷静、微笑。为什么微笑？因为你看上去没有输，其实就已经赢了。你说像我这么好的人，为什么人家要打击我，其实换个角度看，也许是因为你太好了，所以导致你被打击。相信自己的经验，所有的打击其实到最后都在帮助你，只是你当下不知道，也不了解。

你所面对的一切，都是一个太极，都是一个整体。你所认为的好的，有可能到头来是坏的，而看上去坏的，有可能最后是好的，不要轻易下判断和结论说不好。8年多以前，自己写下来的担心的事，其实都不算是什么事，当然，是现在往从前看。

——2022.10.27.22：51

人到了一定的年纪，会开始学习微笑感谢。比如说感谢失败，它能够让大脑记住一些东西；感谢死神，它始终会等我；感谢生命，它每时每刻都在发生奇迹……

——2022.11.03.21：31

当你认清一切皆是虚幻之后，其实你是可以活得很轻松的。

——2022.11.8

当你意识到一切都是虚幻的，你的本性和优点才会显现出来。如果你总是被"真善美"迷惑，你的本性和缺点都会暴露出来。

——2022.11.12

凌晨 3 点半，路灯仍然明亮，路上看到一些人与车，环卫工开着三轮清运车转弯过来，往相反方向驶去，来不及逗留，后面的车在哔；外卖小哥开着电动车疾驰，摩托司机停在路口休息，路边摊的老板在做肉食，吃宵夜的人坐着黄胶椅。

——2022.11.15.03：54

清楚自己的人生使命，微笑去面对自己的人生，没有逃避，不是逼自己，而是真正的开悟，没有恐惧，才能够真正改命。勇士，是虚假的形象；主宰，是限制自己的口号。形式的东西害人不浅。

——2022.11.15.20：10

要明白一切都是虚幻的，不要想着找到一个权威，致力于寻找偶像。虚幻，是真的，又是假的；不是真的，也不是假的。假如命是让你走这条路，你开开心心去走下去就可以。假如你没有这样的命，也不要不开心。

经历过如此多困苦，你还有什么好怕的呢？眼前的一切，不过是过眼云烟而已。笑一笑便没有了，一切都会过去的。无论是真真假假，虚虚实实，心里有数就行，不要太当真。

——2022.11.16.08：09

如果一切都是虚幻的，而你有些事还是要做的，表示你注定是要做这些事的。这就是命，微笑面对。

——2022.11.16.15：45

你要知道，一定有人支持你，一定有人反对你，也有人中立，也有人不知道是蠢还是坏，让你难堪。但这些都是你必经的阶段，让你知道和在以后做的事当中多留心眼，让你明白自己是干什么的，适合干什么。你要微笑面对在你身上发生的一切，这一切虚幻的东西。

看书，要搭建框架；实践，是建立联系、填充内容；书写，是最重要的环节，安慰你的灵魂。我们不可能做到完美，但是我们可以微笑面对，去正视自己的不足。

——2022.11.17.14：16

貌似不合理的地方，多想想为什么，你要站在大局的角度去想问题。表面上最支持的，内心里也许是最反对的，你永远分不清谁是好人、坏人。心中要有数，但嘴巴要含含糊糊。让别人看出你聪明，其实是不聪明。

如果世界是假有的，现在发生的，未来将发生的，都不是重要的，都像过眼云烟。所以，不要站在自己的角度认为一切应该这样、不应该那样，那都是毫无意义的。

——2022.11.25

当你看到一切都是假的，也就挣脱了身上的枷锁。你无论做什么事，所获得的平衡的幸福感，都不如学习、书写，因为你能理清很多东西，知道自己在不断地进步，因此有动力。

假如一切都是虚幻的，那么这个过程才是你应该好好把握的。无论你怎么做，你和你所在的世界都终将毁灭。所以，学会微笑，面对这个虚幻、短暂、终将告别的世界。

——2022.11.29.23：06

人有欲望渴求，但那是假有的，如同幻影。而知识、经验当中能得到的快乐，显然要长久一些，即使一切都是空的，也不影响其层次。

当下次欲望又占据上风时，不仅不要反对，还要静静地观察欲望，用一些耐心去记录下其变化，掌握其背后不变的道理。当一切都是虚幻的，所有的价值都需要被重新定义。

理性占据下风时，心往往是既贪婪又恐惧。

——2022.12.05.23：20

你学习过的东西，能记住的会成为你的意识，那些忘掉的会成为你的潜意识。

——2022.12.9.07：31

我擅长在尽可能掌握全部信息，再去工作和决策。如果得到的是片面的信息，则容易犯错误，失去判断力。于是，应该做的是在未掌握全面信息的时候"潜龙勿用"，不要说话、不要轻举妄动。当局势明朗，自己掌握、准备得比较充分的时候，再按步骤去做。

——2022.12.14.10：28

当一切变成虚幻，或看成虚幻，便没有了痛苦和执着。

——2022.12.17.16：16

凌晨睡不着觉，发冷、咽堵、喉咙干，4点多实在睡不着就起床，到一楼开了暖气、煮了开水，盖上衣物睡觉。估计是阳了，现在上午8点49分，喉咙干，想要喝水，感觉很口渴，右鼻不断流有稀涕。

……

早上8、9点已隔离在二楼后面的房间，躺在床上，不到中午开始，已经开始腰酸背痛，用测温枪量是37度。很累，感觉头晕脑涨、没力。

……

下午6、7点，没胃口，全身痛……

——2022.12.21

早上8点多，感觉身体已经没那么痛了，也没有烧。昨天最高体温测得是37.5，算是低烧，全身疼痛，脑子里冒出很多想法。身体的痛加上大脑的乱七八糟的想法，身心都受到折磨，昨晚没怎么吃东西、没胃口。

现在其实还好，头有点晕，可能能量不够，咽喉干。心里在想"凡所有相，皆是虚幻"。

——2022.12.22.09：29

上午 10 点半，咳出第一口痰；晚上 7 点多开始有耳鸣。

——2022.12.22

整晚干咳，辗转反侧，喉咙快咳废。

——2022.12.23.07：13

现在晚上 22：39，喉咙没那么痒，咳嗽也没那么厉害。今天还是没发热，估计是快好了。

隔离中发现，我的病是可以医治的，只要我什么都不需要做。在这个世界，我应该如何做？如果我有能力，应该跳出这个圈子做自己喜欢做的事（想提前退休）。

……

我看到的、观察到的，都是我这一辈子真正感受到的，而这就足够了，这就是我生命的意义。历史太多人了，很多人一生的无奈与痛苦，留给后世也许只是一句轻描淡定的话，也很可能是什么都没有留下，而随着过去的时间消失在寂灭之中。我是在书写自己的历史。

——2022.12.23.23：00

只要能够内心安定，就没有什么事。

几天没洗头，打算等下去洗下，今天晒了下太阳。

……

后面的车长按喇叭，我也长按喇叭，多次……一次、两次、三次……我感觉到自己的愤怒，但愤怒是什么，其实愤怒也是假的。但分析原因，有可能是关了几天的缘故。

当愤怒那一刻，没有什么脏话想说，只是想着行动和"复仇"，心中的愤怒会引导人做出一些事。

——2022.12.26

你不是为了赢别人，也不是为了证明自己，也不是为了鼓励任何人，你要的，只是写下去而已。因此，你当然可以活在一个人的世界里。你可以失去所有东西，同时，你能够忍受所有的孤独。

成功其实是意识的觉醒，成功是一种心态，如果你达到目的，但是你不开心，这并不是一种成功。相反，如果过程你是很愉快的、很充实的，即使最后没有达到目的，也是一种成功。

你不能去做自己内心想做的事，于是欲望受到抑制，人变得消沉。

——2022.12.27

真正的生活，是要有时间停下来，等一等自己的心，人心不是机器，人有价值的追求，所以并没有一个绝对的标准。只要有了标准，就和机器无异。

——2022.12.30

回顾过往，时常下定决心，又时常自然忘记，时而斗志昂扬，又时而慌乱迷惘。要看清楚生活的真相，为什么吃饭、睡觉不需要"坚持"，不会忘记？按照你的本性而活，才是最轻松自在的。

想走遍世间的路，人群中忘记孤独。

——2022.12.31.14：02

你真的喜欢咖啡吗？还是只是喜欢那种氛围？灯光很重要，灯光、水、家具等，都营造出很好的效果。老湖这里的吧台说是自己设计的，上面有一些洞，电线可以从中间穿过、放磨豆机，有洗杯的从下往上的喷头；桌上有一些玻璃瓶，上面插上一些植物，有阔叶榕的枝叶，也有一瓶插上粉玫瑰。

刚才已经闻到外面传来的烟花味，感受到了年味。我觉得生养孩子，要给他（她）带去希望，在欢乐、爱、希望中成长。有音乐、有画、有艺术、有文字、有美，我认为这些比钱要重要得多。

我在沉思、我在享受中，现在我已不再感到痛苦。也许平淡、平凡也能书写出美好的故事和章节。

　　刚喝了咖啡，感觉不错。买了挂耳咖啡，老湖多送了一包，真的感谢。欣赏老湖的生活，有一些向往。这个世界上，有人活成自己想要的样子，因为热爱，所以专业。这个世界上有人能够快乐地活着，按自己的想法活着和谋生。所以，要怀抱希望。

——2022.12.31.21：51

2023

男人的激情，来得快，消散得也快，有和无之间变化得太快，起伏太快，因此容易冲动、也容易后悔。男人30，逐渐变得成熟，知道无论事物有多么坚不可摧，其本质上都是虚幻的，因此不再用严肃武装自己，而是保持谦厚低调的态度。

按照自己的天赋好好发挥，就是做自己不知疲倦的事，我相信一定能够不枉此生。

……

一个控制不住自己嘴巴和情绪的人，是一个随时会爆炸的定时炸弹。你该如何控制情绪？把一切当作虚幻。当一切都是虚假、虚幻的，你有什么好做的？你只能以面具面对这个世界。

——2023.1.1

"脱下眼镜是不是看不见我？"
"看到个美女。"
"距离产生美喽喔？"
"盲目产生美。"

——2023.1.4.22：15

十年前，我知道今天会是这样吗？那时，我在担心什么、忧虑什么？生活，从来不易，也许，正是酸甜苦辣的经历，才让生活变得有温度，让灵魂变得有深度。

——2023.1.14.11：00

压力会影响你的判断，会压垮你的健康。

当我有一天不用再去奔跑了，我可以有文字可以回忆。你活过，一定是对这个世界的感悟。我决心好好感受这个世界，用剩下的时间，好好感受这个世界。

观察这颗心的活动，因为你只能观察其他心的表情。世界似乎是按照科学规律运行，但心在大多数情况下是凭感觉行事。

——2023.1.14.17：05

你急的是什么？你争的是什么？吃饭为什么要赶快？不过，如果凡事都要问意义，是否已经抑郁？

——2023.1.16.18：24

如果你生活得很好，是没有什么生活感悟的。你想要生活，还是生活的感悟？

——2023.1.16

各地都在抢人，没有人的地，会走向何方；没有地的人，会回到哪里。

——2023.1.19.12：21

　　最美好的事物，不一定需要刻意地等待；最难忘的回忆，可能是不经意间回眸。

——2023.1.20

　　当认为这个世界是虚幻的之后，大脑中的压力小了很多，成为主宰、或者思考死亡，都不如怀疑来得如此有效果。自然，没有什么副作用。因为当一切都是假的时候，心中所追求的正义也将被推倒。

　　一切都是假的，你该如何证明？只能相信，却不能证明。如同历史，只能被相信，不能被证明？活着的意义、生存的意义，是一个沉重的话题。

　　艺术，一定是绘画音乐吗？能表达人类情感的、理性的，表达人类内在的，都能称为艺术。因此，有善的艺术，也有恶的艺术，艺术一定是善的吗？

——2023.1.21

　　痛，是这个世界存在的证明。你之所以相信这个世界的真实性，不是开心的时候有多开心，而是痛的时候，痛是如此真实。从这个角度看，痛，是世界真实存在的证明，但问题是，你身体的痛只有你自己能感受得到。

　　现在开始羡慕那些能够一直忠于自我的人，起码他们所有的时间精力都在满足自己，一生没有什么遗憾。是因为抑郁所以追问意义，还是因为追问意义而导致抑郁？生命的意义是什么？哪有这么容易回复得了呢。我们只是无限宇宙中的极其微小的部分，所以，我们有什么资格说我们掌握了真理？假如我们是假的，我们所做的一切又有什么意义呢？但是，有没有一种可能，世界真实与否其实并不重要，即便世界是假的，你也可以将内在的想法表达出来，你仍然有情感。

你要始终认清自己，或者说看清这个世界连同你自己在内都是虚幻的，只有如此，你才会有一个较开放的心胸去接纳一切。你有能力改变自己命运的能力和机遇，也有这样的机会和命运。

——2023.1.23

24 日中午 12 点出发，晚上 9 点才到厦门。晚上 9 点 15 分进附近的烧烤店，点了几串烧烤和红烧鱼，然后等到 10 点 35 分，连一串都没有上。饿得不行，去旁边买了个杯面，4.5 元。然后走了，说让其取消。酒店在酒店群里，收定位来走，也不容易找到；房间密码和 wifi 密码傻傻分不清。反正有很多问题，都是需要去想，但是没有想清楚的。

今天早上早餐有馒头、鸡蛋、粥、菜、汤米粉、鸡腿、番薯、炒饭等，是自助餐，一个字，难吃。为什么这么难吃啊，还调了早上 6 点半的闹钟起床，真的没吃下几口。

回来睡到十点半，开车去南普陀寺停车场，12 点到，参观完下午 2 点多。到大元路吃小吃，有沙茶面、蚵仔煎、糖、牛肉面、牛排骨、煎鱿鱼、绿豆饼等。

晚上走路 20 分钟左右到了 2016 年 2 月到过的"乐活欧洲"咖啡店，装修很好，虽然地方小，但氛围好，灯光、装饰品、音乐，都不错，特别那首"All by myself"英文歌，在车上重复听的时候感觉很有感觉。点了热拿铁、冰淇淋、火腿，再加上新年服务费，共花费 170 元。

今天……想起多年前，多种感觉油然而生。

——2023.1.25

人类在世界上生存了几百万年，站在食物链的顶端，是怎么战胜强于自己几倍的对手？是组织力，将所有力量凝聚起来的能力。

如何组织起所有人的力量？组织力的背后是什么，是什么能够让所有人凝聚起来合力做一件事？

——2023.1.26

自从这个世界假了之后，感觉世界完全变好了。

——2023.1.30.15：49

有一天，当你发现一切都是假的时候，才能真正拥抱生活。你才会完全把握住自己的内心，这就像一块薄膜，识破虚假，就刺破了困住你内心的一切牢笼。真真假假，谁能分清楚？当你不停地寻找人生的意义，想要拥有这个拥有那个，想证明自己时，你就陷入了泥淖里了。你所遭受的痛苦，当你观察、意识它们时，痛苦实际上也虚假了很多。

有人说，不喜欢可以分程度，而喜欢只有一种；也许，不快乐也可以分程度，而快乐只有一种。一切都是假的，假的东西也可以感受，不一定真的东西才可以感受。当你不能再感受，活着就成了行尸走肉。将内心的想法表达出来，具化成艺术。

我喜欢随意的生活，不太喜欢按既定的计划去行事。喝下咖啡、看下书、听听音乐，放下手机，同时也放下烦恼和思绪，你心情好了，身心放松了，健康也好了。感受变化的感受，观察正在的观察。

文字的力量是巨大的，每当你将心中所想在文字中表达出来后，都能获得持久的平静，那种快乐是令人满足的。

命运是无法躲避的。我们在哪里遇见，并不重要，重要的是我们曾经遇见过。活着，去感受世间的美好。

——2023.1.31

22：44 车窗前飘落了些许雨滴，22：48 不到，全部都消散在风里，仿佛从来没有出现过一样，似有还无。假如没有人感知，雨还存在吗？

——2023.1.31.23：02

你就好好活着，到了 70、80 岁，有没有钱都一样，人就是这样的过程。

实现梦想并不快乐。但也有过快乐的瞬间，包括去实现理想的过程中。假如你没有尝试过强烈的快乐，你也不会感受到强烈的痛苦。

我们能够好好把握的只有现在。我没有说话，我的脑袋在动，看着这个可爱的世界。

——2023.2.1

其实最重要的是你自己感兴趣，有兴趣做的一样事情，你才会有激情和热情去做。人生的任何阶段，都是经历的一部分，你最珍贵的光阴是当下，因为你只能活一次。

音乐、书、文字、水、阳光、植物、干净清新的空气，艺术，让生活更美好。觉得美不美，是由主观决定的；觉得好不好，也是由价值观决定的。

只有热爱，才会坦荡、坦诚，心才会安定、有热情，你才会一直做下去。

因为有追求，所以有失落，心中有完美的追求，所以怎么样都不开心，因为怎么样都不能知足。

——2023.2.3

发觉很多时候自己的失败，都在过于注重结果；而每次达到目标且更高的高度时，都是完全忽略结果，反而是享受过程。所以，当一切都是假的，反而是你状态最好的时候。

为什么是这样子？因为只有这样你才不会受自己影响。

当一切都是假的，现在所经历的一切才是最重要的。生活不止是诗和远方，还有当下的所思所想，你从生活中读到的一切，都会构成你的认识。花被折而不断，不影响继续绽放，自然有着强大的力量，人始终会找到自己的定位和方向。

——2023.2.6

了解自己适合什么，深耕自己的专业。

——2023.2.8.22：16

生命是一个假的过程，当生命即将走到尽头，应该把握什么，不，其实什么都是假的。当你知道这一切过后，你会发现你追求的，大多数时候只是自己的欲望，只是自己的一团欲望，而我看到过一个这样的景象：那个在医院病房拖着尿袋走路的老先生，最希望的只是健康。因为未婚、无妻、无儿、无女，所以没有人去看过他（在住院期间），夜晚睡不着，想看电视，却找不到遥控器，后被护士写纸条告诉没信号；我的饭菜他虽无牙却全部吃完，因为他每天的饭菜只有白粥……

76岁，耳聋、未婚、无儿无女，已独自住院2个月了，身上挂着尿袋，大多数时间躺在床上休息，有时下床去厕所倒尿，走路慢、身体摇摆幅度大、但脚步迈得小，一日三餐基本上只有白粥，嘴里看不到有牙齿。当你去到那样的境地时，代入到那样的情境时，很自然地觉得人生毫无意义。但面对人时，他脸上总是挂满笑容。所以，生命的意义是什么，你应该追求的是什么？

——2023.2.11

最理想的生活，现在认为是，每天睡到自然醒，也许有一天，我解决了生存的问题，可以开一家小店，不在乎赚多少，更多的是感受和分享。要有信心。

——2023.2.12

如果你连话都说不清楚，该如何让别人信服？有没有看书、不断学习，差别还是很大的。你出场的时候，所有人都将看到，可能表面上大家都差不多，但是一说话，所有的缺点都会一下子暴露出来。

——2023.2.13

学会活在当下，改变自己为未来而活的习惯。你能现在写，现在就是最好的，真的有一天坚持不住了，那就不做就行了。

——2023.2.16

因为贫困，所以你的感受比较实在，你只需要如实地表达自己就行。因为贫困，你才会感到痛，而痛的心，才能写出有价值的文字。

你相信事事是好事，就是好事。事情做了就有经验，无论对或错，最麻烦的不是失败，而是不做。有机会做，你都是要去做，然后好好感受这个世界。你不用别人的肯定，因为最重要的，是你自己的感受、自己的经历。

——2023.2.17.10：42

很多细节的东西要注意，要检查，提前准备，提前在脑中或实地演练一遍，最后再检查一遍。如果你不检查，最后很大概率会出问题，到时再解决就会变得很麻烦。人生只有一次，要把人生当作一个过程，享受学习、品味、记录的过程。

——2023.2.18.13：37

也许只有文字，才能带来慰藉，和最终的幸福。人类正是因为有了文字，万年来的经验得以传承传播。只有文字能够让人永生，因为文字体现出思想。

你要找到自己的兴趣爱好，真的是难事，不是一件容易的事。每个人来这个世界上有自己的应该做的事，你再怎么为下一代着想，下一代自有下一代的安排。

——2023.2.19

做好自己应该做的事，不要有太多不好意思的情感，这个世界是假的，你知道自己应该如何去做。

——2023.2.20.11：03

人与人之间需要距离，需要不为人知的隐蔽角落。

咖啡的香，加上牛奶的甜，我喜欢那种一小口一小口下去，甘苦回酸的感觉，再加上旁边的音乐，一切都显得那么的美好。在文字中，暖光灯中，有生活的气息和味道。其实，现在的你是最幸福的，工作上越来越顺手，与人相处也越来越平和，最重要的是，可以做着你最想做的事情。

现在的你是最好的时候，因为你知道自己的使命，你也知道自己幸福的秘诀是什么，而且正在做着自己爱做的最理想状态下做的事，于是你是完美的状态，在此时此刻。对，你能够存在的只有此时此刻。

老湖说，单从住来讲，小区舒服，比自建房好。希望他（小孩）有理想、有自己的追求，从小做自己喜欢的事，不要走那么多弯路，可以享受人生的乐趣。不像我们几十年，没有机会，没有那么多选择，下一代至少不用考虑温饱问题。

——2023.2.21

很多时候，你只是允许自己沉溺。但是，无论你做什么，要成事，最重要的还是理性去引导。

你来这个世界是来感受的，也许世界是假的，但不影响你记录感受。所以，你去尝试、去感受，你需要人爱，只是因为寂寞孤独，你也只是一个人而已。

如果回到10年前你会做什么？当然是去经历、去尝试、去记录，没有什么是不能做的。去旅行、去做小生意、去开车……有什么好怕的呢？其实你现在也可以的，又有什么可怕的呢？做一个观察者、体验者，比做一个成功者、一个帝王，更加自在和快乐。

——2023.2.28.20：44

导航去"span cafe"。这家店连招牌都没有，点了特色煎饼，真的很香，热拿铁也很好喝，是哥斯达黎加深烘，有浓郁的巧克力味，感觉是很不错。听这个年轻老板说，自己是澳门本地人，这间店是商铺来的，是用来做生意的，如果是别人买了私人的，像对面的（房屋）就可以自己住；主要是做熟客生意，也不提供堂食，上面是医院。咖啡机贵，要十八万，如果单头的就只要6万。

其实我觉得真的不错，本地人，就开个咖啡店，然后悠哉地过过日子，没有什么烦恼。我们其实缺的是什么？是机会，还是信心？

澳门很干净，基本四处都有打通的地方，不能走的基本上旁边会有天桥让你过去，而且都配备有电梯上去，非常地人性化；而且当地人也非常友好，很热情地给你指路。社会发展到这个阶段，我相信，人们的幸福感也会很强，做着自己喜欢做的事，即使做个普通人，也会很幸福吧。这个世界应该怎么发展，应该是根据事物的本质去做的，适合自己的才是最好的。

图书馆外好像有家咖啡店，有布的标志物写着"山上树下"，感觉有日式的以及一种说不出的浪漫的意感，感觉澳门这边人有自己的思想和追求，是很好的选择。

看到很多创业的故事或说法，心中其实有想，但又不太想。其实重要的是资产，是背后可以变现，又可以增值，也同时为你带来收益的资产。所以明白钱如何运转后，就有机会，不然你永远不知道活着应该为了什么。

如果你知道自己的人生方向，那么你勇敢去向前走就行了，不必在意，你会逐渐加快力量、积聚实力，得到你想要拥有的一切。

禁锢我的只是我的幻想出来的焦虑，我适合写文字，这是一种命运。于是，能够继续写下去，这不是一种逃避，而是对生活的成全，对自我价值的实现。面临的种种压力、难处，其实都大可不必担心，因为一切都会逝去，我们所能够把握的只有过程。做与不做，怎么焦虑等等，在文字具象化以后，都会慢慢淡化。

——2023.3.2.19：25

我发觉回来之后，生活也会逐渐变得平淡，没有了那种不停有东西看、有想法的感觉，我觉得，要开一家咖啡店，你只需要去做就行了。

你上班的时候迟到了，会庆幸迟到也有工资拿，日子还是比较舒服。（但）你上班了，感觉自己没有用，在浪费自己的生命，因为你在忧虑和担心，在想自己为什么被绑定在一个凳子上，日复一日，年复一年。你经历过没有钱、没有工作、没有前途，经历过被打压、受欺辱，你明白自己基本的需要，和自己的使命。

读到博士的，社会应该给高一些收入，善待他们。而问题在于，什么人不需要被善待，什么人不需要更高一些的收入来改善生活？所以，我们该如何做到公平？是谁在决定公平？我只有首先相信世界是假的，才有可能放下包袱。

——2023.3.3

不要只想着靠自己。你要学会借力、借钱，借力办事、借钱赚钱。体育你可以突破、挑战自己，而金钱社会、资本的世界却不一样，是团队合作。

——2023.3.5.08：46

有人说，每一种社会都有其价值观，最重要的不是自己有什么样的价值观，而是知道自己为什么会有这样的价值观。

我们说话太快、太随意，对自己是不利的，不一定是快乐的。讲话声音低一点、慢一点，反而有魅力。

我们有很多感情，也有很多烦恼，很多时候并不是自己的问题，却承担着很重的压力。我们只是这个世界的过客……你应该找到一个你自己满意的房子，自己想去住的房子，那么，就没有炒的问题。

——2023.3.8

什么都是会逝去的，能好好把握的只有现在，所以一切都不重要，都只是过程。没有人能持续快乐，但没有快乐概念的人，才不会被快乐束缚。一个人知道自己要什么，才能经得起重要的考验。

社会的财富，如果说到底是人的时间，那么，能买到别人的时间，真是资本的魅力啊。一个人应当有所觉悟，有了觉悟才能认真做事，因为你知道自己想要的是什么。

——2023.3.11.14：03

在做着自己想做的事，其实就很好，所有的功成名就，都不及心境的静谧、安乐。福厚，看什么都顺眼。

——2023.3.12.19：39

刚才在想，假如我现在患癌，只剩 6 个月寿命，我会如何活？其实没有什么问题，出个书，理下身后事，很好。

——2023.3.12.13：41

不知道为什么，要做自己不喜欢做的事，讨厌的事，很伤神，我的精神精力无法集中。我害怕失败，所以在做着很多自己不感兴趣的事，所以效率低下。该怎么办？为何你的人生如此悲惨，为什么过得这么累？

你要知道自己适合什么，你才能更好地找到自己的定位。人生应该有很多种选择，你不必拘泥于其中一种。要学会放松，得有创造力，一种松弛感、一种放松的感觉。人的注意力是有限的，你想得太多，行动就会越少。你接触自己不熟悉的事物，肯定是会恐惧，会想办法不去做，解决的方法只有一个，就是不要以结果为导向，而是享受过程。你在过程中要忘掉一切，不用去管别人怎么说、怎么看，就去做自己想做的事。人生是一个过程，只有成为自己，才会过得快乐，才不会失去自己。

很多时候，我们都只是生活在自己的想象里，还没有走到黎明，心就已经在黑暗中死去。我不知道有什么是适用于每个个体最好的活法，也许正因为每个人是不同的，因此适合的也不尽相同。其实，你好好把握此时此刻，就是最好的事。没事的，都是会过去的，放松一点。

——2023.3.17.05：25

"莞香印巷"有个咖啡文化节，3月17—19号，很多美女，"喝杯美式，没有心事""毕生所求，咖啡自由"。

喝了咖啡，再听听音乐，感觉很好。

据说，大脑每天对问题思考和决策的次数，是有额度的，超过了就容易焦虑、不安。当生活只剩下回忆，记得提醒自己，错过的不一定就是最好的，好好感受此时此刻。

可以试想一下，你周围的一切都是假的，这个世界是假的，当这个世界假了之后，便不再有恐惧和焦虑，我们担心的其实都是假的。只要时间够长，只要你足够耐心，你一定可以得到自己想要的一切。所以，不必担心，去做自己想做的。

——2023.3.17

不顺的时候，你才有更多的时间写东西，体验生活的艰辛，将不顺、失意写成文字。不极端。要极端的快乐，意味着要承受极端的痛苦。

——2023.3.19.16：37

年轻有梦想，坚信忍辱负重、坚持就会实现，后来刹那间发现，没有知晓，没有在乎。孤独，让过往的认知和价值重新评估。一个人最快乐的那一刻，不是实现梦想，而是拥有梦想。

——2023.3.20.07：48

淡定自若是一种素养，非常难。赢，是非常难的，最难的可能是最后一个"凡"字，看上去很平常、很平凡，看不出有什么不同，这真的是一种能力，不管是别人看你，还是你看自己的赢。

——2023.3.22.15：04

我们在这世上存留的时间其实很短，最重要的是，可以平静地生活。你不是也没必要等到完美了才去享受生活。

——2023.3.25.21：22

只有世界是假的，你才会去改变。

——2023.3.26.08：34

只有世界是假的，你才会不一样。

——2023.3.31.14：37

有时会有一些灵感，有脑中形成，电光石火之间，自然地拼凑成文字。也许这就是灵感，是别人拿不走的，是你独有的，因为连你自己也不能复制。

——2023.4.1

猫从桌子上跳下，刚才自己跳了上去。感觉当我把握了整体后，整体信心有所提升。

——2023.4.2.20：50

假如我有一万年命，或者是无限长的命，我应该能将题目做完，研究得很透彻，成为一个专家，没有什么抱怨。

——2023.4.3.11：26

"能用众力，则无敌于天下矣。"学生做了二十几年，出社会肯定是很难适应的，因为学校和社会是完全按两种规则来运行的。在学校，你靠的完全是个人能力，个人的学习，如发展自己的智商等。而在社会，更多时候是靠与别人合作、资源共享、合作分工、互相帮忙等。你能靠信息、靠合作、靠资源赚取到许多其他单打独斗而不能胜利的钱、权、位等，合作意识是最重要的，你的脑袋转得会越来越快，会变得越来越聪明，懂得连接人和事。

——2023.4.4

早上到医院拔牙，说牙齿离神经近，拔完后连线约12点，咬棉花二十多分钟，不到一点麻药就退，痛啊。5点多，才喝了一些粥，直接吞、不用嚼，非常痛，现在仍然痛。

不能吃东西是痛苦的，也许，能正常吃、正常睡觉、正常走动，本身就是一种非常幸福的事，只是我们都太习以为常了。我们忙着去享乐，却没有好好去享受生活，去感受当下的每一分每一秒。我们好像每天都在准备着，不知道在为了什么而做准备。有些可怜，有些无以言表，但我们都是这样子，每天都很忙。

——2023.04.05.17：37

你就去做适合自己做的事，关注于当下的每一秒钟。

——2023.4.5.21：15

越是在底层，越是不讲规则和契约，芸芸众生，活着是不容易。你很多时候可以不用那么老实地讲道理，也可能是你自己的问题，凡事先确认清楚、害怕损失等，其实差不多就行了，钱只是一种工具。

每个人的境遇不同，每个人面对的问题也不同，不要让你的情绪控制你，一切都是假的，这个世界不是真实的。

——2023.4.8.17：42

害怕改变、害怕一些不稳定的因素，比如一个表格中的少数数据和实际不符，或者说实际有变化，而表格未及时调整过来，便会认为表格不对，要重新弄，实在太极端了。

我们总是认为全新的就一定是最好的、完美的，但实际上，并没有完美的事物，一切都是在改变中。

——2023.4.10

其实人最怕是有对比，有比较，人就容易摇摆不定，不知道怎么处理好，陷入进退两难、徘徊的状态。我该如何选择？如果我没得选择，也许我不会烦恼。

如果一切都是注定好的，你何妨放松心态，去一试，失败了其实也没什么，重要的是过程中的观察。当然，你能品味自己的心态，也是最好的。

——2023.4.12.06：54

假如带着记忆回去，也许会每天微笑面对生活，那些不敢去尝试的事，那些看似遥不可及的梦，那些当时因为没有去做，如今从而后悔、怪自己的一切一切。

也许我会尝试去创业、去投资，去市场调研，去总结经验；也许不再封闭自我，而是敞开心扉、多结交朋友，学会去分享和关心，去感受友情的纯粹；也许不在意她爱不爱我，而是创造和珍惜每一次相处的机会。其实每个人都正在走向分别，只是有的人快、有的人慢，我们能好好把握的就是此时此刻，一呼一吸之间。

——2023.4.13.18：18

当一切是假的之后，是不是有神的智慧？我是否在逃避什么，我害怕死亡，还是失败？

有钱人过上体面的生活；穷人活着，每天面对的大多是对鸡毛蒜皮的小事，大动肝火，怒气冲天。我们每天都在压抑着自己的需求，当每样事物都压抑自己的需求，人就很容易有怒火。因为觉得每样事物对己都不公平、都是不利，从而更加陷入焦虑。所以，贫穷不仅是物质上的，还有精神上的。

2014 年大概是 8 年前，能相信会实现一些事吗？也许很多时候，你能够做的是放松心态，相信一切都是假的。

——2023.4.16.07：56

不能结合自己的观察、心灵的感受而写出的东西，或创作的东西，即使再美，也是没有生命力的，也许那是一种人味。

——2023.4.18

很多时候很累，有时是自己想得太多了，如果想不后悔，现在应该做的，是站在终点去开始，不要认为自己的生命还有很长，而是在终点，在死亡的终点，去过现在的生活。这样开始生活，应该会比较真实，虽然最终可能都是虚假的。

——2023.4.21.07：54

（电车）里程焦虑，害怕、恐惧，感受这种恐惧，内心的不开心的感觉，情绪是用来感受的。

当资源匮乏，想的是如何节省，而不是感受、享受。去感受感受，那些产生的感受。

——2023.4.21

有时候，心情很重要，放松心情，不要有太多负担。我们总是被过往的经验所束缚，所以很多时候事情做不了。有时，可以去试一下，尝试过后，你就有了经验。如果世界是假的，那么一切都只是幻象以及自已的幻觉。

——2023.4.24.14：10

今天早上代表发言，语言还是有一些紧张，话说出口比较小声，还有一些颤抖，发言之前心跳还在加速，反而看人家JY很淡定，落落大方的。这些可能是从小教养的问题，或者说她经过了很多的锻炼，一切都很成熟，变得很自然。而你要达到这种水平，有一些简单的方法，就是尽量放松。

——2023.4.25

我们应当抱什么样的心态，面对这个虚假的世界？其实你每天都很快乐，只是你有时自愿被欲望操纵而已。所以，一切都只是你的假象和幻觉，你在平常的、枯燥的、无聊的东西里，享受着每日的快乐，每时每刻的快乐。

人生只是一个过程，不是你实现目标才快乐，而是你的快乐来自于你有目标。

——2023.4.25

人们谈论过去

常常是用后来

穿过千里山云

只为心中那一片海

——2023.4.30.15：29

现在凌晨 1 点 39 分，刚才 9 点多到达大理古城，玩到近一点才回车里。大理古城很热闹，很多东西卖，喝了意式浓缩，25 元，感觉还行，现在还不觉得累。BH 说今晚才有旅游的感觉，不过明天去哪里，还没定好。ZJ 有咳嗽，不过今晚好像好了很多，咳得少了。

——2023.5.1.01：44

早上到附近，转角的转角再转角的位置，买了米粉，加蛋加肉共 15 块，打包回来 3 个人吃，从家里带来的矿泉水，还剩最后 3 瓶了，再买 2 瓶大炮？今天早上想去喜洲古镇走走，下午再回到那家网红咖啡看看日落。

小孩的世界很简单，喜欢就是喜欢，想玩就去尽情地玩，随便一个小物件，可能都能激发出探索的欲望和兴趣。

——2023.5.1.08：48

昨晚凌晨近一点才到家，等于开了 13 个小时的车，从南宁到家。通过旅行，感觉对生活有把握，对时间的把握能力变强；旅行，每天遇到新鲜的事物，提升了认知力、感受力。没有发朋友圈，感觉很多事藏在心里、记忆里，会很好。

——2023.5.4.08：12

事实上，赚钱这件事本身就是难的，正因为不得不工作，所以社会、国家才能有效运转。

你要这样想，你来这里是赚钱，该怎么赚钱？一切都只是生意。你就是向着内心的工作去行动就行。

——2023.5.4

来到FB烧烤，想点很多东西吃，这里比较好吃的是烤翅，表皮有种脆香的感觉，在其他地方很少能吃到；这里的豆腐也有特色，有特制蒜葱放一起烧烤，香味的浓郁渗进鼻腔；再打开一瓶冰冻"金典沙示"，汽水入口独特的甜味，以及气泡在喉咙爆破的快感。随便找个位置，老板娘会微笑地端上一小盘免费的花生，十分香脆。

——2023.5.5

一、不用感受词；二、加入哲学思考；三、加入心理分析。

——2023.5.6

你只要一站出来，就不单纯是你一个人，而是整体的一份子，如果不这么做，你就会成为敌人，成为被驱逐讨伐的对象，这就是政治。

——2023.5.6

在回来的过程中，听 L 讲，之前一直在大学里面，读了书然后做辅导员，然后去年调到（现在的岗位），感觉工作的内容、工作量都不同。

你会和很多人产生联系，你也只有连接起、凝聚起很多人，你才能成事。

——2023.5.8

生命中有许多担忧和焦虑，比如那些放不下的人和事。然而事实是，你自以为的深情并没有这么深，曾经的伤痛也没有这么痛，在时间的见证下，我们能把握的只有此时此刻。

——2023.5.12.07：37

知道了成功之道，但你可能还是不想动，因为旧有的习惯拖住了你，或者说你享受被拖住的那种感觉。习惯不能改掉，只能以习惯代替习惯。

守规则的人，适合待在讲规矩的地方。从年青的热血，到步入社会的绝望……经历是不可磨灭的，你现在回想起来，假如没有这些，你不会看到、也不会知道自己应该走的路，不会知道自己适合什么。

无论你做什么，时间都是会流走的，在生活、实践中去总结。理论，只有经过实践，才会变得深刻，不然就是负担。

——2023.5.13.11：47

在这个假世界，有什么真的有意义和价值？虽然你认为一切都没有意义，但你会不断地去赋予其意义，你的所思所为的一切，你想让其有意义，而事实上没有什么意义。与其这样，不如学着让自己开心，那么，该如何让自己开心呢？

我觉得自己的人生是想将一切写下去，不一定说出版，不一定说要让人看到，也许自己有机会在未来会翻到，了解过去的自己还是有点意思的。也许能一直学习、思考，去做一些事情，那有一种快乐。

——2023.5.17.07：40

我觉得如果要写一些东西，不用感受词，是比较难的，比如说"想""看""听""闻"等等感官的词。但这样写出来的东西会比较小清新，会比较特别，有些味道能让人细细回味。

——2023.5.22.07：46

你的社会价值，在于你的所有的影响力。

——2023.5.22.14：09

当所有人你都认识和熟悉，都有打交道，你自然熟悉掌握这张"网"的游戏规则。每个人都不能脱离社会这张"网",而社会又不能离开"政治"。所以,你要想混得好,就必须精通"网"的生存法则。

——2023.5.23

即使很有钱,会向往什么样的生活?一定是音乐和文字、美食和故事。

——2023.5.25

想做一粒咖啡豆,被200度高温烘熟,再被千万刀碎成粉,只为了能吸引你。

——2023.5.26

觉察正在思考的自己,人起码有2个自己,一个是正在思考的人,另一个是观察正在思考的人的那个主体。

——2023.5.27.09:39

一个咖啡店,与老板的灵魂应该是合一的,每一个小部件都有其历史和故事。

在看书中获得的快乐,比实现最初的理想要多得多,所以,找到自己生命的价值和意义。(后门后座、西藏羊湖、泰国巴士、看书隐士、小指大路……)人生是美好的,做一个思考的人，观察思考的人。

——2023.5.28

世界是假的、不是真实的，没有什么是一定重要的，没有什么是不可缺少的，每天笑一笑，内心笑一笑，因为这个世界不是真实的。

——2023.5.29.17：13

活到最后，其实比的是心态。遇到一点事如果就害怕失败，如果就心情起起伏伏，那么你又怎么能够享受人生的过程呢？我们来到这个世界上，不是为了证明什么，不是为了实现谁的目的和主张，不是为了什么理想，而是为了享受生命的过程。

我们看过很多事，很多都成为了记忆；我们想了很多事，最终却剩下空虚的脑中的泡影，不能成为历史，也将逐渐被淡忘。无论你有多大的成就，多伟大的创造，对于世界来说也只是不如尘埃，因为我们芸芸众生只是偶然的存在。

我在书写中进行了较深入的思考，但是看了下时间，才过去一小时左右，感觉时间过得慢，这是好事，等于我有让时间变慢下来的能力。

——2023.5.30

没有人可以代替你去体验这个世界，因此，在这个事情上，每个人都是平等的。

人生只是一个过程，我们应该做的是好好享受这一段旅程，怀着体验的心情观察这个过程，直至生命的最后一刻。

——2023.6.1.10：14

一个人，最后的出类拔萃，重点是在于平时的积累，每一件不起眼的小事、小细节的积累，都有可能是紧急重大事情面前急中生的"智"。所以，要重视平日里的积累，可以以文字的形式去记录下来，这是目前一个比较好的方法。

——2023.6.4.08：27

其实和谐号（广深）车列非常多，你就算错过了，搭下一班也不会相差很多时间，可能就是十多分钟，所以不用着急和担心。很多事情我们之所以不开心，心里不舒服，是对客观世界存在一种未知的恐惧，我们恐惧的都是我们未知的，也可以说，是未知导致恐惧。

挺快的，17：59上了和谐号，18：09就到了东莞站（石龙）。

——2023.6.6.18：12

一切都是假的，心态要放好，没有什么过不去，放松一点。

——2023.6.12.19：37

　　关于面试，老师建议：每天对着镜子练，提气收腹，大声练。例如当你看到毕业照，首先是找自己的样子，所以这是人性，都有运用到心理学的。

——2023.6.13

　　（群众都是好人，同事都能理解你，领导都支持你。）你的情绪很多时候并没有什么用，但却是你的价值所在。凡事慢个半拍，其实是在保护自己，让事情在大脑转一圈再反应。当世界是假的，世界会开始变得有意思。

　　文字可以让一个人去成就一些事情、完成一些事。整个人类的活动都离不开文字，文字是不会过期的。

——2023.6.14

　　今天早上状态不错，通过运动、休息、营养的充分，我也感受到生活的乐趣，这才是健康的生活。

　　这个世界是虚幻、虚假的，你如果太认真，是会深陷进去的，后果则是成为你的情绪的奴隶。为什么TB领红包，10块钱你可以每天坚持去领？因为你每天有反馈、每一步行动都马上有反馈，马上看得到进步，所以你喜欢这种感觉，所以你沉迷在其中，你能每天坚持。而学习则不同，没有那么快的反馈，没有那种马上有反馈的快感，所以这只是不符合大脑的设置。所以，如果你想做一件事，就要将其变得相对容易，立马有奖励和反馈。

马上有反馈和奖励，这就是大脑喜欢的东西，这是成瘾的秘密，也是操纵的核心。所以，你将你学过的、想过的头脑的东西，写成文字之后，就具化了，具化成了笔记本上的东西，于是你便有了成就感，这些笔记上的东西就是反馈和奖励，所以你才会写下去。

不用说等到事情完善才去做，不是什么大事你正常去做就行。要享受闲暇、享受轻松快乐的氛围，所以，凡事顺其自然，表现自然、轻松，胜过所有的刻意。

小孩有很多精力去挥霍，而成年人有很多烦恼去消化，等待是一个漫长的过程，我们承受等待的煎熬，我们很多事情改不了，所以对于未知，我们会恐惧、焦虑、不知所措，我们害怕不能准备好。我害怕失败，内心是充满软弱思想的，我想赢，我害怕面对失败，这就是我的弱点。作为当局者，我不能置身事外，我做不到当作一个过程去经历。但其实，人生也只是一个过程，世间的一切都是虚假的，我们可以做我们想做的事，只要我们准备好，我们可以做好我们自己，超越我们自己就好。

——2023.6.18.23：12

有什么想要的？在这个世界，我也许是想看看，所有的美景、美好的事。我能够体会到什么？有什么样的故事，有什么样的情绪。

你的目标是什么？一直写下去，体验这个人生的过程。所以，现在面对的一切，都是可以记录下来的。所以，如今我所担心和焦虑的一切，都是我的素材，而不只是平静和喜悦。人生短短几十年，最宝贵的是体验活着的过程。

——2023.6.20

对人好，其实发个红包比买东西好，像亲戚小孩，给个红包是比较好的。很多经验，都要靠自己观察积累，也有很多是和别人交谈中了解。

——2023.6.20

如果你还有焦虑和烦恼，代表你还有理想和希望，你还想要改变和进步。

——2023.6.22

所有的心情、情绪，以及理性的推导、思考，都是你整个人性、精神的体现，而文字则是具象化的"物质"。

——2023.6.26.13：21

努力不一定有回报，但是努力是你真的想去做，你就去做，不要因为没有做而以后后悔。

生命只是一个过程，也许只是一个虚假的过程，但是从中有很多的苦和愁、泪和血，因为它资源有限，有武力的存在，所以它不公平，而现在又没有进化到人人高素质的时代，新的人类、新的意识形态没有成为普遍的趋势，所以还不能放弃武力。

——2023.6.27

开始于六月一日
有种无形的压力
缠绕着周围空气
感到难以呼吸

——2023.6.27.19：36

开车来的路上，在想，假如一件事对你来说很重要，那么你最可能的状态是焦虑、恐惧、忧郁，最可能的表现是吃不饱、睡不着，对其他事都失去了兴趣。

生、老、病、死，这就是这个世界设定的程序，这个世界是假的，包括你所有的担忧、快乐等，所以，这是一个虚假的过程。不管你什么心情，都需要度过这个过程。

——2023.06.28.11：57

相信，因为现在是一个关键的时刻，现在是要完成的时刻，将要结束的时刻，现在是检验你这一个月以来种种努力、辛苦、焦虑、痛苦、各种不满、各种不舒服的时刻，所以，你没有理由胆怯。

……

现在失败了，你什么心情？很烦恼？很无奈？很失败？不，不，不，这是一个机会，让你重新认识自己的机会，你有能力与实力去面对一切挑战。假如你知道会是今天这个结果，也许当初就不该如此紧张，对吧，这就是你这次失败的启示。

现在短暂的失败，只是给我的人生写上一些故事的诗篇。你想想，这么辛苦，是不是很难忘？而且你把重心放在了其他方面，而不是书写，你想想是不是浪费了很多时间？所以说，你其实并不爱，并不是做自己爱的事，于是才会辛苦。

内心不再患得患失，才是最好的时光，你还有一段路要走，所以，保持开放的心态，没有什么的。也许在以后你会发现，这其实是一件好事，不用担心，你可以的，所有经历的事，都可以是故事，其实都只是故事。

经过这次事件，我认为最大的启示、启发，就是淡定地写下去，不为外界影响。那个熟悉的自我，那个淡定从容的自我，一定可以成功。你即使失败了，也能一直写下去，你能继续吃饭、听着音乐、去喝咖啡，可以说，你热爱的没有变，你还有家人仍然支持你，你不亏，你仍旧做你自己。

……

如果失败、挫折是人生中的大概率事件，那也正是经历种种不如意，内心才会有更多独特的感受，人的个性也将更为丰富。

……

通过6月份7-14日在广州的培训，其实最大的启发是老师说的，对着镜子练，假如这样你都能练出来的话，那么你就一定可以面对别人不害怕，因为你连自己都不害怕了，人面对自己时，负面的东西出来是最多的。所以，培养自信、说话的气势，每天对着镜子练就可以。

向前看、一直走下去，这本身就是意义，就是一个人快乐的源泉。一直走下去，像当初跑100圈，那个坚持的自己，那个一直在行动的自己，那个不屈服命运的自己。

要对自己有信心，不用紧张，你有相关经验、有能力、有实力。你是谁？其实不重要，无论你的起点在哪，你都将要过完这一生，所以，不必羡慕，也不必抱怨，尽自己的努力就好。学习吧、创造吧，最重要的是找到一条适合自己的路。

……

今天是值得难忘的一天，入面试室前那几分钟，非常紧张、心跳加速。

——2023.06.28.21：08

可能昨晚休息时间比较长，今天早上（状态）是这些年来最好的。

我认为，自己已经从不健康的阴影中走出来了，无论是身体的或是心理的。也许是昨晚的咖啡，也许是昨晚书写过的东西，所以，我觉得自己只要找到正确的路，是可以过上理想的生活的，我还在不断地成长、不断地进步。

——2023.6.29

什么是你必要的？是文字。没有文字，你所想要的都失去意义。你可以一直写，音乐是辅助，咖啡是催化剂。因为你的感受是这个世界上独一无二的，你有自己的追求。

——2023.6.30

生命的时光短暂

那些失败的感叹

那些错过的遗憾

那些尽力仍到达不了的彼岸

那些故事中只对成功的歌唱

都如此让人难忘

……

所幸明天的阳光

还有人间的温暖

也许注定越岭翻山

也许注定长路漫漫

仍然期盼

仍然希望

仍然敢

——2023.6.30.22：36

早上到中午都不太舒服、又上去睡，一点多下来吃了番薯、马铃薯。

刚才下楼时，我觉得，真的没有事情值得你心情起起伏伏，情绪波动太大，对任何人都伤害很大。因为心情太复杂，你很难细细地品味内心。

——2023.7.2

人一生的宿敌只有最终的死亡，所以，一切都来得及，慢慢去走，就按自己的节奏、慢慢去走。

——2023.7.4

今天看到 DY，说经过 75 年的研究，最幸福的是与其他人联系的人。

生命是一个必然会逝去的过程，该怎么面对？不需要考虑太多，真诚接纳自己，放松心态，其他不用管，你可以度过所有的问题。

——2023.7.8

不要操之过急，向着自己的最终目标前进，重要的不是成功，而是独特的、独一无二的体验。

意外、生老病死，这一切都是修炼的过程。当世界是假的，你才能跳出这个"我"去思考和行事，才能克制住本能的情绪，才能变得忍耐。所以，只有世界是假的，才有时间和精力，才能集中时间和精力做必要的事。

——2023.7.9.20：43

假如我是已死身，再回来，一切都变得不重要了。当我死了，就能得到恒久的平静、沉寂，所有的悲痛、喜乐，都是修炼的一部分。

——2023.07.10.08：26

米兰·昆德拉曾说，无意义就是生活的本质。晚上剪完头发，在商场门口，脑中浮现了几个字："无意义也是一种意义"。

——2023.7.12.23：15

你急别人所急所需，自己就会乱了分寸，每一件不如意的事，都是一次机会，让你看到世界的荒诞、生活的本质，这个世界本身就是假的。

没有什么真理，如果你认为世界是真实的，很快你就会受不了了。

——2023.7.14

你活得四分五裂，不够真诚和诚实，你要考虑的东西太多了。每件事都平等看待，不紧不慢，就应该这样。哪件事要急，那么其他事肯定就慢了，这是事实。累了你就休息，要按实际好一点，不行就放弃，没有人告诉你要实现所有理想，轻装上阵，永远比负重累累要轻松。

你只有相信这个世界是假的，你才能比较快地反应过来，并采取行动，才不会恋战，不会沉迷在其中。

——2023.7.17

我是否会开一间咖啡店，也许是因为我热爱咖啡？还是说我离不开咖啡？

——2023.7.18

车窗外下着小雨，车停在健身房门口，细雨滴在车窗上，我在车里不想去健身，知行合一是难的，哪怕知道运动有好处，行动上身体喜欢静止。

——2023.7.19

我觉得自己作为人，最大的价值是做人的感受，但大脑总是在感受这些感受，大脑会受不了，于是需要表现出来，让感受具化。而这个过程就是艺术。

——2023.07.20.10：51

现代社会，温饱问题解决之后，也会产生新的问题，就是选择太多，而不知道如何选择。

你现在着急，为什么会着急？其实只要有书、有文字，我就很开心，所以，一切的一切都是贪婪而已。慢慢做事、淡定做事，就很好。

没有什么是大事，也没有什么是小事，你有自己的使命。其实你需要的东西很少，但是你却渴望很多，其实你有什么是希望的？死亡？你想得到最终的解脱？有什么心结未解开？有什么这世上的东西舍不得？真的要得了癌症，才开始生活吗？真的要到了被判死刑，才有勇气生活吗？我是否离开自己太久了。

——2023.07.20

我离不开文字，因为写字看书的作用是持续的，比咖啡、旅游、玩手机……等等的作用要持续得更长久，人容易在文字中沉浸，而忘记了时间。

我们焦虑的原因是什么，是为了昨天的伤痛，还是因为明天的谩骂？当生活逐渐逼近，有什么是自己想做的，成全别人，也是成全自己。

你害怕责任，你想逃避责任，其实每个人都想要逃避。你喜欢出去玩，可能到了外面，没有那么多琐事需要想，没有那么多人需要去照顾情绪，不用想别人在想什么。但是我们在生活中，最重要的是找到自己适合做的事。

为了生活下去，每天笑脸面对这个世界，当实在无法继续承接，可以选择优雅地告别。

——2023.7.23.10：05

当我沉浸在思索和学习中，那种快乐和幸福可以让双眼涌现泪水，是内心涌起的快乐，如果让内心保持柔软和开放，也许我能随时进入这样的状态。

——2023.7.23.21：30

平躺在手术台做包皮手术，天花板有倒影，可以看到整个手术的现场，思想仿佛抽离出来在看别人表演。但麻醉针扎进去那一刻的痛，又一下子将灵魂接进肉体，明白佛陀所说"众生皆苦"的含义。

——2023.7.24.13：27

不用着急，如果可以回到过去，不急，钱、名、地位慢慢会有的，你曾经的理想，能实现一些的。

——2023.7.25.21：00

如果回到 10 年前，2013 年的 7 月，我有什么想做的就会去做。

我们能活的时间有限，最重要的是知道为什么而活，如果你能够"解脱"，那么生活是没有什么难事的。

——2023.7.27

永远保持热情，永远笑脸相迎。

今天早上 7 点多起床，赶往西站坐车，16 车厢无座，乘警对我们非常好，有个座位一直给我们坐到终点。我们坐地铁也是有人帮忙让座，抬搬东西也有人帮忙。多走出去，才知道天地的广阔、人心的良善。在探索这个世界，小朋友比大人有趣多了，专注地活在自己的世界里面。

开车回家，出来吃烧烤到现在（新疆羊肉烧烤店），可乐很好喝。

——2023.8.1.22：55

如果不死，（理想）的确是有机会实现的。但是你知道自己的时间有限，样样都有限，所以你失意抑郁、悲观绝望，但是到头来，没有人在乎你。在你最绝望的时候，整个世界仿佛只有你自己，但是会非常记得那些绝望日子里身边的人。当你成功的时候，别人反而会高看你一眼。在绝境中的滋味，能够让你记忆尤深，永远不会丧失理性和警惕，同时，怀抱着对所有人的尊重，保持谦卑。

如何在时间有限的情况下运用时间？充分学习，能学多少是多少，不求多、不求快，不追求数量，而是注重感受。没有了感受，灵魂也将没有了意义，我们活一辈子，最重要的是感受，于是要有音乐、艺术，甚至是宗教、哲学。

听说在脑科学方面，人的行为由大脑决定，人没有自由意志，看上去是自己在做决定，但实际上是大脑在决定，你会喜欢什么、讨厌什么，大脑早已注定。人真的没有自由意志吗？

——2023.8.2

每天都要笑，笑着去面对生活中的一切。

我现在已经实现了 2014 年 9 月的所有想法，达到了所有能成功的条件。我正在实现并已实现了自己的很多梦想。我也到此结束了，该努力的也努力了，人生来到这个阶段，这个新的阶段，每天（应该）都是在笑，无论现在是何种境地。

——2023.8.3.23：32

当年，老先生对我说，让我去做、放心去做。但是十多年过去了，感觉还是战战兢兢，被各种各样的事情和无名的担忧和恐惧困扰住整个人的精神和行为。

也许我该去尝试，微笑地面对整个的生活。

——2023.8.5.13：09

你悲痛绝望，你对世界失望，你更对自己失望，如何破解？可以冷静下来倾听自己内心的声音，去做一些事、实现一些自己的想法。

——2023.8.5

多学习标准、规范的表述，总结学习人类的经验。

靠自己的劳动去致富，一般来讲是难的，要成为真正的有钱人，一定是善于利用别人的钱来赚钱。所以，山长水远找一份谋生的工作，是不现实的，想致富更是难上加难。

——2023.8.7

为什么准备在多人面前讲话会紧张，会想逃避？很多时候你想的时候是一回事，真正做的时候是一回事，真正要做的时候又不够大心脏、焦虑、压力、心跳加快等，害怕出错、害怕出丑等等。所以，实践，加强实践，知道自己每时每刻心态。

享受人生的过程，人类经过几百万年进化，我们吸取了经验，传授学习着以往前人的知识经验，人类的发展："学习＋怀疑"。

还没开始，内心已经演了千遍，你说累不累？具化成文字，是一种价值。写出来，事情就清晰了。

——2023.8.8

老 H 说，内心的自由，才是真正的自由；物质的东西，是心里的欲望太多。能做自己喜欢的事，要付出很大代价，需要心静下来。"玩"对人的身体、精神损耗大。什么都留不下的，如果能做些成绩，来到世界就不后悔。"开过客栈，知道所有的感情都是假的。"

——2023.8.11

坐上 11：10—11：53 东莞南到西九龙的高铁，一般高铁是提前 12 分钟检票，所以今早来得比较早，等了一个多小时。列车感觉明显是比较快，时速显示 191km/h，临深片区，房子很新。

香港走了一天，没买什么，还是在家里舒服。（回程）刚才有个女人，一家子，说我们坐了他们的座位，我太累了，不想动；只是对了一下，打开自己（手机）显示也是一样，只是坐着问为什么呢，但行动上还是没动。后来让乘务人员过来，说等一下，拿机器过来测；然后那女的突然说，"我们好像改票了"，于是悻悻地走了。所以，很多时候，你有利益的时候就不要动，先不要做反应，考虑一下，让事情在脑里转一下，再作出适当的反应也不迟。

在自己能负担起的情况下，花点必要的钱，买点什么、吃点什么，是必须的，也是开心的。很多时候不开心，也许只是穷怕了，钱能解决除痛苦外的很多烦恼，剩下的健康，要靠自己自律。

——2023.8.12.20：18

我擅长做什么？我喜欢做什么？我能够做什么？做好定位，就是做好自己的了解。文字＋音乐＋咖啡，让它们结合，而且沉浸在其中，这就是让你快乐的秘诀，你完全可以做让自己感到快乐的事。

你活着希望得到什么成就？其实你想要的只是开心。有人说，文学是排解中年无聊的方式，其实咖啡也可以是另一种途径，喝过之后，连（喝）水都也会有甜味。也许要想品尝生活丰富多元的味道，首先要跨过其中的苦。

——2023.8.13.22：56

　　喝完咖啡别人看不出你快乐，一个人是否快乐，算命是算不出来的。一个人的追求越低，越容易幸福。喝完咖啡后，感觉世界像是加了一层滤镜，有种美化的感觉，感受少了一些尖锐的刺痛。

——2023.8.17

　　你说工作压力大，其实并不算什么，相对于以前来说。你经历一些事之后，就会懂得人性，懂得自己需要什么。不要对家人大吵大叫，也不要让家人发疯、大吵大叫。

　　你看书，同时也去实践，那么你就会成为一个了不起的人了。同时要结交朋友，听朋友怎么说。听人家怎么说的，怎么做的，去不断地学习、实践。没有什么值得你退缩，你就认真去做就行，不懂就多听、多看、多想，多些思路。

　　无论什么事，只要齐心协力，一定是能够做好，而且是不费力，一些事有阻滞，一定是有些地方有问题的。人活着，就是一个利益的问题。

——2023.8.18

　　你要有自己的兴趣和爱好。如果你现在得了绝症，你有了心理准备没有？你准备好死了没有？还要去实现自己的梦想吗？还是说需要去体会生命的每个状态、每个感受？

　　书写的东西就是我的唯一，就是和这个世界其他人不同的东西。还有很长的路要走，还有很多事要做，需要和别人一起合作，需要和别人交流，需要保持内心的平静。那些梦想，看似很遥远，但相信总有一天一定会实现的。走好脚下的每一步，写好纸上的每一个字。这些文字，我能够在这些文字里保存自我。

在实现目标的过程中，无意发现了自己的所爱、所适、所能，原本的目标就变得不再重要了。要继续实现目标，还是从吾所好，是一个问题，人生最难的是你不可能两样都同时得到，这些问题也许是没有答案的。

——2023.8.19.23：58

后悔当初，没有胆量和勇气，去面对和尝试。不过，当时已经很勇敢了，用勇士、主宰的观念去强化自己改变。要超越自己的情感，真的难于上青天。

陷入绝境的时候，才知道你是多么的孤独，你只有自己一个人，那种凄凉真的痛进心里。现实，不知道从什么时候开始，成了一个贬义词。假如现在每天都在受煎熬的话，我们真正能做的是什么？生命的潮流向前，人注定要一死，这几十年该怎么生存？

我觉得，你依靠着笔和纸，终会成为你自己。不要把写当作一个负担，而是当作一种乐趣，就这样随着自己的生命状态下去就行。重要的不是一时的成败输赢，而是一直在写下去，那种平和稳定的心态，那种忘却身边一切事的（状态）。

——2023.08.20.22：29

　　如果你不知道自己想要什么，如果你不知道自己想去哪里，那么无论在哪里，对于你来说都是牢笼。

——2023.8.21.14：23

　　起床的时候02：45，早上的时间感觉特别的宝贵，舍不得浪费，比如说玩手机，会感觉是一种巨大的浪费，反而觉得能够快乐地做自己的事，会充满着意义，下来我要试着去做那些让自己快乐的事。

　　只有去做让自己快乐的事，人才会变得快乐和幸福。你其实是自由的，起码没有监狱困住你，没有狱警锁住你，限制你的活动范围。真正限制和约束你的是你内心中的想法，所以，你如果做你自己，你也许能保持平静的心，会有一种定力。

　　也许生活就是想要你先苦后甜，这样才好过，但现在的问题是我的心不满足、想进步、怕落后、怕回到从前，一个怕字，就让我退缩了。很害怕失去，于是就会变得逃避、战战兢兢，害怕出错、害怕犯错，内心极度缺乏安全感。

　　一辈子很长，放下一些没必要的包袱，轻装上路，甚至坐着便利的工具，走走停停，不用在意别人的目光，没有人在意你，本身每个人都在走着自己的路。

——2023.8.22

　　假如让我回到2012年11月19日，是十多年前了，我想我会去做想做的事，相信美好、拥抱美好，只专注当下、不管以后。

性格中敏感脆弱的成分，经常与自由幸福的向往之间产生巨大的冲突，所以懊恼、悔恨，在浪费过往的时间，在虚度年华的悔恨中逐渐迷失，自我也逐渐丧失。所以，做自己想做的事，越早越好。不需要准备，你随时就可以出发。只是在有人的地方，你就不得不戴上面具表演，这是保护自己，也保护别人。

——2023.8.22.07：00

如何淡定地去做点什么东西？只要你有相关的经验，就淡定，那么，你怎么拥有相关经验？实践、实验，通过做些什么来证明自己的观点，或者做一些没做过的事，总结出经验、自己的想法、一些表现的规律等。当然，听别人说、自己看书看资料等，也是个方法。

可能到头来，我谁也影响不了，而我只能改变自己。我原本并不存在，所以，我也只是社会的产物，是这个世界的产物。在这个观点来看，我又是唯物主义的。不管你选择什么主义，最重要的是要让自己开心。我看回以前的笔记，也会有很多心情产生，人生一世，去体验一些没体验过的、去实践。

——2023.8.25.14：23

你做什么多，习惯做什么，自然做什么就擅长。失败了很多次，慢慢地也就放轻松一点。

——2023.8.26

实现理想，能实现的，其实感觉都很容易；那些不能实现的，似乎怎么努力都是徒劳。所以，假如一切都只是程式，一切都是设定好了呢？如果一切都是虚假的？如果一切都是注定的、注定会发生？

——2023.8.29.22：06

活着就要演戏，无论是在工作中，还是在家里，只要有人的地方，就要演戏。所以，人最终是孤独的。

——2023.08.30

当你意识到自由的时候，意味着自由已经失去，如同青春。

——2023.08.30.14：28

你只有接触现实的世界，你才有现实的感觉。看，淡定地看，当所有东西都注定，那么，便没有什么好担忧，放心地干。

——2023.8.31

2个男人蹲在门诊部门口，左手边那个在抽烟，右手边那个双手交叉，脚下有瓶饮料。后面又来了一个男人，在2个男人前面，不过他就站着，并没有蹲下。原本蹲右边的男人，可能感觉不是很好，站了起来；但看左边的男人没有站，不久就又蹲了下去。不知道他们在谈什么。第3个男人也走了，还是剩下原本的2个男人在聊。

周日早上，在医院门口，看到来来往往很多人，脸上大多没什么笑容。

——2023.09.03

音乐、书写，沉默欣赏，不一定要说才快乐，倾听，或观察其实也不错。

老H说，最重要的是养成品味，主动去品，对提高品味有好处，至少用了自己的思想、想法去解释味道。主动去品，会了解更多，被动的会肤浅。品味，在咖啡里面，很民主的。

——2023.09.03

CZJ，她会对所有的东西逐渐厌倦，她需要有人陪着她，玩东西；走去未知的地方，看不一样的风景，天生爱探索这个世界。而大人总是厌倦无聊的，因为已经失去了探索的欲望，于是变得无趣、令人生厌，只是一副等待死去的躯体。

所以，生命、生活是什么？

"你想出去玩吗？" ZJ 马上穿鞋子了，所以说，她是懂的。和 ZJ 坐在柠檬茶门口的凳子上，挺好的，她现在能交流了，让她站一下，她会站着等一下我；让她上来休息一下，自己会坐着。看到小朋友，她会想去玩，看着她走过去，她会回头看我在不在，越走越远了。带她出来玩，她是开心的。刚在路上看到 B 华，说刚刚去理了发，有朋友过来看她。

——2023.09.03

如果一个人不出去，不与人沟通，不去总结，那么信息就会闭塞，认知就会出现问题。只有走出去，多看看、多了解，人的思维才会开阔，人才有能力去改变。

——2023.09.04

在音乐中迷失，最幸福的事，偶现的灵感、偶遇的美景，其实生活很简单，是我们想得过于复杂了。我们要怎样做，才能获得自己想要的成功？我们究竟需要什么？

活着的意义是什么？冲动、欲望、激情？当苦难不再有，当一切都是注定，好像我也就失去了灵感，因为我之所以有爱恨、有灵感，只是因为我相信有自由意志。

看见了太多的人间疾苦却又无能为力。你的灵魂需要沉默，才能做出强有力的决定，能让你远离不好的情绪，不好的意图、不好的人。

——2023.9.6

平时忙于感受，而哲学给人多了一个方向，就是去观察这个忙于感受的人。所以，文字可以让我一直写下去。如果可以重来，去面试，我只是去观察，观察这个过程，观察这个在感受的我。

——2023.09.08

当我在书写，我感觉世界是在向我开放的，我是自由的，我没有恐惧，只是离我想做的事，或想做的事成功，还有一段非常久的时间和长远的距离。

什么是我？我只是一台机器，活着的机器，演戏的机器而已。各种各样的困难，只有认真剖析、解构、解决，人的灵魂才能够得到成长。

——2023.9.10

所以，你要的其实很少，但好像又很多，你需要的只是一支笔一张纸，却感觉要和全世界斗争，才能赢得这一点点所谓的自由。

——2023.09.11

想得太完美，以至于无所事事。也许无奈，才是生命的底色，我们在无奈中生存，在无奈中延续。什么是自我，该如何找到自我？当生命的激情逐渐散去，有什么可支撑自我的生命？当生存下去很累，该如何做？

很多事情急不来的，我要知道自己的定位，知道自己能干成什么，这很重要啊。当生命的一切都将消失，我该怎么办？其实，只要微笑着面对就好，所有的人生的体验都只是一个体验的过程，仅此而已。

在书写中，我忘记了自我，忘记了时间。

——2023.09.11.22.10

有没有某种你愿意为之付出生命的东西。当面对死亡的时候，我们都会寻求一些终极的东西来支撑自己。正是对死亡的思考才使我们每个人都成为哲学家。

理性是极有限的。当我想的所有事、问题都通过文字表达出来，我便拥有了平静。活着体验这个世界，很重要，哪怕是焦虑、痛苦。

——2023.09.12

如果我现在走到了生命的终点，再来回望这一生，我应该会自豪吧。80岁，大概写了超过500本的笔记了。我努力工作，养活自己的家人。我尽自己的能力和知识提升自己的财富、帮助别人脱贫致富。我耐心对人，很少发脾气，和别人友好相处，我到过很多地方，也记录了很多故事。我开了一家咖啡店，里面全部都是我的故事，以及与一些朋友的故事。对于青年时未实现的理想，已然不再执着，而是顺其自然地放手。

所有的悲欢离合、爱恨情仇……一切的内心活动，以及所谓的事实，都写在笔记里了。因此，我总是微笑面对生活中的人和事，直到今天，也许是和世界作永别的时刻，我活得很踏实，无怨无悔。

——2023.09.13.22：31

做好每件事，按部就班、顺其自然、不紧不慢，最终实现自己的目标和理想。

——2023.9.16

如果用钱能解决的事，是不是就让钱去跑就行，不要让自己去跑。应该集中精力去让钱去为自己办事，比如你手机转账，比让你拿现金自己去跑，是不是快很多。所以，手机要配备好一点。另外，敢于冲破各种思维的限制，政治的思维，加上金融的思维。

——2023.09.22

"主宰""观察""体验" 3 种模式中 ，也许只有观察能够让一个人自由，其他的一切，都总是容易让人盲目。

——2023.9.23.21：58

　　有 3 种用起来的模式。主宰者模式，无情、政治、冷血、阴暗；观察者模式，在外面看着这个个体；体验者模式，安然地去体会周围的事物。

　　你希望，每一顿饭都不同，每一刻都有自己的意义，太累了。脑里的东西太多，看来我注定是和笔记本和笔一辈子了，唯有如此，才有片刻的平静和欢愉，在这个孤独的世界、注定的世界里。

——2023.09.24.13：07

　　即使我能打电话给 2018 年的自己，或者直接回去 2018 年，也是一样。书写、感受一切美好的感觉、学会放松，其实都没多大改变。所以，这条路就是正确的道路。

　　生命的意义是什么？当人在追寻一个答案，其实不过是想找一条不需要想的路，人希望找到生命的意义，或者直接找一种信仰、一种权威，因为只是去相信就可以了。

　　假如回到过去，观察、观察、观察，观察这个如其本来的"我"。

——2023.9.29.21：58

　　下午到 ZR 家，JY 周岁礼；傍晚到 JW 家烧烤，我拿了一支红酒，4 人喝完了，我、WJ、JN、LH。烧烤有很多东西，九节虾、生蚝、牛仔骨、鸡翅、香肠。

……

我们可以做什么，可以成就什么？我该怎么生存？其实，如果一切只是游戏，有什么好担心。钱、权、色、名？在这些之后，人能够留存什么？

几岁的时候，夕阳落日，当我有意识，意识到落日的时候，我是孤独害怕的，因为只有我一个人感受到，那一天的落日不同，它让我注意到了它的存在。

——2023.10.01.23：46

那一天的落日之所以不同，是因为你注意到了它的存在。一件事物之所以特别，是因为它被人所意识到，于是便出现了意义。

——2023.10.5.19：19

不急躁、不抱怨，安静等待。人是否应该走向自己的命运，而不是逃避？

观察、静静地观察，生命是为书写而来，于是，外在的利益、荣誉都不过是过眼烟云。

——2023.10.05.22：36

你活着，是奇迹、是恩赐，每一天，都有创造性。在文字中书写，拥有自己的时间，去整理思绪。

　　过早地品尝了失意、痛苦，对于人生中的磨难，都有着独特的感受，这就是天赋。当你的剧本很烂时，生活艰辛不易，命运颠沛加持，也要专业演好这场戏。

——2023.10.06.07：52

　　意义，其实是空的，所有的感觉到头来只是你自己的感觉。所以痛苦、快乐，如果可以选择，当然是微笑平静面对所有感觉，我们活着的一切一切，都只是感觉。那么，就该好好接受、体会这种感觉，这是一种成为人的乐趣和意义。即便这种意义，其实是空的。

——2023.10.08.21：43

　　事情没有过去的时候，你担心有危险；当事情一旦过去了，就会变得云淡风轻。

　　我烦恼的是自己不知道该向往哪种生活，也许是思想的平静以及灵魂的富有，而这就是幸福。也许又并不是，而是争强好胜，得到自己想要的一切。于是，我该怎么办，我要怎么样去成就自己。

　　世上一切伟大的思想家、创造家、宗教家、政治家、帝王将相……在这个宇宙中都是如此渺小，不值一提，可以说和微尘没有区别。那么，你还想逼迫自己成为什么？有一种想成为的欲望，那么就次了。想成为，代表做不了自己，而更高一点层次的是"已经是了"。以前我写道，生命的艺术是享受一切、超越一切。人不是标本，美丽在于运动。现在我觉得生命的艺术，是随时观察、意识到此时此刻的心情。

转眼间，已过去10年了，我很想专注做一件事，但其实我并不想，我只是一个人，只有开心了，才会有活力去做事，而不开心，是很难有创造性的。

年轻的时候，拼命想追求一种能够永恒的东西，比如说某种理想、某种真理，后来熬坏了身体。重要的不是实现梦想，而是当时敢于梦想的状态。如果你完全做你自己，会有什么后果，你会死，是的，有什么问题？你不可以死吗？我不敢做自己，我怕失败，天啊，你在浪费生命。即使成功了，也是不能永恒，所以，你急什么，有什么好烦恼，微笑地活吧。

——2023.10.08.23：13

失眠的时候会想很多事情，身体也会不舒服，我微笑以对。

昨晚踩死一只蟑螂在厕所，我很开心，我在做自己想做的事，就是微笑面对死亡。

我在探寻意义的路上，犹如我一直在操场跑步，一直跑下去就是意义。我有很多让自己快乐的方法，我是我自己，我能成功。

——2023.10.09.00：48

你不要说研究事物的本质，你连事物本身都排斥，不愿碰、不愿想，避之唯恐不及。所以，重要的不是逃避悲伤，而是应该研究悲伤的本质，研究你的敌人，才能取得胜利。

——2023.10.12.22：42

只要是人，就总是会有弱点的，所以真正有手段的人，总是对人笑脸相迎，背后则杀伐果断。

——2023.10.13

昨晚是非常累，要做那么多的工作，忙不过来，心里很崩溃、很劳累。今天又是不一样的心情了，首先大会推迟到下周了，另外昨天安排的工作都已完成得差不多了，同时晚上M、Z、L请吃饭，买了新手机。感觉两天的时间，心情是起起伏伏。

感觉你心放开一点，没有谁不能做朋友。你心放开一点，才能走得远。可以约M、Z、L周六喝早茶，可以慢慢谈，放松一点，热情一点，开心一点。

——2023.10.17.22：31

也许，你就该去做你想做的事，因为，可能以后有一天，你什么也不想做了。

如果你没有了人生的经历，那些快乐的日子也就不会觉得快乐。没有了对比，一切好坏的标准也就失去了。我们不能在苦难身上寻找意义，但是我们的感受就是一切，而这是独一无二的。

——2023.10.20.13：05

1. 刚刚好，晚上有空去修手机；刚刚好，碰到今天小ML生日；刚刚好，不同的哥斯达黎加有机会尝试……刚刚好是一种平衡，也许是因为没有刻意、没有彩排、没有重来，一切都是自然发生，而你刚刚好遇见。

2. 羡慕一种亲力亲为的美好，一砖一瓦的堆砌都是靠自己的双手，每一块砖都有自己身体的温度。

3. 年轻人在谈论着咖啡和往事，音箱在放着柔和的音乐，猫在桌子上安静地睡觉。

4. 拿回修好的手机，刚刚好对面炒粉的香气扑鼻，炒粉哥今年27，中午的主业是厨师，到了傍晚至凌晨兼职也是厨师，炉头的火很大，但他说手不热。

——2023.10.21.01：34

为什么大哲学家、宗教家，大都是男人。也许是因为男人容易产生一种空虚感，特别是射完之后的空虚，以及需要独自一人的感受，享受独自一人时的感觉。这就是人奇怪的地方，当欲望得不到满足，会陷入疯狂；而当满足了欲望，剩下的就开始陷入空虚。

——2023.10.25

人不喜欢听真话，喜欢听好听的话，这需要艺术。

有的人适合听，适合自己一个人待着；而有的人适合说，适合处在一群人里。我们在书写中可以看到很多东西，（影帝）拍戏前看一堆相关角色的书，所以拍戏才能融入角色，完全是角色本身，而完全忘了（自己）本身。这才是真正的投入，这是相当难的。拍戏的时候，成为戏里的人，所以没有什么烦恼，因为能够完全做戏里的人。真正的成功，都是源于专注的力量。

——2023.10.26

生命啊，真的是短暂啊。那些悲欢离合，都是像云烟缥缈得如此虚无，犹如没有发生过一样不存在。活着的意义是什么？该怎么去生存？很努力，但很多时候努力并不能让自己成功。

学习吧，你有自己的力量，也许生活不易，但是你有自己的兴趣爱好，也可以保持与这个世界的联系。当不接受东西，（就只能）不停地重复旧有的固有认知。

——2023.10.26.22：45

那些开心的瞬间，社交、旅行、看书、市场、运动……微笑面对人生。

——2023.10.26.23：30

本来应该是可以用表格来明细全过程各细节，需要各人配合做的事，但却因为没有文字，则需要说很多话去解释等，事情就变得慢了。

——2023.10.27.09：50

在社会生活，谦虚没有什么不好。焦虑，是想找到一种安全感，找到一种权威去信仰，本质上是一种恐惧。对生活有所热爱，是不同的。

做人，心态是最重要。开心点、微笑，开心是最重要的。

——2023.10.29.9：54

实事求是是最难的，全然地观察、书写、记录，不就是神的境界吗？可以开启新的旅程，比如全然地观察。

——2023.10.30

先有个大局的观念，再处理起细节的问题，就势如破竹。

如果在社会底层，确实是无办法去面对惨淡的人生，会过得很艰辛。物质基础是保证。

——2023.10.31

你去买水果，也会想着挑个好一点的。所以，想要好，是人的本能，你不必去担心自己会堕落。

——2023.11.01

其实，做自己喜欢的事，是最不吃亏的。你要有这样的觉悟，自在的快乐。

——2023.11.03

如果今天是生命的最后一天，也许很多事也并不那么重要。我们很多时候计较得失，而忘了感受。

在宏观的角度去看事，很多都很清晰。虽然仍然艰辛，但前进道路上比起以往，已经轻松了很多。了解人性。你不是为了战胜谁，你只是超越你自己。不断地努力？不，是做自己热爱的事，现在，即便是在牢笼里，在监狱，都不能限制住你，真正能限制你的，只有你自己。

开心与不开心，能否自己选择？其实是可以的，当你选择开放包容，其实也选择了开心。问题是你想要的是什么，找到自己的定位。慢慢来，不着急，要成大事，不会执着于眼前一时的得失。

——2023.11.08

当我可以形成框架，是否意味着掌握了知识？能否注重每时刻的感受，我们能够在生活中把握到的也只有现在，是生活的现在。能够沉浸在现在，能慢下来，很难，意味着你不能沉迷、不会沉迷。

过了需要证明自己的阶段。1.金融、房地产、政治；2.感悟者、生活艺术家、书写者。

生命只有一次，每一天都是新生，我们很容易对生活感到麻木，因为时间过得非常地快，人其实一生中做不了多少事情。要建立框架是难的，怎么样将所有的知识形成一个系统？将零乱的知识整合起来，将分散的薄弱力量凝聚起来，从而取得成功。

我会死，但是我要注重什么，我该怎么去不让人生后悔？没有人可以告诉你该怎么做，大多数人只是简单地活着，你可以站在多高的角度去思考问题？我们人生的价值又该是什么？你是想受到赞美、尊重而活，因为这样会开心，但实际上，你不必借助那些虚名，你就可以开心，真正重要的是真正开心，而不是那些虚名，以及你的所谓成就，那些是垃圾。我们出生前什么都不是，死后也会很快没有痕迹。在这当中的过程，该怎么样去选择面对，是躺平，还是奋斗？是麻痹神经，还是清醒地活着？现在依旧迷茫，当时想的是物质上的，框架就只有物质（金融、房地产）；后来有了思想上的启蒙（哲学、心理），我在两个极端中迷茫了，就像现在，我真的很想想清楚，这一生该怎么活。

生、死，是否我将死想得太远而导致的？当死亡接近眼前，真正重要的其实是此刻作为人的感受，因为这是造物主的恩赐。再伟大的目标和梦想，其实都仅仅是"术"，而最直指人心，始终是"道"。因为这个人心对于你来说，才是真正独一无二的，所以，这个"心"，唯独这个"心"，可以超越时间的限制，当然也超越了本身的"目标"以及"梦想"的限制，摆脱了自己对自己的限制。

框架可以随时搭，可以随时改，不断地调整，只要"心"得到超脱，"心"在"不变"和"变"之间徘徊，你的感受是真的，感受自己的感受。那些"梦想"，到最后之所以是"术"，因为都只是为了保护这个"心"。感受死前的每一次呼吸，感受每一次呼吸，这是真正的生活。所以，你在乎自己的"心"，才能维持"平衡"。把握住"心"，其实人生中的很多失败的际遇，也就相对能接受了。当然，刚出社会，没有钱，你是生存不下去，而且很可能很悲惨，这是非常痛苦的过程。你认识到自己（要）有钱，只有自己有钱，才有权说话，所以，这又是另一个社会现象分析。焦虑、痛苦，渴望得到，因而恐惧，这就是这颗心的全部内容。

——2023.11.09

只有此刻的感受，与"心"交朋友。此时此刻平静地活着，就是重要的、有意义的，那些远方的、过去的，都不是真实的。当下啊，太美好了，我们只有当下可以活。

放松、淡定，用自己的想法，内心的平静，保持此时此刻最好的态度。我们活得太辛苦了，但没有人可怜我们。我不能让当初过得不如意的自己直接略过去那些日子，因为虽然难捱，但那是人生。

——2023.11.11.00：56

如果说钱、权都不是最终目的，那么，只有人是最终目的，人本身是最终目的。我们总是幻想着在将来的某一天，生活会很美好。但是事实上，"日日是好日"，要采取开放包容的态度，去做事、去行事、去做自己想做的事。生命啊，奔流不息，那些美好的、奔流不息的，就是生命的本质。

有品位、包容性，真正的美好，是此时此刻的美好。翻出 2 年前的朋友圈，还是记录了很多美好，不知道我们在这世上活着还能相聚多少次，但希望每一次相遇，都能带给彼此开放包容的，轻松愉快的体验。那种快乐、幸福，也许只能慢慢意会。

生活应该是放松的，而我却有太多的顾虑，每天都在焦灼以及无奈，但是，生活中仍旧有美好的事物值得期待，以及等待。生活的重点、美好的事物，无论是匆忙追寻，抑或是静谧等待，在两条线之间，都是一种选择。保持开放的心态，观察当下的纯粹，生命，像流水生生不息。

保持开放？不需要保持的，感受当下的美好，感受当下的咖啡，或者是当下的枷锁，那些窒息的痛苦，那是一种增强力量的负重工具。当然，我们不必负重前行，可以的话，我们喜欢轻装上阵。心态开放地前行，观察此刻的欢喜。

生命也许只是很短的旅程，重要的是参与的过程，这个欢喜的过程，没有什么值得炫耀，也没有什么值得沮丧，我们在这个过程中，是快乐的，也就足够了。生命啊，像水一样是生生不息的，是奔涌向前的。那些失败挫折，都只是衬托你人性光辉的点缀。

——2023.11.11.23：52

当生活如同河流缓缓流过，我们在观察，或者是忙于观察、忙于活着，当生命需要我做什么的时候，当我可以做什么的时候，我是多么的满足，我充分享受生命给予我那些平和的、美妙的。一切的平和平静，都有着让人着迷、充满激情的成分。昨晚写下很多东西，改过之后，感觉很清新：

下午考试，刚好碰到雨

有感生命，像流水生生不息

在两条线的间隙

无论是匆忙追寻

抑或是静谧等雨

都可以是一种诗意

心态开放地前行

观察此刻的欢喜

——2023.11.12

音箱里播放着《the last song》，是纯音乐，突然感觉青春很美好，虽然青春已经是很久之前，但仍然很美好，因为我们对青春的记忆。（那些）想要什么、（那些）渴望什么、那些清新洒脱的文字、那些失之交臂的机会、那些有缘无分的感情、那些可望不可即的理想、那些注定会失去的时光、都让人感到无比彷徨、伤感；然而，用之前朋友圈的话：
生活的每个当下，都是自我的部分。

在音乐中、在文字中、在咖啡当中，我是我自己，我
也爱我自己，那是多么美好的一件事，只是活在此时此刻，
那种感觉、那种快乐，真的溢出来。我们真的很好，去享受
世界。

————2023.11.12

我们要善于活在今日，去成就自己想做的事，可以实
现的目标，微笑从容去面对就好。其实你可以成就很多事，
但是重要的是你想得到什么，（比如）下来，做好收支平衡表，
负债、资产平衡表。

————2023.11.13

淡定，慢慢积累实力，别人不一定会理解你，但是别
人肯定有自己的打算。

你要知道自己想要什么，你才能做好事情。很多事你
很急，是你的承压能力不强，大脑不受自己控制了，所以才
会如此，所以，你要认识人，有强大的心脏，精通钱、事、
人。当然，慢慢来，开心、轻松、从容地应对。

笑一笑，有得吃、有快乐，生命没有那么多痛苦，重
要的是人的领悟，（是）大脑对人的欺骗，你要享受这种快乐。

淡定一点，了解本质，实事求是。

活着多么美好，我们只是过客，那些虚幻的，学会放手，活在此刻就好，保持开放的心态，享受此刻的美好。时间重要，你的快乐同样重要，因为你不知道自己什么时候会死，所以，勇敢地生活吧，你远比自己想象的坚强，开心得不惧怕任何失去，开心点，每一天都是崭新的。如果现在是90多岁，还会在意那些这辈子的所谓成就吗？哈哈，想的也许是不要有痛就好了吧。那么，即便整个世界给了你，你也不会开心啊。乐观一点，我们终究会失去所有。

不要失去了开心的能力，开心、快乐其实很简单，你有时容易感到悲伤，也许也只是习惯导致。

——2023.11.14

提升一些生活的效率，利用工具和科技，这样多出来的时间你就可以不断地学习、书写，不断地充实自己。

最重要的是此刻的开心，此刻把握的人生，把握此刻的快乐，是最重要的。此刻的快乐、此刻的开心，如同流水，如其本来，随喜自在。

——2023.11.16.21：48

欲望，是像火焰，燃烧的时候极端强烈，当烧完后便瞬间陷入死寂。

——2023.11.17.19：45

早上检查，说 21 号住院，中午饮茶。晚上约了喝咖啡。今晚可以慢慢聊。

——2023.11.18

现在是早上 07：01，刚才早上的太阳已经照进了……昨晚基本大家都没得睡。希望会好起来，希望会顺利。

——2023.11.19.07：13

不能太贪心，如果你追求质量，那么数量上就要匹配上去。要求什么样的质量，肯定有对应的代价和付出。想起以前点胶机操作运用得炉火纯青，是因为天天练，天天做，于是便水到渠成，于是便顺其自然地成功。

一个智慧的人，首先是了解自己，不仅仅是优点，还有缺点，以及不明显的"中点"，找到适合自己的步骤。

——2023.11.25

11 月份，感觉每一在都是独特、有纪念意义的，19 号—22 号的黎明，25 号的礼物……生活的事情，有的可以正常心看待，有的则有所希望和期待。没有人能够算得到以后是否会开心快乐，所以此刻值得开心快乐。（注重此刻平常的日子，微笑面对生活，感受生活，记录生活。）

——2023.11.25.23：01

　　爱好方面，我找到了起码 3 样让自己快乐开心的方法或事：咖啡、音乐、文字、旅行……以上这些都足够让我内心平静。

　　没有什么比得上你的开心，宇宙也许也是会灭亡，我们有可能是自然进化的，或是被创造的，无论是哪种，都不是限制你快乐的原因。

——2023.11.26.20：33

　　《肖申克的救赎》中的老布，记得小时候看这个电影，记忆最深刻的是这个老布的角色，他在监狱待了很久，他不想走，外面的世界对于他很陌生，变化太快、太复杂，最后他选择了自杀。他不想离开监狱，这是多么奇怪的事啊。

　　不要等到自己失去了所有的能力，才来去后悔没有珍惜青春。实践是重要的，淡定一点从事，开心一点、放松一点，任何结果都是不重要的，人只有一个明确的结果，就是死亡。你知道自己的天赋，所以开心点，顺其自然去做。

——2023.11.28.20：45

　　我发觉，只要微笑面对这个世界，总是能找到问题的本质，总能找到最真实的一面，这就是我的命运。当年我也是满怀微笑写下梦想，梦想，只是微笑下的头脑的灵光一闪、当下的状态的快乐。但梦想并不是唯一的，真正的艺术是生活本身。保持开放的心态，微笑行事、生活。只有你自己开心了，你才不会被自己所阻碍。

我们追求一些东西，因为我们缺少那些东西，但当我们将这种追求变为一种正在一点点去做的实际的事或动作时，追求就变成了一种可实践的事而已，那些远大的目标也只是手中的可实现的正在做的事。

保持微笑，这是成功的秘诀。一切外在的事物都是假象。你想成功，还是甘愿失败？微笑面对一切，我不知道为什么，但总会有好事发生，一个是保持微笑，一个是去……

——2023.11.28.23：36

观察者、体验者、目标者，可以融合吗？

——2023.11.29

保持此刻的开心，是全部的哲学。做好此刻的人，专注力在此刻，就很美好。

新疆羊肉烧烤店，要了3串羊肉，一个烤饼，看到他们（店员）一边听着音响的新疆的歌，一边工作，一边歌唱，那种氛围非常好。就算走到天涯海角，只要和家人一起，和音乐一起，就非常好，感觉没离开家乡。

看着面前挂着的羊肉腿，人类为什么有资格去吃其他生物？人到头来应该追求什么？饿着肚子的人能够怎么办呢？世界上每个人也许信着不同的神，爱着不同的女人，但都是用着同样的钱。

吃完 3 串羊肉串、一个饼，刚才头脑里想到很多，还是觉得，此时此刻的快乐，抵得上未来达到某一目标。敢于快乐，这是一种哲学。乐天知命，微笑坦然面对眼前的一切，是多么高的境界啊。

——2023.12.01.19：24

我其实不必割裂所有东西，来去追求所谓的成功。一个真正的人，重要的是活在此瞬，这不是目光短浅，而是充满着智慧，以及是经验与人性的总结。那些遥远的梦想，就像是思想上的枷锁，绑住了此刻内心的自在。

——2023.12.02

那些做过的事，爱过的人，写过的诗，都会在心中绽放出动人的音符。

有些东西可以改，但有时灵感迸发写的东西，是浑然天成的，不是刻意堆砌的，所以，才会那么美，才会容易记得。

——2023.12.02

如果总是欺骗自己，说明你很爱自己。

——2023.12.02.18：42

人生当中很多事都是身不由己的，你没有资格说喜不喜欢。比如：你小孩的名字，你没有决定权。

——2023.12.03.10：13

有时我们有压力，也许只是因为太多选择了，我们希望在成堆的错误答案里面，找到一个正确的。其实，不如选一个能让心里最舒服的那个。

——2023.12.03

哪能全称心，有七八分的满意，其实就很好。

——2023.12.04.13：15

时间犹如一把箭，不能回去，不能回到最初，我们都被命运捉弄，都是普通的凡人罢了。活着，已经感到很累了，该怎么办？那些苦闷无聊的感觉，那些不确定的日子，那些劳累、迷惘、孤独的日子，那些日子，累、绝望，但是我们没有放弃自己，而是在漫无目的活着。

但是，活着仍然是美好的。在世上生存，要看看世界，去了解更为广阔的世界，去听不同的人的故事，去看不一样的风景，听那些动人的歌、直击灵魂的诗。

现在，除了看书、写东西的快乐，我有了听音乐的快乐，有了品咖啡的快乐。开心很重要，守护好自己的心，淡定、镇定、安定、快乐、平和，让理性引导感性。失去，不一定是坏事，与其怀念，不如告别。上完洗手间就冲走，不要闻了。

——2023.12.04.21：30

一趟书写家的旅程，时间还早、岁月静好。

——2023.12.07

也许，我就该安静开心。如果世界是真的，微笑面对生活；如果世界是假的，微笑面对泡影。

生命中的一切，活着的一切，哪怕都是假的，我们自己仍然能找到自己生活的乐趣，这就是意义。无聊当中有其本身的妙用，因为无聊，我的灵魂才能出来，跳出来。

学会享受当下的生活，那些美好的瞬间。

——2023.12.12.21：33

想喝咖啡，虽然已经7点半了。去享受当下所做的事，没有必要忧虑未来，到头来你能享受的，只有现在而已。有个性，意味着有变化，也意味着不稳定。

文字的艺术，在于滴水不漏地自圆其说。

继续冲杯咖啡。敏感的人多疑，胆大的人大意。

——2023.12.13

百年前无你我，万物未曾存有过。在人生的某个时间段，刚好会遇见某人，刚好走过一段旅程，看同样的风景，到达每一个车站，也许我应该开心，但是我开心不了，因为我错过了终点站。

——2023.12.14

我能理解 12 年前的这个"我"，需要证明自己，需要感觉到自己在努力、为自己的努力而感动。

如果你的心里只有目标，是否会忽视了内心的快乐，以及周围的环境？

在操场上长跑的时候，其实是开心的，因为那是一步一步地跑，一点一点地一圈又一圈，并没有说一下到达什么目标，因为是遵循着自然的规律，也结合着自身的情况去跑步、去走每一步路，所以人也比较安心、充实。因为时间就是这样，一点一滴地过去。

当然，假如能回到 2011.12.13，带着现在的思想的话，我不再害怕别人在想什么，因为我清楚地知道十几年来这个世界的发展。所以，不害怕与任何人打交道，没有什么秘密要保守，不会恐惧未来，也完全不担心有人想对付我，反而所有的人身上都有信息，都有值得我学习的东西。我只需要微笑面对所有人（事）就行，我也不会强迫自己应该相信什么，应该做什么，不会懊恼、不会焦虑、不会担心失去，是一个逐渐修炼的过程。

我无法想象一个自己未经历过的世界，也无法应对那些未知的恐惧。人是要经历很多的，金钱、名、利、生死，那么多的东西和事需要去思考，同时也要想通自己存在的意义，的确是比较困难。其实，我是容易快乐的人，其实，我也不需要太多东西。现在，我该做的是什么？以前是在逃避，现在，你要懂得怎么去凝聚力量。人只是活一辈子，而有质量的也只是这几十年。

我慢慢放下心中的防备，真正去融入这个世界。

——2023.12.15

书写不了有灵感的字

还有生活的琐事

以及一呼一吸

——2023.12.17

我应该追求什么？是功成名就，还是内心的平静？

我们只是过客，没有什么值得抱怨，唯有开心才是最好的祝福，唯有微笑，才是真正爱这个世界。

当我回首，我只是一个孤独者，我在这趟生命的旅途中，该放下所有的不必要的执着，用心去感受所有的感动，生命只有一次，让我们好好享受生命。不要自我加压太多，只需淡定从容地去书写，去认识人，去发挥出自己的长处。所有的生物，都是发挥出自己的擅长的天性，才存活下去的。

一个是嫉妒的"我"，一个是躺平的"我"；一个是全然观察的"我"，一个是不停实现梦想的"我"；一个是感受痛苦、享受孤独的、绝望的"我"，一个是学习微笑去面对一切的"我"。试着微笑面对一切，其他的"我"都会主动来帮忙和帮助，可以试一试的，微笑面对不得不做的事，我们都是自己的守护神，我们才是最爱自己的人，所以，微笑去面对自己、微笑去面对他人、微笑去面对世界。

——2023.12.21.23：45

　　如果你觉得自己很辛苦，有人觉得你不辛苦，那么，你应该怎么在感觉辛苦的情况下，向别人证明你的辛苦？

——2023.12.22.17：16

2024

如果微笑着能成功，那么欣然地享受命运的馈赠；如果微笑着到最后证明自己是失败的，起码我曾经快乐过。

——2024.1.1.18：22

很多事，本来你应该开心，但不开心，因为你有预期，当事情不按自己的预期走，就会有莫名的怒火，而且会反复琢磨。所以，好听的音乐变得不好听，咖啡也不想喝，没有什么心情，找不到人生的意义，想自杀、死掉，哈哈。

我也许只能在文字当中得到救赎，也许这就是命运。当我将自身的遭遇、内心的一切都以文字呈现出来后，会得到一种升华，自身的痛苦也变得不那么痛了，立马舒缓了好多；世界变得可爱了起来，心态也变得稳定。所以，也许文字就是我的宿命，在文字当中，感受那些活着的琐碎，这是最大的幸福。也许我该好好去想想，怎么去活得更有价值，怎么去活得更有意义，我们每个人的时间都是一样的，作为人，感受是本自具足的、不需要学习。

——2024.1.7.11：24

我已经想退休了，过一种没有闹钟的生活。

我一直在追问活着的意义，也许我只是放弃了自己的理想，所以才迷惘。如果，我重拾理想呢？又容易走极端，所以，做人很难。也许，我就应该过好当下。理想和现实并没有鸿沟，我在书写中，就是理想中的自己；在文字中，我就在成就自己。

在文字的世界中，我超越了自己的命，我变成了另外一个人；在文字的世界中，我超越了原本对我的限制，我能够做我自己。在文字中，我就是为书写而生；在文字中，我拥有自由。

——2024.1.7

喝完咖啡后，人是开心的。我理想中的生活，应该是享受着自己的节奏，"天人合一"的境界。所以，我能够做什么、可以做什么？在书写中，我能把握住所有的节奏、我拥有自由。

不要将世界当作永远的归宿，其实无论走到哪里，都仅仅是旅途。我们终有一天会回去的，没有哪里是永远的归宿，保持开放的心态。

……

饮完咖啡过去 1 个小时了，现在依然很精神……内心愉悦的时候，其实是不会有太多话的，而是静静地体验当下的感受，脑海里一直在重复着音乐……所以，音乐也是有魔力的。

假如让我选择，我会做什么？在文字中学习、修改、书写、统筹，你看自己想做什么，就去做，不要担心结果。当你感觉是幸福的时候，你的情绪是稳定的。

——2024.1.9

当大限将至，自己的生命将没有意义，所以，人活着，总想留下点什么。人生除了追寻快乐，重要的是什么？及时的行乐并没有什么可惜的，不要想着自己有无限的生命。

不尽的尘埃和永恒，一切的孤独和成就，都不是终极的目的。过好自己的生活，才是人生的意义。

——2024.1.11.23：41

书写的时候，我只能专注于此时此刻的书写。所以，怎么办？

成功人士说，卓越的标志是专注。那么，平庸的标志就是分心、走神、三心两意了。

——2024.1.15.18：45

经过实践，不停地写，是可以解困的，这就是文字的魔力。

不要在意一些小钱，要看重长远的利益，站在 5 年、10 年、20 年的角度来去思考问题。认识人要认识在其卑微的时候。

——2024.1.19

天空的清静广阔

树木的枝叶交错

自然的月升日落

有着一种禅意

是生命的力

生生不息

——2024.1.21.23：24

会讲话很重要，就像一门艺术，你的心里有没有别人，别人是能感知得到的。所以，高手都是真诚待人。要懂得一些简单的道理，有时说话，不能随着性子说，而是要不那么快说出来，所有事情都掌握在一个合理的范围，不着急、也不担心，随时有应对的方法，或者随时都镇定自若，将自己的姿态放低，是一种为人处世的哲学。

——2024.1.22.09：18

昨晚梦到有一群高大的鹿向这边撞过来，大概 300 只，好不容易躲过去了，在另一边有一群大象也撞过来，大概 200 只，找到一棵树爬了上去，发现树上已经站满了人。

——2024.1.25.01：22

13 年过去了，我完成蜕变了吗？还是说仍旧像从前一样？当时是绝望的。

只有经济权，才是一个人自我独立的开始。除此之外，一切都是依附。不用急，人可以慢慢变富，在成为富人的过程中，有许许多多的障碍，在通往有钱的途中，有各式各样的陷阱。人只能开心地去得到自己想要的东西，而不能同时去了解其本质是什么。

13年过去了，简单总结下，成功的时候，是轻松的，不用太费力的；而需要用尽全力的，不断努力的，最后的结果都是失败告终的。我应该放下执着，微笑面对一切，淡定从容地生存。慢慢来，不用急，放松心态，微笑愉快地书写，你只需要做好这个事情。

——2024.1.25.19：40

其实连自己都看不透，何以对他人感同身受？

——2024.1.26.09：09

（16：14）来 * 行办事，有个女人在歇斯底里地喊叫，"你给个解决方案啊，不是让我们一直在等，从12点等到现在4个多小时，女儿没吃饭、没睡觉。最重要的是我今天一定要搞定笔钱……"刚刚银行里的人和那女人说派人正在过来，女人说今天是不是一定可以搞定，那人说派人正在过来，要核定。

突然有个想法，就是看下如何整理各样各项的规定，即是这个世界的规则，各样明的和暗的规则。这么多的规定，银行各种设备，无论设备有多先进，最后的审核都是人。这么多的规定，归根结底都是源于不信任。

审核的人来了，穿得像警服，说"现在银行卡被骗的比较多"。

……

当你的情绪是负面的时候，你看到什么都是负面的。

……

我办完事，走出在大门外，*警在叼着烟和人讲电话，"今日是首付最后一日期限啊，所以头先急啊。"

——2024.1.27

其实事情并不难，真正难的是你自己的心态，怕错，不敢尝试，就在那里焦虑。

——2024.1.29.19：22

大部分的工作其实只是沟通，人与人之间的交流。当然，如果你自视甚高，是比较难有朋友。想做什么就去做，重要的不是你存活多久，而是你做过什么，和人一起交流多了，也变得不那么文绉绉了。做事可以认真，但做人一定要有人味。

——2024.1.30.11：15

不需要压抑内心真实的想法，不过要以适当的渠道去表现或宣泄。

——2024.2.1.15：38

一个人，为什么会做到令人讨厌？是有很大原因的，在自己身上。所以，淡定从容，不用着急，保持开放的心态，以及，知道自己真正想要的是什么，这就足够了。你一个人有时忙不过来，就需要别人的帮忙，你该怎么凝聚起周围的力，去提升自己？凝聚起周围的力，去做一些事。

人心非常复杂，你很清楚自己是一个什么样的人，你知道自己的弱点是什么，你知道该怎么保持好的心态。通过文字，去改变自己。无论你做什么工作，无论你成就多少事，都只是昙花一现，因为我们终究是要离开这个世界的，我们终将踏上只属于自己的旅程。

在迷惘和感受荒诞中生存。有了文字，我的情绪得到了一个装纳的地方，在文字的世界里，是开放的。我想要什么样的生活？最终其实就是书写的世界。我该如何去达到那个境界？保持开放的心态，你是要走出去的。

各种适合自己的，都是无意中。无意中，喜欢文字；无意中，得到努力的机会；无意中，咖啡带来快乐……

人们相信权威，希望依靠权威，所以，你是谁本身不重要，你所在的位置（你的社会位置）才重要，因为这是人识别人的权威的印象，而人们，都迷信权威。

——2024.2.2.17：29

只有你完全相信命运，你才会拥有开放、谦逊，才不会被驱赶（焦虑），才不会被支配（情绪），一切都是命运，才能微笑面对一切。

——2024.2.11.19：49

弱者，是因为实践的机会太少了。对事情有做过，有经验认识，就不会慌乱。经过实践，人能塑造成任何人。

——2024.2.23.11：27

安静的环境，能让人做好很多事，适合我，我内心的快乐，不需要告诉别人。

——2024.2.23

今天元宵，摆摊卖手冲咖啡，很多都是熟人帮衬，也有几个是本身喜欢饮咖啡，让其闻下咖啡豆，那个男的要了埃塞瑰夏、热的，有个女人说自己天天喝咖啡，也要咖啡。

今天体现了"人多力量大""实践是检验真理的唯一标准"，F、H都非常配合、非常认真。要有人帮忙，事情成功的概率就很高。另外，有的顾客在犹豫，也许是害怕不好喝，害怕浪费钱，但只要我说免费送你、请你喝，对方都会说一定要给钱。这其实就涉及到人性了，人感受到被尊重，就会信你。

人多，力量大，你要想成事，一定要能够集结所有人的力量，凝聚起所有力量来去干事，才能增加成功的概率。

——2024.2.24.21：18

（最近了解到一个观点）人类有虚构的能力，能对未来进行想象，同时人的耐力是远超动物的，人的皮肤可以散热，可以一整天追赶猎物，等到猎物累倒在地动不了了，就可以杀死、拖回洞穴，因为有着这些能力，人类得以存活繁衍下去。

想成事，你需要非常多的能力，是凝聚起众人的力量。

——2024.2.26

做人，最重要的是什么？除了活下去以外，你能够想到的是什么，你想什么时候退休？你如何想象以后的自己是如何想象的呢？一个比你更有经验和知识，比你更懂你自己的人，你现在也无法去担心他要面对的担心。

——2024.3.6.10：54

实践出真知，不要去问世界应该什么样子，要去接受、享受世界实质的样子。不要问想不想、可不可以的问题，而是有得做就做，在做中调整。

你相信是好事，就会是好事。

——2024.3.6.18：32

达到目的后就开心了吗？我们应该怎么做，才能开心呢？所以，趁年轻，去做自己想做的事，不需要什么准备，直接开始就可以了。有什么可以做的就做什么。

——2024.3.7

假如我看到了自己死亡的那一天呢？从那一天开始往回倒，倒到现在生活的此时此刻，生活有意思的多。生命这个过程，有着各种挣扎，这个人头脑中进行的各种挣扎，各种命运的捉弄，都是一种经历，我们真的希望人生一片坦途吗？完全没有感受地活着，这就是想要的吗？当然不是。

感受这种起起伏伏，心脏跳动的感觉，这种活着的感觉。

——2024.3.15

我还能够感受，还可以行走。"做自己喜欢的事，"老板娘说："你们本地人，不是更加可以做自己喜欢的事？……"

——2024.3.16.23：03

水不流，就会臭。情绪没有尽头。

开心就行，其他交给命运。真理如果让你不开心，那么你的开心就是真理。

曾经我只是想考个驾照，去开车旅行，很简单的想法，如今我也已经实现了。所以，我只跟自己比的话，其实还好，并没有什么负担。

……

有没有可能，情绪是空的，就像是一场梦。但是我不敢这么想，如果一切都是梦，那么"我"就是假的；如果"我"是假的，真正的"我"在哪里？

也许，我什么都做不了；也许，有一天，我做什么都没有兴趣；也许，只是也许，我明天就会死去，活着的意义是什么？我写的梦想，给了我宏观的视角，像站在宇宙的角度去考虑思考，其实无论我做什么，都是在实现梦想，因为有些定义太宽泛了，想让自己保持着订立梦想时的快乐、一直向前。所以，梦想才变得这么美好，如果我的每次行动、每次呼吸都是在实现梦想，其实我的每一时刻都是幸福的，那么，我有什么好烦恼？不，我的烦恼也是书写的素材，也是美好的。

微笑面对一切，真正能让你害怕的东西，没有多少了，所以，你做好你自己就行。

——2024.3.17

假如可以回到 13 年前，我就不那么赶了，好好享受过程、开心的过程。

将书中的理想世界与现实世界连接起来的桥梁，我想，对于我来说，就是写。所以，我不觉得是苦；所以，我在这夹缝中生存，我能活得很好吗？

人类已经生活几百万年了，你碰到的问题，在过去一定也有人经历过。没有什么优越，也没有什么卑微。事实上，只有靠近自己真实的人格，我们才算真正活过。

——2024.3.18.18：52

如果你无独立的财政，你就没有独立的人格。

人生只是一个过程，你是害怕没有钱而去忍受吗？傻瓜，你完全可以做你想做的事，在你的生命结束之前。所有的一切，只是一个过程，让你去书写的过程。

——2024.3.20

意识形态。假如你认定了某个人是坏人，那么他做的好事都会被认为是有目的的。

——2024.3.23

我们始终要在实践中提升经验，提升我们自己的能量、处事的经验。

你做过的事，你有经验，你记得的事，你可以串联起来。所以，你懂得越多。

——2024.3.26

今天咖啡的量是够的，18+15+15+15，我现在感觉非常地舒服，大脑中充斥着快乐的因素，仿佛有一层滤镜，想的问题也没有那么灰暗，而是相对正面。虽然能够意识到有不好的因素，但知道怎么面对这些负面情绪，我就是我自己。在音乐声中，我找到了自己，在咖啡因的作用下，我内心的不快也都在消化。

如果有来生，你愿意做一个快乐的猪，还是一个痛苦的人？是啊，人是痛苦的、无聊的，但是人所独有的痛苦、所独有的无聊，仍然是高贵的。

人世间行走，万物中感受。

——2024.3.28

只有现在，我们能把握的，只有现在。过去追不回，未来充满恐惧，只有现在。当你专注于做事，就没有什么成功失败的感觉，因为你是快乐的。

——2024.3.30.07：40

表现得越鄙视，其实越重视，就像一块硬币的两面。你越重视精神的力量，越忽视、贬低物质存在的影响，那么物质对你的影响就会越大。

如果你追求所谓的第一，终有一天你肯定会失败。所以，身上唯一夺不走的，就是你现在的感受。追不回的过去，不确定的未来，感觉在夹缝里呼吸。

——2024.3.30

　　刚才停好车，进来的时候，有个老头坐轮椅被人推着……我想到了自己，如果自己也是被推着，也到了这样的年纪，我会快乐吗？哈哈，所以我为什么不敢快乐，为什么不能快乐，如果有机会，我肯定是去快乐。在咖啡的世界，我才明白，自己原来是可以快乐的。

　　你来到这个世界，不是要胜过谁，而是要学会让自己开心，开心最重要。

　　一直在痛苦中挣扎，什么时候可以拥抱真正的快乐？在一切自己动手的事物当中，能让人有一种幸福感。

　　当下的感受是最重要的，输赢其实不重要的。

——2024.3.30.21：33

　　每个人有自己的命运，你没有出名，你仍然是自由的；如果你曝光了，就知道各种眼睛盯着你了。所以，每个人都是有弱点的，那些琐碎的无聊字句，那些散落的只言片语，都是偏见。怎么了吗？你反对偏见？在历史里面可以看到，一种偏见反对另一种偏见，一种暴力解决另一种暴力，一种信仰代替另一种信仰。什么是进步？什么是真理？

——2024.3.31

　　三月份过去了，很多东西在存在和虚无之间来回徘徊，千言万语，凝结成一句"*******"。

人的情绪本身就不稳定，这是十分正常的。

——2024.4.3

回归生活本身是最好的，重要的其实是生活。钱只是一个方面，艺术也很重要，如果失去了生活，钱只是没用的东西。

生活就是生活，慢一点，没有关系的，重要的是你真正体验过。

晚上买了半斤牛展，买了花甲、虾，做了自已喜欢吃的菜，吃的时候感受到幸福，饭后又喝了咖啡，再去买了水果，菠萝很甜（老板送了 2 盒酸奶水果），也感受到了快乐。挺好的，人能够感受到快乐，是多好的一件事。生命啊，是多么好。

——2024.4.4.21：12

我是要不择手段达到目标、实现理想、以结果为导向，还是说，观察当下的过程？是啊，其实我的内心已有答案，只是自已不愿承认罢了。那种恐惧、不安的感受太真实且强烈了，对于未来及结果的恐惧。我会一直看书、实践，但是会保持一颗出离心。人都是要死的，一直被欲望驱赶的一生，是可怜的，和动物有什么区别呢？

一种不逃避的、开放的心态，其实和一直以来的主宰并没有不同，只是以前是向外的，而如今是向内主宰。我观察了自己内心的全部，它的所爱所恨，它的弱小、脆弱、无奈、恐惧、焦虑、嫉妒、贪婪，我都能察觉得到。而且，我能感受到它的欲望、不甘、恐惧。

我们在宇宙中生存，最终如果都化作尘土，我们又有什么好追寻的呢？假如生命只是这样的话，又有什么好烦恼的呢？

——2024.4.6

昨晚是辗转反侧，很晚才睡着。很多事是一直没有机会做，其实，如果现在不做，以后就不会做的了，你永远也等不到那个美好的时候，因为你的大脑就是这样构造的。

人的时间精力有限，不妨做一个试验，自己就是试验品。

——2024.4.7

人有成功吗？最终都是要走向失败的，我们开心的是过程。所有的一切，都是如梦幻泡影，所以，只有此时此刻才是真实的，也许此刻也不是真实的，只是适合我们当下、存在的而已。去做，做了就有经验去改，去做吧，行动下去。你现在没有什么负担，就勇敢去做，注重（观察）自己在想什么，一种"出离心"。

——2024.4.9

对感觉比较敏锐，能感受到尖锐的刺痛，所以不得不去行动，不得不去做事，不得不去实践，而不是说做自己喜欢做的事。所以，大多数时候，不是你决定的，而是接近于被迫去做一些事，所以才造就了现在的自我。一棵浑然天成的植物，或者一个自由自在的动物，不会在意你怎么说它，是啊，你去做就行了。做事太难了，创造出东西，太难了。

你经历的、感受到的各种不愉快，让你感到刺痛，不停地在反复地想，其实都是一种梦幻泡影。被诬蔑、被诋毁，你受过这种屈辱吗？所以，你会感受到这种难受的感觉。一种出离心，一种对"无常"的感悟，让你的心变得柔软。

由于你每天要面对各种的人和事，各种繁琐的事务，就造就了你的情绪不能够起起伏伏，不能过于兴奋，也不能过于消极，以这种出世的态度入世，其实的确是一种方法。

有时感觉自己非常的脆弱，一碰就碎，而情绪一直在沉溺当中，也乐于沉溺在情绪当中，不知道该怎么办才好。情绪像玻璃，很容易感受到负面的情绪。一些很小的话语，都能让你伤心。

我急于寻找一种方法，去逃避当下的不快乐的状态，但是其实这是没有用的，当下的状态，我需要有一种出离心去感受。

——2024.4.10.17：33

你焦虑的原因，是你的精神世界太强，而在现实世界中的形象太小。把在现实中碰到的感受，透过文字呈现在精神世界中，你人生的张力就有了。

世界是刻薄的，不是到处鲜花、掌声，外在的环境，你不需要去强求，重要的是你的心的稳定。

在行动中不停地调整、完善。你的灵魂像流水，是不停地在变动的，是文字让你的思想和灵魂显现出来。自在地行动，在做中认知。

有多少在乎，就有多少包袱；你不得不在乎，所以无法不辛苦。多去尝试，像流水一样，一直在行动，流水是不腐的。

——2024.4.12

你一直活在对未来的恐惧中，或者对过去的遗憾里，我们总是遗忘了当下，是咖啡让我们活在此时此刻。

我在路上找 ZJ 的时候，是观察到自己在找的，感受到自己情绪的变化，想到 BH 的感受，我在想，应该是能找到的。除了被坏人抓走以外，汽车应该也会看到她，不会乱撞到她，如果这次能找回来，我就活在当下吧。

——2024.4.13

就活在当下吧。当我活在当下，专注于现在，那些情绪会先自动退后，会隐藏起来。

我在想要不要搞个磨豆机，是送给自己的礼物？是为了让自己快乐？当我只专注于当下，是多么的好，不用去想那些似是而非的想法，我不再被想法牵着走，而是在其之外，似乎是另外一个我。

你只有好好享受此刻，就活在当下，就好。只是活在当下，感受着生命的美好。

——2024.4.14

我擅长的也许不是说，而是写，在写中把握。人生不过是一个实践的过程。慢慢来，不要急着一步登天。各种的棘手、不舒服，都是让你成长的过程。

——2024.4.18

你如果真的接受不了，也没必要强迫自己改变，你不一定改变，就静静地观察就好。很多事你经历过，和没经历过，立场是不一样的，想的也不一样。

——2024.4.19

我是谁，我能够做什么？我生命中最开心的事，都不是靠努力达成的，而是一种自然的行动。也许，只有微笑，才能有一座桥梁。

——2024.4.20

不要给自己加压，其实考试也是一场修行，远离手机、不说话，专注于做一件事，挺好的。

——2024.4.21.09：22

当你面对的是整个的死亡，那么，日常的人和事就会突然变得可爱了起来，不过可能你会沉默一点，因为你感受的可能多了一点。

如果人会后悔，大多是没有做某事，而不是做错某事。对死亡的思考，会让我敢于去面对所有的关系。

——2024.4.22

慢，其实不要紧，我慢，但是我会总结、梳理、理清脉络。碰一次壁，做一次，我就形成脉络（框架），让表格处理，慢就变成快了。

——2024.4.26

我们都会死，所以，真正重要的是什么？注定的东西，也许就是真理。面对死亡，对于现在的我来说是正确的，回想过往的经历，我也认为是这样的。当我直面死亡、思考死亡，就能将自己抽离出来以保护自己。

——2024.4.26

早上吃了燕麦、一个鸡蛋，家里的唱机播放着音乐，我坐在沙发上，沉浸在一种沉默的状态中，仿佛时间停止了流动。

孤独感是什么？一是你说了别人也不明白；二是你说了别人也不想听；三是你说了别人也听不到。

人如果对未来有希望，即希望未来的某一刻会是美好、特别的，其实这一刻就是特别的、美好的。所以把冰箱里最好的咖啡拿出来，现在就喝掉它。

……甜感十足，尾韵香气持久，花香浓，水果甜感，喝完好久，口腔还有香气和甜感。

——2024.4.27

也许未来的某个时刻是特别的，但其实现在也是特别的，因为未来的某个特别时刻，代替不了现在感觉到的甜感、花香。

——2024.4.28.00：18

我觉得，你只有对自己好，才会对别人好，这也许是不对的，但却是观察及经验带来的。

很多事都想做，但好像都只在大脑里闪过，是挺可惜的。

——2024.4.30

任何一种哲学，脱离了对死亡的思考，都是肤浅的。思考死亡，能够让我浮躁的心，获得平静。

——2024.5.1

面目可憎，动了杀心，意识到自己的脆弱。

浪费了很多唇舌，但终究是自己在感受愤怒。像对着屎，不止一督；又像在某个漆黑湿滑的地方，没有摩擦力，好难受。

……

淡定点，每天都是一种修炼。你在书写着，就行，并没有什么过不去。

——2024.5.6

带给我的启示：低调、谦虚、姿态摆低。在你没有绝对的生存技能、金钱支撑的情况下，你不得不压抑愤怒。

……所有的事都可以写成故事，任何事都是一种经历。

——2024.5.7

无论做什么事，最省力的方式是沟通、靠谱，提前沟通好，虽然是繁琐，但是没有后遗症，反而是最快的方法。慢就是快，事是需要沟通的。

——2024.5.14

你做就好了，不必太在意结果。不用太在意细节，错了，改过来就行，做了就有经验了。

——2024.5.25.21：34

看过很多书，实践有过很多经验，这些都是你的。真正的沟通不是让别人觉得你很厉害，而是让别人觉得你信得过。

——2024.05.30

生存，原本就是第一需求，没有什么可耻，一切都是利益的取舍。

——2024.6.7

打开电灯都不亮，不是灯泡坏了，也不是停电了，察觉身在梦里了。

——2024.6.8.18：00

我知道这些是无意义的，但是又忍不住去想，不得不进入这个尘世，在里面翻滚，有时会很迷茫，自己应该追求什么，那些烦恼和焦虑都是深刻的。也许，我就一直做让自己开心的事就好，不必在意什么结果，只有在做自己开心的事，我才不会感到后悔。

——2024.6.10.01：26

学会听不同人的意见，但学会沉默、暗地里做自己的事。

——2024.6.12.07：52

1. 近两千年的石头上面刻着东西，那些工匠已不在了，这些创作的东西还让人所看见，仿佛是一种跨时空的交流。

2. 无论多硬的东西，只要被磨得多，最后都会变得圆滑。

——2024.6.12

……有了个体会，就是我们做事情是不是可以不用那么辛苦？我们还需要证明自己什么吗？轻装上阵反而可以走得更远，也更容易达到目的。因为，即使你登顶了又怎么样，并没有那么重要，也没有人在意。我想，站在我最终死亡的角度去看，慢慢经历自己的人生，其实是一件挺好的事情，在死掉的最高峰角度来下山，也许一切都变成微微一笑就算了。

——2024.6.13.00：50

我在喝咖啡中感受到一种宁静的快乐，我同时在书写着，还有什么时候比现在好。生命当中的此时此刻，那些快乐和愉快，都在眼前浮现。在咖啡因中、感受和平，音乐中、感受和谐，以及文字中、感受灵魂的纯粹。

一杯好的咖啡，除了表达咖啡好，还表达了水的纯粹；一种美的艺术，除了表达艺术美，还表达了灵魂的纯粹。

——2024.6.14

经验和钱会一直增加的，那种淡定的心境，是成事的必要条件。我稳定下来，那种拼搏的力量就强大。

想想自己一直以来的努力，假如我还能再活……其实我思路一直很清晰的，并没有什么太大的问题，只是有时思想会脱离实际而已。淡定一点，没有什么问题。

——2024.6.16

保持微笑，淡定处事，解决一个又一个问题，能力也在提升。我需要的其实并不多，淡定从容地生活，比什么都重要，因为时间不可再生。金钱只是手段，当识破生活的真相后，珍惜现在的时间，做我自己现在感到快乐的事，就很好。

喝咖啡、书写文字，快乐是无意中发现的。大自然的美妙，你不去尝试，并不知道自己可以做什么。

——2024.6.17

仍然纠结、仍然挣扎、仍然迷茫，也许是因为还有追求、还有梦想、还有希望。

——2024.6.19

失去梦想，活着每件事，都变成任务。

——2024.6.23.10：11

17岁，你觉得自己有无限可能，不过至少你有努力过，也曾经幻想过，也曾经开心过，挺好的。很多事你需要得到别人的认可，但实际上，你自己认可自己就行了。

其实，当我面对死亡那刻，梦想已经变成是一个任务，没有那种快乐的感觉或冲动，因为没有时间，也没有精神，主要是没有兴趣。我现在应该做的是，做事不用急，慢慢等待机会，一步再一步。

——2024.6.26

我在低谷的绝境中，感悟到要赚钱，有钱才有自由，但我灵魂需要的是文字。所以，钱能够让我的肉体得到解脱，而文字才是我灵魂的归宿。

——2024.6.30

有的人擅长做事，不擅长谋事，不懂得合作的重要性。

——2024.7.3

遇到无做过的事会害怕、恐惧、消极应对，但更应该发挥主观能动性。人都是短视的动物，看见自身切身利益，就会变得非常主动。

人追寻意义！人也许和其他动物无异，生存是第一要义。

——2024.7.5

到了你死的那一刻，你会遗憾，曾经因为这个原因、那个理由，而没有去做的事。是啊，你只要一直做就行，没有什么能阻挡，勇敢去做。

我喜欢幻想，不知道是好事，还是坏事，但这就是我。当幻想无处释放，便会积压大脑。人有理想，是多么美好。有理想，每个任务，都向前一步。无论做什么，都是在前进。

——2024.7.7

每件事都需要时间去处理，不想碰壁就要找人。找人要别人愿意帮你，为什么帮你？一是马上有收益；二是以后可能帮得到别人；三是不帮的话，怕你报复。还有其他可能吗？是善意和爱心泛滥吗？别人闲得没事，为什么不做自己的事。你要对人性有起码的认识。

——2024.7.16

刚刚在想，钱就是信用，信用就是钱。因为信用，银行愿意贷款。所以，去计算吧。

——2024.7.18

给车加了水，其实非常快，也就几分钟。很多时候纠结，是内心不坚定，因为没有经验，也没有分析，所以就不敢做了。但经验是实践中来的，不是凭空产生的。

——2024.7.19

生活也许一直都会很忙

当某天安排了一场斜阳

记住不要纠缠

只要简简单单

去欣赏

——2024.7.21.19：56

咖啡，可以交到很多朋友。那种开放的态度、释放天性的态度，让人着迷。本身有咖啡因，就让人快乐。

——2024.7.23

人生只是一个过程，无论在哪个位置，最后都会退出。所以，一些内心的感受是自己的，是和这个实际生活所碰撞形成的。为属于你自己精神的东西，没有对错好坏，重要的是存在，重要的是能表现出来，将内在的精神具体化、物质化体现出来，无论哪种艺术形式。

——2024.7.24.19：01

时间本来就是连续的，生命的整个过程其实也是延续的，所以，不必伤感，无论你面对多大的苦难，都只是你的素材而已。

如何把话说到别人的内心。别人与你合作，有什么好处？这是最现实的。你能提供给别人什么东西？如果你能一直提供价值，别人是不愿看到你死的，这就是人性。

——2024.7.27

经历，不单纯是乐观或情绪高涨，也包含着很多遗憾和伤感。但也许正是那些遗憾和伤感，才能让一个人产生灵感。

——2024.7.28.11：07

现在是什么情况？你没有动力，你希望找点什么相信，只要相信就好，因为活着太累了。你希望只要有个东西相信，生活就可以高枕无忧，因为你不想再动脑了。你希望找到个神，就可以了，没有问题了，可以不惧任何东西了。

我想微笑地面对生活的一切，但我不敢。也许死亡就是最好的引导，因为我们都会死亡。

——2024.7.30

也许，没有哪种理论，可以解决现在具体的问题。在心里想做和现在要做的事情之间，很难取得一个平衡。也许有一天，我会不再迷茫，我会可以做我自己，很放松、很淡定，我理想中的生活是这样的：被书包围、音乐、咖啡。

那些劳累的日子，太艰辛了。我渴望自由，我渴望一切自由的东西，我希望有个地方没有打扰，希望完全属于我自己。活着太累了，生命啊，让人感到无奈。死了就没有那么多事了，是的，死了就简简单单，没有那么多烦恼；死亡是一种解脱，我这一生太累了。对自己、对世界、对他人，感到腻了，不想活了，觉得都好没有意思。是啊，世界太无聊了，都只是一团欲望。当我走到绝境，身边没有人，只有我自己，所以生活艰苦。我只想活着，只想生存，所以要与人合作，所以要放弃自己。生活太难了，我们每个人都要放下自我，放弃自己，才能勉强活着。

情绪高亢的时候，自己就是神；情绪低落的时候，很累，不知道要怎么活下去。

——2024.7.31

在有人的时候微笑，你就是一个好人。

——2024.8.1

我想，也许我的敌人只有一个，就是死亡。所以，我可以放下所有的戒备，坦然地面对死亡吗？是的，挺好的，放松点，去做事，淡定一些，你就专注于去做自己想做的事就行，其他都不重要的。

——2024.8.2.13：21

人是会变，但这十几年来，对死亡的思考不变。只有死亡才是你真正的敌人，想通了这一点，人生的境界也一下打通了，面前是广阔的天地。我是挣扎过、痛苦绝望，但我也有在探索，做了一些事，找到了能拯救自己灵魂的东西，找到了能让自己快乐的东西。心情也许还会起起伏伏，但相信，会越来越好。

——2024.8.2

一种治愈的笑，像一杯好的咖啡，干净、纯粹、平衡。我真正的敌人，是死亡，是自然的规律。

——2024.8.3.13：28

总是有人恶心你，总是有人用自己的恶臭的嘴脸对着你，而你却不得不笑脸相迎、表现得态度谦和。

为什么呢？为什么要这样作贱自己，让自己变得这么软弱无能的样子？因为你没有钱，你没有说不的权力，你不得不去和你厌恶的人待在一起。

所以，只有去实现你自己的目标，正是这些身不由己，让你去调整方向，去适应这个世界，去知道自己想要什么，然后去追求。当然，成功的方法，按以往的经验，是按自己的步骤去努力，但能够承受捶打和垃圾的屎尿屁。时间其实很快过去，一切只是感觉。你始终会成功的，那些物质或精神的种种，只不过是你的素材的一部分而已。

——2024.8.13.16：43

斋啡都是装逼、骗钱的东西，这个想法从喝咖啡开始一直都很坚定，直到某一天，能喝得出好坏或差别，之后又对往咖啡里加其他东西无法忍受。

对感官的追求越细致，对痛苦的感受也越深刻；反过来，如果对瑕疵的感受太痛苦，对于纯粹、干净的快乐感受也会更具体。因为遗憾，所以快乐。

——2024.8.16.06：12

实际上，一切的观点都是偏见。活着的意义是什么？是去做一些事，不是为了得到什么，而是如果不做会感到痛苦，那么，做这些事就是你的使命，就是你的意义。

——2024.8.18.22:31

十年前 充满迷茫 充满伤感 只想到处看一看
十年后 依然迷茫 依然伤感 是时候好好想一想

——2024.8.28.00：55

"因为遥不可及，所以不着急。"感到迷茫，也是一种经历，如果做自己喜爱又可以控制的事，走一步会有一步的欢喜。

——2024.8.31.01：26

面对死亡，你的情绪才会稳定，你的世界观和价值观才会一致。

——2024.9.7.01：39

多看，多听，动手做，大脑有时会自己去想问题，产生一些"灵感"。如果追求结果，容易产生迷茫；如果没有结束，现在就是开始。

——2024.9.9.23：58

我想开心，我想有个目标，然后去做，但是我又很累，又要想其他的事，导致我专注不了，然后迷茫，不知道该怎么办？其实，有一个方法可以帮到我，就是面对死亡。是的，当我面对死亡，一切的问题都会减弱其影响力。但是我又想逃避一下先，等适当的时机再去面对死亡。但是，经过这么多的日子，我想，并没有一个完美的日子或时机，可以让你准备好面对死亡，每个当下都有每个当下的状态。

所以，现在就面对死亡也许是最好的，现在就死去，不是为了以后舒服，而是现在就获得真正的自由。

——2024.9.11

如果我出书，有时间做自己的事，不断地学习、书写、看书、经历，相信是非常好的，这些是别人抢不走的。

——2024.9.17

急是用来救命的，慢才是生活，不急。

——2024.9.20.08：27

不知道如何抉择时，思考死亡，也许会有答案。

——2024.09.21.00：32

形而上，可以说离生活很远，人一天要吃饭，就逃避不了利和害。离开了感官，人能够存在吗，不存在的东西，可能是真理吗。究竟是想追求真理，还是只是在逃避。

——2024.9.21.06：56

很多时候，没人理解，你注定孤独的。不过不要紧的，一条孤独的路，也是一条安静惬意的路。

——2024.9.21.22：45

其实也就那样，没有什么乐趣，很肤浅的东西。欲望是无聊的，生活是重复的、无意义的。所以，真正高级的东西是创造。

——2024.9.24.00：30

面对着自己的死亡，其他人都是你的朋友，世上的一切都只是你的工具。

如果时间可以倒流，会对当时的我说：可以尝试用发展的眼光来看问题，心口的痛只是暂时的，用不了多久，会找到开心的事。

——2024.9.30.22：54

火熄灭了之后，火就不存在了。哲学，假设了一个完美形象的存在，而脱离了感官就没有艺术，也许也没有人了。

作为单独的一个"自我"，一杯咖啡即使达到了这个"自我"感官、哲学上的完美，到头来是否只是这个"自我"的一种偏见？

——2024.10.1.07：30

早上6点多，辛苦、头痛、呕吐……

"无为、不争、守雌"，在你最脆弱的时候，是救命的。看似弱小，但却是强大的哲学。七情六欲，平时是被这些填满大脑，但其实都是有害的，观察不到自己的起心动念。所以，为了活命，你要注视着死亡，此刻即死、此刻即自由。

——2024.10.3

想过后知道无意义，仍然进行无意义的想，里面一定有热情、创造，以及对自由的渴望。爱真理敢死，爱生活敢活。

——2024.10.05.09：07

我的一整套理论都是建立在17岁那年，我随时会死的基础上的，所以，后面接触哲学我想追求永恒，所以，产生了冲突。

——2024.10.07.07：52

人追求自由，坚决抵制被强迫。但面对诱惑，心甘情愿，疯狂追逐。

——2024.10.10.20：00

感受不好的感受，意味着什么？如果没有不好的感受，将感受不到好的感受好在哪里。

——2024.10.20.10：15

谈话，是非常重要的，我们需要与人交谈。"人是群居动物"，我们人类是一直与人合作，才活到今天的。

——2024.10.21.20：08

没有人会理你，你死了就死了，只有自强不息，才是活着的真理。

——2024.11.05

平时不要嘻嘻哈哈，事比较多，就容易崩溃，因为你不知道哪些是重点了，永远要留有余地（心里的空间）。

——2024.11.12

平淡的时间段里，你很少会想死亡的问题，想得多的是及时行乐、找消遣，找些什么东西来把时间消磨掉。一定要等到死亡来到面前，才会"不见棺材不流眼泪"。

——2024.11.15.12：50

人只要表现出愤怒，就有弱点，就容易引起别人的注意，惹人生厌。对这种人，恨不得斩之而后快；面对愤怒的脸，人的心理会有压力、恐惧，想避免看到这样的脸，是一种本能。所以，总是摆出一张愤怒的脸，是没有什么福气的，团结不了人的。要做成事，成一定的大事，一定是要团队的，要人的一起合作、配合。所以，当你知道自己的目标后，即便不知道，面对人，保持微笑就行。人们不见得会喜欢，但起码不会生厌恶。

——2024.11.17.09：47

弯路之所以是弯路，也许只是目的地不同，其实都是风景和经历。不执着于是否错过，就没有错过。

——2024.11.19.00：55

做好一件事，不是因为做这件事简单，而是足够热爱，所以变成一个不会结束的过程。（对比热爱，"坚持""努力"等，其实都是弱势文化。一个是找到了自己，一个还要改变自己。）

——2024.11.20.06：37

出书，然后就只剩下死亡了。出书后，看着死亡微笑活下去。

越早面对死亡来生活，越早得到自由。

——2024.11.26.23：21

就我这个狭隘的个体来讲，生命的意义主要两个方面：一是感官的感受，无论是五官的感受还是心理上的思考；二是创造，无论是艺术上的创造，还是具体产品，都体现了个体的灵魂。

——2024.12.08.09：50

放下，除了怕死，是因为理想。笑，不急，最终带你走向胜利。

——2024.12.11.18：20

你就一直思考着死亡就可以了，很多答案都是会出来的。

——2024.12.15

世界是假的，你才笑得出来。

———2024.12.17

你不能等待以后的某个美好日子，再去享受。因为可能你活不到那个时候，或者没有精神和精力去支撑你保持那种感受力。

———2024.12.21.22：36

我应该是大脑的内存有限，很快会用光内存，所以不能接收太多信息，同时，身体也较容易虚弱。所以正确的做法是，不说话，只做事，才会容易有满足感和掌握时间的感觉。

———2024.12.24

哪怕你并不出色，也可以作为衬托，而且，伟大其实并不重要，你自己开心，就是最大的意义。

学习、书写、看书，都是形式，真正让思维超越的，是接触到自我的死亡，并欣赏这个过程的每个当下。

昨天下午写的，关于下来12个月想实现的10个目标，挺好的，挺清晰的。最主要还是两个目标：出书、开心。

———2024.12.29.23：32

害怕没完成，害怕落后，一直在恐惧。不会去体验。

———2024.12.31

1945 年死去的人，也许在某作家的笔记中留有一个名字，但是，其他人呢？也许连名字也没人记得，仿佛从未存在过。所以，真正看到自己的死亡，才是真正的自由。（《XX 手记》P327）

——2024.12.29.20：38

（梦境）尖酸刻薄的家庭，是一个人间炼狱。活人、牲畜、腐尸一并被铁链锁成一个圈，永无休止被鞭笞压迫着转动，痛苦哀嚎，生不如死。逃离家庭，意味着自由，也意味着亡命天涯。

——2024.1.5.03：12

虚假。死亡。目前唯一可以确定的是死亡。所以，死，就是最终的唯一的指导，也就明确了基调，思绪也就可沉淀、安静。

——2025.1.17

我不喜欢急，不喜欢未来被安排好，不喜欢那种束缚的生活，在做自己想做的事，和不得不做的迫切的事之间，我精神分裂，因为我只有一个我，我的时间具有唯一性。

——2025.1.18.16：56

"始终有江湖的""弱肉强食""要相信强势文化，

个人强大，之后就无野。"

——2025.1.27

你如何而活？你为何而活？前者是生活，后者是人生。

——2025.01.28.12：23

你如何而死？你为何而死？前者是命运，后者是使命。

——2025.01.31.08：21

我必须不是我，才能不被伤害到。我该如何不是我？随时微笑面对死亡，意味着每一刻都是新生。

——2025.2.2.11：43

气愤涌上心头，但没爆，我在思考着、观察着这个状态。

……一种失而复得的快乐涌上心头，想着当下的快乐是真实的。

当下的快乐很重要。我在观察自我时，能够感觉到幸福。敢快乐、感受快乐，快乐用不了你多少时间，不影响你要走的路。

剖析痛苦、感受快乐，这个自我在观察。休息好之后，大脑能有充足精力观察、享受孤独。

——2025.2.3.16：21